解构产品经理

互联网产品策划入门宝典

刘涵宇 著

电子工业出版社
Publishing House of Electronics Industry
北京·BEIJING

内 容 简 介

本书以作者丰富的职业背景及著名互联网公司的工作经验为基础，从基本概念、方法论和工具的解构入手，配合大量正面或负面的案例，完整、详细、生动地讲述了一个互联网产品经理入门所需的基础知识。同时，在此基础上，将这些知识拓展出互联网产品策划的领域，融入日常工作生活中，以求职、沟通等场景为例，引导读者将知识升华为思维方式。

本书适合对互联网产品有兴趣的大学生、工作经验在 3 年以下的产品经理，以及希望借鉴"互联网思维"的传统行业人士阅读。

未经许可，不得以任何方式复制或抄袭本书之部分或全部内容。
版权所有，侵权必究。

图书在版编目（CIP）数据

解构产品经理：互联网产品策划入门宝典 / 刘涵宇著. —北京：电子工业出版社，2018.1
ISBN 978-7-121-33252-4

Ⅰ. ①解⋯ Ⅱ. ①刘⋯ Ⅲ. ①电子商务－企业管理－产品管理 Ⅳ. ①F713.36

中国版本图书馆 CIP 数据核字(2017)第 306227 号

策划编辑：郑柳洁
责任编辑：葛　娜
印　　刷：北京捷迅佳彩印刷有限公司
装　　订：北京捷迅佳彩印刷有限公司
出版发行：电子工业出版社
　　　　　北京市海淀区万寿路 173 信箱　邮编 100036
开　　本：720×1000　1/16　印张：22.75　字数：418 千字
版　　次：2018 年 1 月第 1 版
印　　次：2021 年 1 月第 7 次印刷
定　　价：65.00 元

凡所购买电子工业出版社图书有缺损问题，请向购买书店调换。若书店售缺，请与本社发行部联系，联系及邮购电话：(010) 88254888，88258888。
质量投诉请发邮件至 zlts@phei.com.cn，盗版侵权举报请发邮件至 dbqq@phei.com.cn。
本书咨询联系方式：010-51260888-819，faq@phei.com.cn。

推荐语

写书和做产品一样,需要明确的定位,这是一本适合大学生和对产品经理职业感兴趣的人士的入门书,运用生动的案例介绍了做互联网产品的过程,结合作者实践经验推导方法论,相信对入门者会有较大帮助。

——BLUES(兰军)/梅沙科技创始人,
原迅雷产品总监,原YY语音、腾讯高级产品经理

一本能够体现腾讯产品文化的书,让你知道什么是:小就是大,少就是多。简单而极致,人人都可以是产品经理。

——Eric(潘国华)/南极圈(腾讯离职员工组织)创始人,
原腾讯集团招聘负责人

《解构产品经理:互联网产品策划入门宝典》可谓是产品设计的百科全书,从产品设计的全流程出发,内容涵盖产品思维、用户体验及原则、商业思维与产品运营,并配有大量生动案例,深入浅出地解构了产品经理职能与能力拓展方向。拜读样章后,又有了一些新的启发和认识,极力推荐给致力于产品经理方向发展的人士。

——李年福/原百度商业UED负责人

在产品经理培训类书籍中，本书难得的是翔实和接地气，所涉及的知识点层次分明、条理清晰。从产品经理的功底来说，本书本身就是一个好产品的标杆样例。

——Lydia/《全栈市场人》作者

在这个时代环境下，产品经理、用户体验高频又泛滥。高频到任谁都能高谈阔论，但深入本质者寥寥；泛滥到什么事物都能和此相关，但务实改变的有几何？任何产品均是为了解决现实中存在的问题，体验设计则比此过程充满效率与巧思。作者长期工作在互联网前沿，用正负案例打底的见解，以务实直白的语言为你解构产品经理如何解决问题、思考体验，如何升华产品。相比随处可见的道理和感想，此书会给你带来简洁有力的新知与共鸣。

——卿源/高德地图设计总监

四五年前就认识涵宇，缘于他很早就开始坚持写自己对互联网行业的思考与复盘。作为互联网早读课早期的优秀原创作者，他用自己独特而缜密的视角来审视互联网产品的优点与问题，其文章逻辑严谨而又不会晦涩难懂，往往案例翔实而又不会生搬硬套。浏览完本书，我能够看到一个优秀产品经理的思考过程，更能够看到一位做过开发也做过设计的产品人思考与解决问题时丰富而深刻的方法论积累。希望本书能够给你带来这样的体验。

——Reynold/互联网早读课创始人

这是一个资深产品人的成长史，更是一部互联网简史；作者将亿级产品设计经历、生活日常和互联网大失败、大成功的案例完美结合，从产品、市场、运营、设计等不同视角，对人性、商业、产品和体验进行全新的推演和解构，非常适合互联网新人和传统行业从业者阅读。

——朱炳全/阿里巴巴大数据设计中心负责人，
高级体验设计专家，原百度大数据设计中心交互负责人做好产品经理非常难，难在没有全面的能力框架去学习，难在一个错误的决定就会让整个团队的努力前功尽弃，难在对用户需求、技术可实现性和商业可持续性的平衡上。越是亲历过失败的项目，越是懂得好的产品经理有多么难得。由于国内缺少成体系的产品经理培养机制，很多年轻人初入此行时都得靠着自己去碰壁摸索。幸得有心人，涵宇用他多年的实践经验积累了这样一本产品经理的入门书。书中既有抽象的完整体系，又有具体的案例解读，相信能够帮助诸多年轻的产品经理建立起完善的思考框架，带领研发团队做出更多有价值的产品。

——朱晨/ThoughtWorks 中国区物联网总监

前言

2008年初秋，还在读大四的我背着巨大的背包，只身来到了北京。彼时，互联网的热潮已有席卷全国之势，我与那年经济危机环境下的610万毕业生一起参加各公司的校园招聘，最终幸运地进入了这个行业。我是一个能折腾的人，在这几年中，做过开发，做过设计，最终成为了一名产品经理。参与、负责过的产品类型多种多样，有2C（To Consumer）产品，也有2B（To Business）产品；有初创期的产品，也有成熟期的产品，当然，也做死过一些产品。在这一系列的过程中，也曾以不同的视角目睹了中国互联网的飞速发展，目睹了一个又一个的热门概念爆发及破灭，目睹了一批又一批的业内人士起起落落。

在我做过的所有职位中，给我思维、眼界、知识面以最大提升的，是产品经理这个职位。当下，产品经理俨然已经成为一个热门职位，有很多应届毕业生希望进入互联网公司做产品相关的工作，有不少互联网行业的从业者希望从其他岗位转型做产品经理，同样有为数众多的传统行业人士，将自己设定成了类似于"产品经理"的角色，并借助互联网产品优化其业务甚至优化整个行业。

然而，我认为**产品经理并不是一个简单的"职位"或一门"手艺"；互联网产品也远远不只是"技术手段"和"工具"那么简单**。很多时候，它们背后的思维方式更加重要。对于一个优秀的产品经理来说，熟练使用工具，熟悉一些做产品的方法和技巧，都只是第一步。而**不断地迭代自身的认知，不断地重构自身的知识体系，并把它们用于实际工作生活中，才是其迈向成熟的关键**。这样的迭代和重构，需要你以更宽广的视野、更多维的角度、更细致的态度去看待世界。

于是，我尝试将这几年做开发，做设计，做产品，甚至在一定程度上参与运营和商务工作所形成的不同的视角和思维方式融入这本书中。同时，书中的案例也分为正面、中性和负面三种；并且有为数不少的来自非互联网、生活中的案例。希望能够以此为互联网产品方向上的初学者提供一个入门的渠道，并且是一个相对多维度、多角度去审视和解构"产品经理"的渠道。

所以总结起来，本书的定位是一本产品经理入门书，它适合以下读者阅读：

- 对互联网产品方向有兴趣，毕业后打算从事相关工作的大学生；
- 工作经验在 3 年以下，已经有一定的实战经验，但是对"为什么这么做"，以及一些基础方法论常犯糊涂的职场新人；
- 对互联网产品策划有兴趣，甚至希望转岗做产品经理的设计师、工程师及其他岗位从业者；
- 对互联网有兴趣，希望借鉴"互联网思维"的传统行业人士。

另外，就像所有物理定律都会有一定的适用范围一样，本书也有其自身的局限性。这些局限性可能包括知识和方法论本身的局限性，也包括我过往经历和思考上的局限性。特别是，互联网行业是当今发展最迅速、变化最快的行业之一，很多今天大家公认的方法、模式、技巧，可能到了明天，或者到了另一类的产品上，就不那么有效了。所以，请各位读者在阅读本书的过程中，客观地对待其内容。最好的方式是在理解内容核心逻辑的前提下，结合自身的实际情况来决定是否使用，以及怎样使用，而不要当作公式一样套用。

如果各位读者在阅读过程中有任何问题、感想，或者希望与我讨论一些细节，可以关注我的微信公众号"产品经理刘涵宇"（uxcafe）留言交流。我会认真阅读大家的每一条留言，并定期挑选有代表性的部分来写文章聊聊我的想法。

最后，愿各位在产品经理这条路上，走好每一步，做出真正对用户、公司、社会都有价值的产品，甚至"改变世界"。

刘涵宇（xidea）

2017 年 12 月于深圳

目录

第 1 篇　解构产品经理

第 1 章　解构基本概念 2
1.1　什么是产品 2
1.2　什么是好产品 3
　　1.2.1　需求：可以恰到好处地满足用户需求 4
　　1.2.2　技术：拥有完善的技术实现方式 12
　　1.2.3　商业：可健康持续地创造商业价值 16
1.3　什么是用户体验 22
　　1.3.1　关键词一：用户 22
　　1.3.2　关键词二：过程中 26
　　1.3.3　关键词三：主观感受 29
1.4　定义互联网产品经理 30
　　1.4.1　互联网产品经理的一般职责 31
　　1.4.2　产品经理的能力模型 36
1.5　互联网公司的职能分工 43
　　1.5.1　互联网产品的逻辑结构 43
　　1.5.2　互联网产品的技术结构 45
　　1.5.3　研发流水线简述 49

第2章 解构基本观点 56

2.1 用户价值高于用户体验 56
2.1.1 两个需求层次理论 56
2.1.2 关于用户价值和用户体验关系的案例 58

2.2 用户体验是一条线，不是一个点 63
2.2.1 因素一：产品逻辑 64
2.2.2 因素二：UI 66
2.2.3 因素三：技术 67
2.2.4 因素四：运营 68

2.3 产品经理无法定义"用户价值" 70
2.4 用户体验部无法统筹"用户体验" 73
2.5 人人都是设计师 75
2.5.1 狭义的设计 76
2.5.2 艺术与设计 76
2.5.3 广义的设计 78

第3章 解构基础工具 79

3.1 需求分析工具：用户场景 79
3.1.1 用户场景的定义 79
3.1.2 用户场景的功能 80
3.1.3 基于用户场景的思维方式 84

3.2 市场分析工具：SWOT 分析法 89
3.3 功能梳理工具：功能列表与思维导图 95
3.3.1 功能列表（Feature List） 95
3.3.2 思维导图 97

3.4 逻辑梳理工具：流程图 98
3.5 优先级及版本规划工具：四象限与 MVP 混搭 103
3.5.1 四象限工具 104
3.5.2 MVP 105

IX

3.6 原型设计工具：线框图 107
3.6.1 线框图概览 108
3.6.2 互联网产品的基本 UI 元素 110
3.7 需求表述工具：需求文档 110
3.7.1 需求文档的用途 111
3.7.2 图文形式的需求文档 112
3.7.3 带 UI 的流程图形式的需求文档 118

第 4 章 解构宏观产品设计原则 120
4.1 基于用户心理模型来思考 120
4.2 用适合的方式交流 130
4.3 形式追随功能 137
4.4 Less is More（少即是多） 140
4.4.1 第一层：简化装饰 140
4.4.2 第二层：简化功能 144
4.4.3 第三层：简化认知 147
4.4.4 第四层："减法"并不是唯一的选择 151

第 5 章 解构微观可用性设计原则 155
5.1 一致性 156
5.2 及时且有效的反馈和解释 161
5.3 信噪比 165
5.4 渐次呈现 171
5.5 防错与容错 173

第 6 章 横向拓展：用户研究与运营分析初步 177
6.1 以产品经理的视角看待用户研究 177
6.2 深度访谈 178
6.2.1 前期准备 179
6.2.2 问题设计 180

目录

- 6.3 问卷调查 184
  - 6.3.1 问卷设计 184
  - 6.3.2 问卷投放和回收 188
- 6.4 可用性测试 190
  - 6.4.1 制定任务 190
  - 6.4.2 进行测试 191
- 6.5 运营分析初步：常用指标及漏斗模型 192
  - 6.5.1 互联网产品常见的数据维度 192
  - 6.5.2 漏斗模型 195
- 6.6 数据分析初步：Excel常用函数简述 208

第7章 纵向拓展：互联网产品盈利模式浅析 219

- 7.1 流量变现 220
  - 7.1.1 普通广告 220
  - 7.1.2 匹配广告 224
  - 7.1.3 导航站 227
  - 7.1.4 移动应用分发 229
  - 7.1.5 预装分发 232
- 7.2 增值服务 234
  - 7.2.1 基础功能免费，高级功能收费 235
  - 7.2.2 游戏道具 237
  - 7.2.3 高品质内容 238
- 7.3 佣金与分成 241
  - 7.3.1 B2C平台 241
  - 7.3.2 第三方支付 243
  - 7.3.3 开放平台 245
  - 7.3.4 O2O类 248
- 7.4 收费服务及售卖变现 249
  - 7.4.1 技术服务 249
  - 7.4.2 付费软件 251

7.4.3　付费内容 252
7.4.4　网上渠道 254
7.5　其他类 256
7.5.1　付费开发 256
7.5.2　金融增值 256
7.5.3　第三方付费 257

第 2 篇　推广产品思维

第 8 章　以产品思维应聘产品经理职位 260
8.1　找到用户：谁会负责简历筛选 260
8.1.1　两类筛选人 260
8.1.2　简历筛选部分应对策略 262
8.2　明确需求：读懂职位描述 265
8.3　设计 UI：写简历 269
8.3.1　简历框架 269
8.3.2　简历内容 271
8.4　厘清逻辑：与面试官相谈甚欢的套路 283
8.4.1　自我介绍 284
8.4.2　讲故事、讲逻辑，而不仅仅是回答问题 286
8.4.3　不知道的问题如何应对 292
8.5　快速迭代："等通知"期间可以做什么 294
8.6　毕业生与转岗：没经验怎么办 296
8.6.1　先反思：为什么没有经验 296
8.6.2　主动承担，主动学习，抓住机会 299

第 9 章　以产品思维沟通 303
9.1　与设计师沟通：我们一起改变世界 303
9.1.1　激发设计师的主动性 303
9.1.2　提需求，不提方案 305
9.1.3　用场景，别用感觉，有数据更好 307

9.1.4 与"美工型"的设计师沟通 ... 309
9.2 与工程师沟通：我很靠谱，跟我干没错 ... 311
9.2.1 工程师的分类与应对原则 ... 311
9.2.2 尊重技术，不懂的别乱说 ... 312
9.3 与上级沟通：明确目标与给出方案 ... 315
9.3.1 理解目标 ... 315
9.3.2 给方案，而不是抛问题 ... 318

第10章 "互联网+"产品思维初探 ... 321
10.1 "互联网+"的三个阶段 ... 321
10.1.1 阶段一：渠道、媒体与工具（从前）... 321
10.1.2 阶段二：业务融合，改造与重构（现在）... 326
10.1.3 阶段三：思维方式融合（未来）... 331
10.2 如何策划"互联网+"产品 ... 332
10.2.1 "互联网+"研发链条中的角色 ... 333
10.2.2 "互联网+"产品的策划方法 ... 334

附录A 产品经理常用资源 ... 342

后记暨专家寄语 ... 347

第 1 篇　解构产品经理

第 1 章

解构基本概念

1.1 什么是产品

关于"产品"的定义,在不同的行业,可能会有不同的表述方法。例如,维基百科对于"Product (business)"这个词条的阐述如下:

> *In marketing, a product is anything that can be offered to a market that might satisfy a want or need. In retailing, products are called merchandise. In manufacturing, products are bought as raw materials and sold as finished goods. A service is another common product type.*

而如果在百度百科搜索"产品"这个关键词,则能够看到这样的解释:

> 产品是指能够供给市场,被人们使用和消费,并能满足人们某种需求的任何东西,包括有形的物品、无形的服务、组织、观念或它们的组合。

翻开《新华字典》,发现"产品"这个词的解释只有 7 个字:

> 生产出来的物品。

纵观这些定义,结合本书讨论的主题"互联网产品"来看,作者将"产品"这个概念定义如下:

> 产品是指可以满足某种用户需求,由人类加工生产,可供给市场用于交

换的任何东西。

在我们的日常生活中，大到汽车、飞机、冰箱、地铁服务，小到手机、鼠标、手表、快递服务，包括我们常用的互联网产品，如微信、淘宝、百度等，都是产品。

1.2 什么是好产品

我们应该如何去评价一款产品，是否有一些通用的指标呢？

几年前，作者所在的部门和某互联网社区合作发起了一轮招聘，目标是产品经理，作者是这轮招聘的面试官之一。当时在网站上提了一些问题作为笔试题，用来对候选人做第一轮筛选。其中一个问题就是：什么是"好产品"？

从收集到的 200 多个答案来看，大家对于"好产品"的阐述丰富多样，但是如果希望用一两句话来定义它，还真不是一件容易的事情。而作为问题的提出者，作者对心目中的答案有这么几个预期：

首先，对于这类开放性的问题，很多人都能够从某一个维度提出一些观点和看法，有的阐述还相当的深入，最常见的就是"需求"和"用户体验"两个维度，这并不难。但是对于一个产品经理来说，只关注到某个特定的维度显然是远远不够的——这就像是盲人摸象，而你作为产品的负责人，不能做"盲人"，你必须站得更高，以至于能够更加全面地去审视和思考问题。所以，作者对于这个问题的答案，第一个预期是，候选人能够相对全面地概括"好产品"的特征。**"全面"**是关键。

其次，产品经理要求有强大的逻辑性和表达能力，所以只是"全面"，但表述冗余、堆砌，或者总结出来的条条框框其实有大幅度的重合，是不够好的，作者期望的表述必须要能够高度准确地概括其核心逻辑。所以第二个预期是，候选人的表述要**准确、精炼**。

第三，即便没有做到"全面"和"精炼"，但是如果可以针对某一个维度，详细且**有深度**地阐述自己的思考推理过程，也是有意义的（虽然对于问题本身，这样的回答可能是不及格的），遇到这样的答案，依然可以约过来深入聊一聊。

后来，真正打动作者的答案，却是来自一位前同事口中极其简约的表述，他是这么说的：功能上被需要的，技术上可实现的，商业上可持续的，就叫"好产品"。

3

这个表述恰好与上述"产品"的定义高度对应。"功能"对应"需求"、"技术"对应"生产","商业"对应"交换"。作者在其基础逻辑上,加了另外几个比较重要的定语,做了一些表述上的修改,最终作者的版本是:

可以恰到好处地满足用户需求,拥有完善的技术实现方式,同时可健康持续地创造商业价值的产品,就是"好产品"。

1.2.1　需求:可以恰到好处地满足用户需求

1. 满足需求(有用)

一个产品首先要"有用",能够解决用户的问题,能够给用户带来好处,能够满足用户的需求,能够提供用户价值。

案例:交流工具的演变

自古以来,人类就有交流的需求。在古代,人们的交流方式主要靠面对面的交谈和书信,一封信送出去,常常要几天甚至几个月以后才能被对方读到。后来,1876年,贝尔和他的同事试验成功了第一部电话机,随后,电话成为人类重要的交流工具。到了今天,随着通信技术和互联网的发展,我们可以使用电子邮件、微信、网络视频通话等多种多样的方式进行交流。其中,不论是寄信的服务,还是电话、微信,**其核心价值都是为了满足人们"交流"的需求**。如图 1-1 所示的是老式的拨盘电话机,拨号方式为:手指卡住要拨的数字,顺时针转动拨盘到最底部的节制点,然后松开,拨盘会自动向相反方向旋转归位。归位后,这个数字就相当于"输入"成功了。

图 1-1　老式拨盘电话机(来自网络)

案例：移动数据存储及同步

当计算机普及之后，产生了大量的电子化数据。很多时候，我们需要在不同的计算机上使用数据，对于"将数据文件存到某个地方，然后随时可以使用"这个需求来说，我们经历了如下几个阶段。

在使用 DOS 6.22+Windows 3.2 的时代，常用的移动数据存储产品是软盘。只要把数据文件拷贝到软盘中，随身携带软盘，就可以在任何一台配有软盘驱动器的计算机上读取和使用软盘。如图 1-2 所示的是当时常见的 3.5 英寸软盘，容量仅为 1.44MB。

图 1-2　3.5 英寸软盘（来自网络）

随着数据越来越多，软盘的存储空间变得不够用了，这时 U 盘应运而生。最初的 U 盘只有 16MB 容量，要卖到上千元，但是它使用 Flash 存储技术，通过 USB 接口读写，在携带的方便性、读取速度和数据安全方面都比软盘优质得多。最重要的是，它的空间比软盘大。随着技术的不断发展，几百 MB 甚至几 GB 容量的 U 盘问世，软盘这种移动存储方式就彻底退休了。如图 1-3 所示的是标注容量为 4GB 的 U 盘，尺寸不到 3.5 英寸软盘的三分之一，比软盘稍厚，但容量却是其几千倍。

后来，互联网逐渐兴起，一开始，网上并没有一种面向个人用户的便捷的存储服务，于是大家自行"开发"出了一种独特的方式：很多朋友登录自己的邮箱，给自己发一封邮件，加上附件。这样，附件中的文件就可以永久地存储在邮箱中，在任何一台能够上网的计算机上只要登录邮箱，就可以下载使用这些文件。使用浏览器发邮件可比插拔 U 盘方便多了——特别是有一些台式机的前置 USB 接口供电不足，导致 U 盘无法正常识别，在这种情况下经常要钻到桌子底下去寻找机箱后面的 USB 接口。

再后来，很多用户发现，一般邮箱支持的最大 20MB 的附件容量已经开始不够用了，一些用户需要在网上存储和传输更大的附件。这时，类似于 QQ 邮箱之类的电子邮件提供商推出了"超大附件"功能，或许是为了节约运营成本，超大附件一般是有时间期限的，虽然可以不断"续期"，但如果在到期前忘记续期，数据就消失了。

现在，更多的用户开始使用网盘这样的产品来解决移动存储的问题，特别是很多用户开始拥有两台或更多的设备，如计算机、智能手机、iPad 等，需要有一个中间服务来帮助用户在这些设备之间共享数据。Dropbox 团队发现了这个需求，但是当时不是很确定这个需求究竟有多大。于是他们制作了一个名为"What is Dropbox"的视频，讲述了一个名为"Dropbox"的工具，它不但可以免费保存你的文件，还可以将其同步到你所指定的所有设备上，让你随时随地访问相应文件的最新版本。这个视频被发布在 YouTube 上，如图 1-4 所示，受到很多用户的追捧，在此之后，Dropbox 团队才真正把它开发出来，并大获成功。

图 1-3 容量大、速度快、安全性高的 U 盘（来自网络）

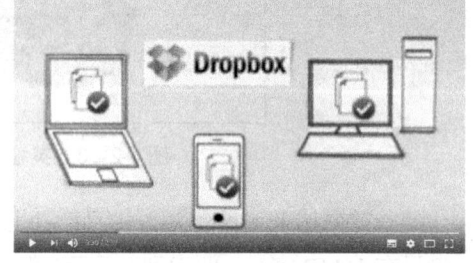
图 1-4 YouTube 上的"What is Dropbox"视频

以上所有，都是针对"存储数据并可以随时随地使用"这个需求衍生出的不同产品。虽然它们的出现有先后顺序，并且往往后来者在一定程度上替代了先行者，但在其各自红极一时的时期，它们都是靠着**满足用户这个最基本的需求**来生存和发展的。即，它们在当时都是**"有用"**的。

案例：12306

12306 是铁道部推出的火车票购票平台，在其刚刚上线的时候，由于服务不稳定（如图 1-5 所示）、易用性差等原因，曾受到很多网友的指责。但即便如此，也依然有很多用户使用 12306 购票，除了它近些年来在服务稳定性等方面进步之外，更重要的原因还是因为它有用。

图 1-5　12306 网站挂掉的时候

我们不妨来对比一下，在没有 12306 的时候，人们是如何买火车票的。比如作者刚毕业那年在北京工作，因为要买回家过年的火车票，所以需要凌晨 4 点多起床，匆匆刷牙洗脸后，从居住的小区步行约 15 分钟到达地铁 13 号线某车站，乘坐首班车前往东直门，在东直门换 2 号线，到北京站下车购票。但是出了地铁口的时候，往往会发现，各售票窗口前面已经有好几个人在排队了，这些人中很多就是传说中的"黄牛"。等到 8 点钟开始售票的时候，他们会天南海北一次买十几张甚至更多的车票，所以即便排在第二位，等轮到作者的时候，往往卧铺票也已经卖完了。北京的冬天，室外往往是零下十几度甚至更低的气温，凌晨的时候可能还会伴有刺骨的寒风，而作者早起、挨冻、排队等待的结果，却不一定能够换来一张回家的车票。

但有了 12306 之后，虽然还是不一定能买到票，但是至少我们可以在放票之前 10 分钟起床，不洗脸也不会影响抢票；可以坐在温暖的房间内，甚至趴在被窝里抢票；可以边喝咖啡边点鼠标抢票。另外，从概率上至少让作者觉得，终于跟那些靠彻夜排队的"黄牛"站在同一条起跑线上了。所以，归根结底，**12306 作为一个产品，依然是可以（在一定程度上）满足用户需求的，是有用的。**

2. 用户

在作者的表述中，特地加上了"**用户**"二字，用来强调满足的是"用户"的需求。因为不同的用户需求不同。**我们讨论一个产品的好坏，必须是针对它的目标用户来进行的，脱离了目标用户，好和坏可能会完全颠倒。**

举例来说，大多数产品经理所做的都是面向普通大众的产品，对于这类目标用户来说，"易用性"显得很重要。如果你的产品能够完全不需要学习，让用户"自然地"使用，那么往往是个加分项。但是，对于另外一些目标用户，则不一定。

案例：专业相机的手动挡

所有的专业相机都会有"手动挡"（如图1-6所示的M挡）。专业摄影师在手动挡下面，可以通过任意组合各种参数拍出不同风格的照片，以达到其创作目的。理论上，不论是摄影技术，还是单反相机的手动挡操作，都不太可能完全不学习就会用，但是对于专业摄影师这样的用户，一旦熟练掌握，就有可能拍出好的作品。**相比于卡片机或者手机，单反相机的操作变复杂了，但对于摄影师来说，它是个好产品。**

图1-6　拨盘上的M挡即手动挡

案例：广场舞

很多大爷大妈们退休后，无法继续在原有的专业领域发挥余热，社交圈子可能也不大，每天赋闲在家，于是他们就迷上了一种叫作广场舞的集体活动。每天在居民区特定的地点，使用大功率的音箱播放节奏感极强的音乐，然后和一群老伙伴们翩翩起舞。对于大爷大妈们来说，广场舞不但可以填满他们的业余时间，同时可以认识更多的朋友，也可以起到强身健体的作用，所以**广场舞对于大爷大妈们这类用户来说，一**

定是可以满足其需求的。但是，居住在附近的其他居民就遭殃了，播放的音乐往往会影响他们正常的休息、工作和生活，同时由于小区的空地被大爷大妈们占领，也可能会引起其他一些矛盾。显然，对于不跳广场舞的居民来说，他们并没有"听草原音乐"和"把公共的广场空间让给大爷大妈们"这两个需求，所以他们对这个产品可以说恨之入骨。如图 1-7 所示的是一则新闻，讲述了市民不堪忍受广场舞的噪音，起诉执法部门不作为的过程。

图 1-7　网易新闻上的一则关于广场舞的消息

案例：倒车影像

　　现在购买的很多家用汽车都会安装倒车影像功能。其原理是，在汽车后方加装一个摄像头，当司机挂倒挡时，这个摄像头会自动启动，拍下汽车后方的实时影像，并传回司机旁边的屏幕上（如图 1-8 所示）。这样，有利于司机更加方便、安全地倒车入库。对于很多新手司机来说，倒车影像是一个非常有用的功能。因为他们可能从第一天驾驶自己的汽车的时候，就在用这个功能，久而久之，便形成了同时参考倒车影像和后视镜中的影像，准确地倒车入库的习惯。但是对于很多拥有多年驾龄的老司机来说，在他们学车以及刚开始开车的时代，可能是没有倒车影像这种产品的，所以他们早已形成了另外一套习惯——仅凭后视镜就能准确地倒车入库。在这样的情况下，即便将其汽车装上倒车影像功能，他们可能也不会看，或者不习惯于看，而依然维持自己原有的方案和习惯。所以，如果要评价倒车影像这个功能是否有用，答案可能是，**对于一部分司机有用，而对于另一部分司机基本上没什么用处。**

图 1-8　倒车影像

3. 恰到好处

对于"需求"这一层面,好产品还应该努力做到"恰到好处",即:**并不是给用户的东西越多越好。在合适的时候为用户提供合适的功能,实现需求,但不添乱最好。**

案例:某房地产客户端

如图 1-9 所示的是在某房地产相关的手机客户端中,把城市选为"深圳"之后,浏览其"买新房"栏目所看到的某一页信息。

图 1-9　某房地产客户端

第 1 章　解构基本概念

我们发现，这一整页 5 个楼盘，居然没有一个在深圳，都在深圳周边城市（东莞、惠州）。从营销的角度来看，在用户浏览深圳的楼盘过程中，推一些深圳周边城市的楼盘（可能是付费推广），或许也不失为一种有效的销售方式。但是，**原则应该是不影响到用户最核心的需求**。对于一个把城市选为"深圳"的用户来说，其核心需求一般是要获取深圳的楼盘信息，肯定不是深圳周边城市。事实上，作者往后翻了几页，在深圳这个城市里面，出现非深圳市的楼盘的概率大约是 50%！电视台都知道要往电视剧里面插广告，而不是往广告里面插电视剧，这个手机客户端插了这么多"广告"，不免有些给用户添乱的嫌疑。

案例：电商推荐

很多电商网站会根据用户的一些浏览、操作或者购买行为，甚至结合用户自身的一些个人信息（如地域、年龄、性别等）来推荐一些商品。这基本上是电商网站的一个通用做法，既可以帮助用户发现关联的商品，又可能会提升网站的订单量。但是，有的电商网站的推荐算法存在问题，往往会推荐一些没用的东西。

故事是这样的，近期作者在某电商网站有如下行为：

- 购买了一台电视机。
- 购买了一个单反相机的充电器和电池套装。
- 浏览了一些关于产品经理、产品运营和营销方面的书籍。

基于此，如图 1-10 所示的是该网站为作者推荐的商品。

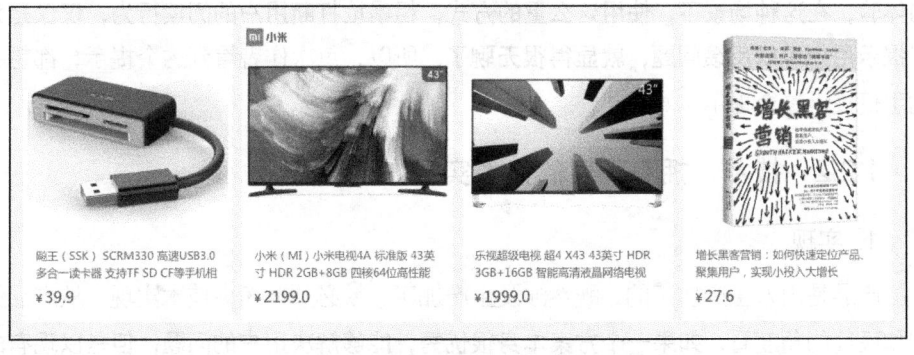

图 1-10　某电商网站给作者的推荐

最左侧是一个读卡器，这个说得通，如果一个人购买了单反相机的电池，则很有

11

可能意味着他在用单反相机拍照,那么,他一定需要存储卡,所以,就有可能需要读卡器,逻辑清晰且合理。最右侧是一本营销类的图书,根据作者的浏览行为,很有可能对营销方面的知识感兴趣,推荐这一类的图书也没问题,可能是作者需要的。但是中间的两个商品就不太恰当了,**对于电视机这种商品来说,一旦购买,很可能未来几年都不会再重复购买了,所以,基于"相似性"为作者推荐电视机,并且一次推荐了两种,其实是有一些多余的。**这套推荐算法并没有做到"恰到好处"。

案例：用户反馈提示

某资讯类应用有一个很奇怪的逻辑,就是在用户阅读文章的过程中,不定期地自动弹出如图 1-11 所示的对话框,提示用户,摇晃手机可以打开用户反馈功能,向应用的开发者反馈问题。

图 1-11　反馈提示对话框

注重用户反馈是好事,如果很希望得到用户反馈以便改进产品,在适当的时候提示反馈方法也未尝不可。但是**用户在阅读文章的时候,往往希望获得的是一种沉浸式的体验,在这种场景下,使用这么重的方式,粗暴地打断用户的阅读行为,仅仅是为了提示用户可以反馈问题,就显得很无聊了。**所以,每次作者看到这个提示,都想晃动手机投诉这个提示本身。

1.2.2　技术：拥有完善的技术实现方式

1. 实现

产品是由人生产加工的,既然涉及生产加工,就必须要考虑技术实现。从产品策划和设计的角度看,**如果一个方案本身很优秀,能够解决用户的问题,但是以现有的技术无法实现,或者即便实现也无法保证可靠性和质量,那么这个方案就依然没办法变成产品,至少是没办法变成好的产品的。**

案例：变幻胶囊

在日本著名漫画家鸟山鸣的经典漫画《龙珠》中，曾描述过一种叫作"变幻胶囊"的神奇高科技产品。它的外形就像是一枚普通的胶囊，小到可以握在手中，但是在漫画中，它却是一种可以将大到房子、汽车，小到书籍、杂志等各种物品装进其内部带走的神奇产品。虽然在知乎上，有很多网友或调侃或认真地分析过变幻胶囊可能的原理[①]，例如：

- 将物品的原子排列改变顺序，压缩原子之间的空间，让庞大的物品能够变成像胶囊一样小的东西（但是好像质量没变，会拿不动的，这是个 BUG[②]）。
- 其实是一种空间跃迁技术，将物体从三维空间传送到四维空间，并且不需要额外能源（只要扔出去）。
- 其实是个扫描设备+3D 打印机，先扫描，记录其物理结构，需要时可以利用周围空间内的各种物质作为 3D 打印的材料把物品打印出来。

但不论如何分析，不论逻辑是否合理，总之，**目前人类的技术是难以实现的。所以变幻胶囊只能存在于漫画中，没办法成为有用的产品。**

案例：20 世纪 80 年代末的 UI

如图 1-12 所示的是早期 Windows 2.0 的 UI。

我们发现，与现在的计算机或者手机的 UI 相比，该 UI 极其简陋。满屏幕只有几种简单的颜色；不论是按钮还是图标，都完全没有纹理或者色彩渐变，取而代之的是简单的线条；屏幕分辨率貌似也很低，以至于斜线（如 Clock 上面的指针）边缘有很多锯齿。为什么不将 UI 设计得精细一些呢？答案很简单，当时的计算机硬件没办法处理更加精细的图形。而我们回顾微软 Windows 操作系统的发展史会发现，Windows 是从 3.0 开始大获成功的，而 3.0 这个版本最大的技术突破之一，就是在 **UI、人性化和内存管理等方面的优化。**当这些技术跟上之后，图形界面才真正发挥出了它应有的价值。

---

① 扫描二维码，查看原文。

② 在电脑系统或程序中，隐藏着的一些未被发现的缺陷或问题统称为 BUG。

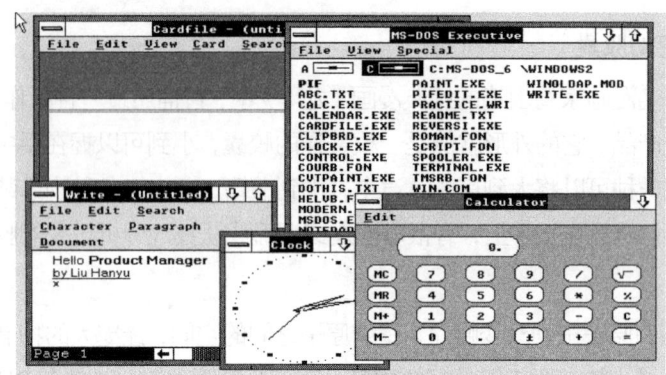

图 1-12　Windows 2.0 的 UI

2. 完善

在一个充分竞争的市场环境下，**只是使用现有的技术将方案"实现"出来，显然是远远不够的，还必须要做到"完善地实现"**。

案例：搜狐的技术短板

搜狐是国内互联网信息检索领域的先行者之一，早在 20 世纪 90 年代末，搜狐就推出了网络信息检索分类导航服务（看作大型的 hao123），也支持由用户输入一个关键词，然后从这些分类目录中找到所需要的网站的功能。虽然只能搜索网站，而不是现在的网页——即，假设把"新浪体育"这个网站加上很多注释，例如"足球、篮球、奥运会"等，这时搜索"足球"就会出现新浪体育的首页网址链接——但是在当时中文互联网的信息容量较小的情况下，它也不失为一种方便快捷且有用的服务。那时候，有"出门靠地图，上网找搜狐"的说法。然而，随着互联网上的信息越来越多，分类目录的形式显然已经没办法帮助用户有效地找到信息，后来，自动抓取技术逐渐兴起，百度和 Google 的爬虫开始在网上自动索引很多信息，最终成为了现在意义上的搜索引擎。而当年作为先行者的搜狐，**由于技术不完善，错过了搜索这一班车**。就连张朝阳本人也承认，早期搜狐对于技术重视不够[①]。

---

① 扫描二维码，阅读原文。

案例：Siri 莫名其妙的回答

Siri 是 iPhone 上的智能语音助手，最初在 iPhone 4S 上推出，曾经获得了相当广泛的关注。如今，随着技术的发展，Siri 正在变得越来越聪明，但是依然有一些时候，我们会觉得 Siri 答非所问。

如图 1-13 所示，当作者跟 Siri 说，"30 分钟后提醒我睡觉"的时候，我们发现，Siri 已经正确识别了语音，但是给出的答复却是"你没有任何今天到期的提醒事项"。从中文语义来看，这句话的意思应该是让 Siri 帮忙设置一个提醒事项，30 分钟后发出提醒，内容是睡觉。而显然，Siri 并没有听懂作者的话。虽然 Siri 很聪明，但是在一些特定场景下，我们能够看到它背后的技术还不够完善。**这或许是至今为止 Siri 并未获得广泛应用的原因之一。**

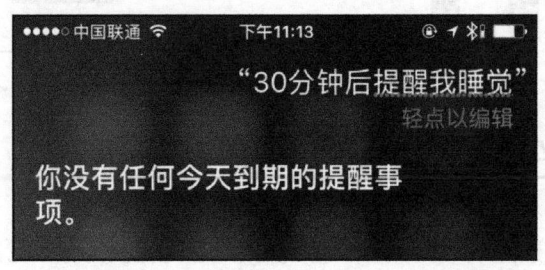

图 1-13　Siri 的回答

案例：Note 7 手机爆炸

2016 年，科技界其中的一个重大新闻就是三星 Note 7 手机的爆炸事件。这款手机发布一个多月，在全球就造成了多起爆炸事故，甚至在 2016 年 10 月曾发生过因爆炸导致飞机起火的重大安全事故。一时间，大家对该型号的手机敬而远之，导致其不但销量下降，事主维权，而且在国内，很多（或者所有）航空公司都会在办理登机时和起飞前在广播中明确表示禁止使用或托运三星 Galaxy Note 7 手机。后来，经过漫长的调查与研究，三星公司与全球三大独立调查机构一起公布了该型号手机爆炸的原因，引据三星电子无线事业部总裁的话："我们为了追求创新与卓越的设计，就 Galaxy Note 7 电池设置了规格和标准，而这种电池在设计与制造过程中存在的问题，我们未能在 Note7 发布之前发现和证实。"①

创新是好事，但是如果技术本身不够完善，换来的可能是严重的事故和商业、名誉上的重大损失。在国外，就有人以该事件为原型设计并制作了如图 1-14 所示的手机壳，其"图案"就是爆炸后的样子。

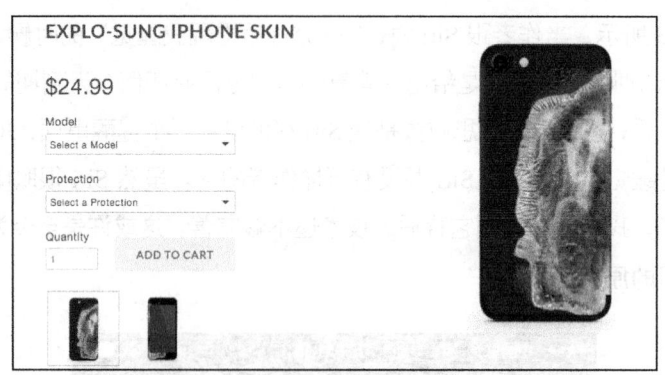

图 1-14　国外某网站推出的以爆炸为主题的手机壳

1.2.3　商业：可健康持续地创造商业价值

由于产品是由人加工生产的，所以理论上一定会有成本存在，有成本，就需要有相应的机制来承担这些成本。所以，**绝大多数产品是需要为做出它的人或者组织创造价值的。**由于社会分工，价值会产生频繁的交换。这其中**最常见的是商业价值，但也不排除其他的价值。**

1. 商业价值，并不完全等同于赚钱

最常见的价值就是获得经济上的"盈利"，俗称赚钱。根据高中政治书记载，商家把产品卖给我们，是通过"让渡使用价值的方式来换取价值"的。在传统行业，这种交换往往是通过直接售卖产品或者服务本身来实现的，而在互联网行业，盈利的方式则更加多样和复杂，具体的在本书后面的章节中会提到。

---

① 扫描二维码，查看原文。

但是，**盈利并不完全等同于赚钱**。有的产品可能自身不盈利，但是可以辅助其他产品盈利，这也创造了价值。

案例：微信与游戏分发

微信本身是不收费的，所有用户都可以注册后免费使用。但是有了微信，才能以该平台为基础分发游戏（如图 1-15 所示），同时可以用"微信支付"便捷、低成本地售卖增值服务（如游戏道具），而微信支付本身也有巨大的佣金收入，后面这些会为腾讯带来巨大的盈利空间。所以**微信的基础部分虽然不盈利，但依然间接地创造了巨大的商业价值**。

图 1-15　微信是腾讯系游戏的重要分发渠道

案例：打车大战背后的商业逻辑

另外，有一些盈利可能是以现金收入以外的形式存在的（但最后往往又落回到现金收入上）。2014 年，滴滴和快的在各自的投资方——腾讯和阿里的支持下，展开了一场激烈的"红包大战"。乘客使用滴滴或快的打车，只要使用微信支付或者支付宝绑卡付车费，乘客和司机双方就都能够得到相应数量的红包奖励（如图 1-16 所示），甚至是平时十几二十块钱的打车费用，实际乘客只需要付几块钱，司机得到的却是比计价器上显示金额更高的收入。据网上的报道称，在打车大战过程中，双方烧掉了几十亿的现金。即能快捷地打到出租车，又能帮乘客省钱，帮司机赚到更多的钱，这对于两边的用户来说显然是好事。但是很多人看不明白，作为背后的支持者，腾讯和阿里两家公司，为什么要烧这么多钱来支持这两个打车工具呢（关键是，后来二者居然合并了）？

其实两个巨头各自都有自己的算盘。在 2014 年的时候，打车软件未来的产品及盈利模式还远远不及今天这般明朗，按理说，单纯地支持这两个软件的发展，应该不至于让两个巨头砸进去这么多的钱。事实上，**腾讯和阿里真正砸钱争夺的，是"近场支付"这个重要的应用场景**。全国数以亿计的用户被打车这个场景教育，形成了在线下使用互联网第三方支付工具（微信支付和支付宝）的习惯，为今天以及更远的未来，微信支付和支付宝线下付款方式的普及，以及以此赚更多的钱打下了基础。如图 1-17 所示的是腾讯 2016 年的财报，其内容提到支付相关服务贡献了不少的收入。

图 1-16　滴滴红包

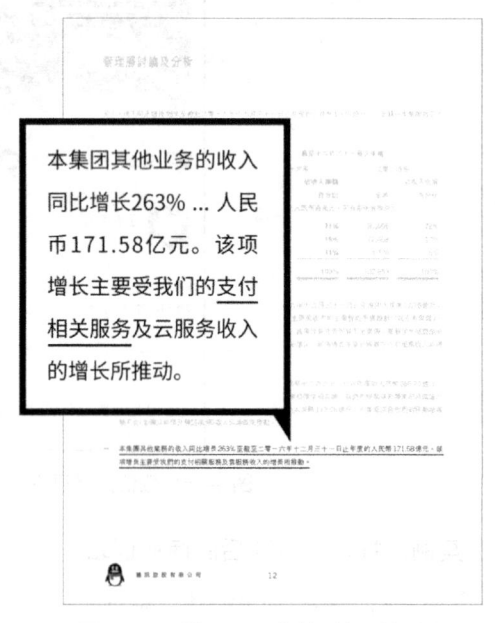

图 1-17　腾讯 2016 年的财报（部分）

案例：经济之外的盈利

最后，有时候盈利并不一定仅限于经济层面上。微软公司创始人比尔·盖茨或许是高科技行业中最热衷于做公益的大佬之一，在连续13年成为世界首富的同时，2000年，比尔·盖茨成立了比尔和梅琳达·盖茨基金会（如图1-18所示，为该基金会官方网站的介绍页面），2008年比尔·盖茨宣布将580亿美元个人财产捐给慈善基金会。虽然我们知道，在美国的政治环境下，富豪将钱捐给基金会是一种常用的避税手段。但谁都不能否认的是，十几年间，该基金会在全世界范围内资助了大量的公益项目及相关的科学研究，而比尔·盖茨本人以及微软公司也在全世界范围内获得了极高的声誉。

图1-18 "比尔和梅琳达·盖茨基金会"官方网站的介绍页面

很多大公司会有类似于"社会责任部"之类的部门，这些部门往往会代表公司在社会上做很多公益活动。如果我们去研究这些部门的组成，则会发现不论是人力还是其他资源，投入往往并不小。那么作为"以盈利为目的"的商业公司，为什么要去做不赚钱的公益事业呢？除回报社会之外，**做公益往往可以建立良好的企业形象和声誉，同时还有可能帮助企业优化渠道和资源配置，而这一切，都会反作用于商业，让企业能够创造更大的商业价值。**

另外，即便是非盈利性产品，只要把"商业"二字去掉，变成"创造价值"，这个定义也依然可用。

2. 持续

一锤子买卖，或者靠欺骗、忽悠用户的方式有时也可以获得价值，但是不可持续。不可持续的产品，不是好产品。

案例：诱导短信

在其他支付手段不发达的时代，"从手机话费中划账"是一种便捷的支付手段。那时电信网络上有大量的"增值服务"，用户稍不留神就会被"订阅"各种各样的奇葩服务或者信息，扣取资费（如图1-19所示）。这就是一种典型的不可持续的创造价值的方式，因为随着相关法律法规的完善、用户安全意识的提升，这样的方式在今天已经没有什么市场了。

图 1-19　当时常见的吸费短信

案例：游戏盈利模式的演变

最开始，游戏作为软件的一种，是通过售卖游戏程序本身来盈利的。我们所玩过的各种单机版游戏基本上都是这种模式。如图1-20所示，现在去淘宝搜索，依然能够找到很多95版的《仙剑奇侠传》正版游戏，只是从价格来看，其收藏意义已经大于软件本身的价值了。

从"持续性"的角度看，单机版游戏作为软件售卖并不是一种特别好的模式。第一，这相当于一锤子买卖，玩家往往玩过一遍（为程序付过一遍钱）就腻了，无法持续为开发者创造价值。第二，不论开发者使用多么复杂的加密手段，软件总是能够被破解、被盗版的。很多玩家实际购买的是便宜的盗版软件，开发者并不能够从中获益。

相比之下，后来**随着互联网的普及，网络上的游戏越来越多地采用了"售卖点卡"或者"售卖道具"的模式来盈利**。这样的模式其"持续性"要比单纯售卖软件程序好得多。而国内游戏公司的真正崛起，也正是到了网游时代才发生的事情。

图 1-20　在淘宝搜索"仙剑奇侠传"的结果

3. 健康

如果做到了可持续，不免应该对自己要求再高一些，做到健康可持续。**"健康"与"持续"相辅相成，前者往往可以使后者走得更远。**

案例：不健康的模式

我们倒退几十年来看，"国企"貌似也是可持续的，并且它的确持续了很长时间。但是从现在的观点看，它的持续并不健康，所以终有一天，它要做出改变，或者牺牲。现在，基本上只有"垄断国企"才可以做到持续，其他的国企或者改制，或者倒闭，或者处于倒闭的边缘。

国内的养老保险，本质上是用年轻人交上去的钱来给老年人发退休金。理论上，这种模式也是可持续的，只要能够持续地把新的资金收上来即可。但事实上，它同样不健康。靠谱的方式是通过一些低风险的投资渠道，让钱不断增值，然后实现更大的

21

价值。

"透析"是现代医学维持尿毒症患者生命的一种重要手段，其原理就是使用体外的过滤机制来代替原本的器官功能。透析可以在一定期限内持续地维持生命，但显然，这样的病人在身体上已经不是一个"好"人了，因为缺了健康。

以上所讨论的，也正是作为一个产品经理在策划产品过程中所需要关注的核心，即：当想到一个"点子"的时候，可以尝试从需求、技术、商业三个方面来分析它是否"靠谱"。事实上，优秀的产品经理总是能够在这三者之间找到最佳的平衡点。

1.3 什么是用户体验

在传统行业，常常会有类似于"顾客就是上帝"的说法，顾客是指买东西的人。传统行业的绝大部分商业逻辑是建立在先销售，后使用的基础上的，即，商家将商品卖给顾客，顾客付钱后才能使用。这种逻辑的结果是，商家把东西推销出去，顾客购买了，商家的目的就达到了。但互联网有所不同，绝大多数互联网产品是可以免费使用的，所以互联网的商业逻辑往往是，用户先使用商家的产品，然后才有可能为商家贡献商业价值（可能变成付费的"顾客"，也可能用其他方式为商家贡献价值）。所以在互联网领域，"用户体验"尤为重要。只有体验好的产品，用户才可能持续用下去。

国际标准化组织（ISO）对于"用户体验"有一个标准化的定义（ISO 9241-210），但是这个定义的描述过于学术化，过于零散。作者还是倾向于用一种更加简单的表述方式，它来自于百度百科，即：**用户体验（User Experience，UX）是一种在用户使用产品过程中建立起来的纯主观感受**。这个定义里面有三个关键词，分别是**用户**、**过程中**和**主观感受**。我们来一一解构。

1.3.1 关键词一：用户

"用户"意味着，对于不同的目标用户来说，即便他们的需求看起来一致或者差不多，但是在具体使用产品的过程中，"用户体验好"的定义也可能是不同的。就像讨论"需求"一样，如果脱离了用户，是无法评价一个产品的用户体验好坏的。

案例：美图秀秀和 Photoshop

美图秀秀和 Photoshop 都可以处理图像，但是谁的用户体验好呢？对于这个问题还真不能简单地下结论，而是需要从各自的目标用户出发来思考。

美图秀秀的目标用户是普通网民，再细分一些，很多是爱美的"妹子"。她们使用这个工具其中一个重要的目的是把用手机拍好的照片变（得更）美，然后发到朋友圈。她们往往并不懂得很多高深的摄影技术，也缺乏美术或者构图技巧，而美图秀秀这个应用，可以**让它的目标用户只通过简单的点选、滑动等方式，就可以对照片风格进行加工，即便完全没有专业知识，也可以把照片变美**（如图 1-21 所示）。所以对于爱美的"妹子"来说，它的用户体验是好的。

图 1-21 在美图秀秀中处理图片

而 Photoshop 的目标用户是专业设计师。所以**"能够最大限度地帮助设计师表达他们的创意，做出满意的作品"**才是好的用户体验。基于此，专业设计师并不介意去深入地学习相关知识和操作方法。从"易用性"的角度来讲，对于一些简单的图像处理，Photoshop 显然不够易用，但是对于专业设计师来说，处理复杂精细的图像，它的体验很棒。如图 1-22 所示，在 Photoshop 中用户可以使用图层、滤镜、通道等复杂的手段对图像进行处理。

图 1-22　在 Photoshop 中处理图像

案例：风靡非洲的中国手机

现在很多手机都有拍照功能，要想把照片拍得清晰，就要涉及"对焦"这个概念。对焦准确，照片才会清晰；如果对焦失败，或者不够准确，往往拍出的照片会糊成一片。而一般手机的对焦原理是跟摄像头采集到的影像色彩反差有关的，我们可以尝试一下，在晚上关了灯的室内，手机将很难正确对焦拍照。

在遥远的非洲，当地用户面临着一个特殊的问题。因为当地人皮肤黝黑，特别是在光线相对较暗的环境下，普通的手机很难准确地识别到被摄者的脸部，所以难以拍出脸部清晰、曝光准确的照片，非洲兄弟为此很苦恼。而一家来自于中国深圳的手机厂商注意到了这个问题，经过反复地试验、分析与调整，他们通过眼睛和牙齿来定位，在此基础上加强曝光，帮助非洲消费者拍出更加满意的照片。当前，该手机品牌在非洲占到了40%的市场份额，在提升用户体验的同时，创造了巨大的商业价值。如图1-23所示，在该公司旗下的手机品牌 Infinix 的官方网站上，Camera 一节重点提到其**可以在较暗的光线下帮助用户拍出好照片**。

第 1 章　解构基本概念

图 1-23　风靡非洲的中国手机品牌

案例：乐天商城的域名

2010 年年初，百度和日本乐天共同斥资组建了新的电子商务公司，同年 10 月，乐酷天商城正式上线。乐酷天商城是一个面向中国用户，使用简体中文提供电商服务的网站，但是——或许是为了延续乐天的品牌——其选用了与日本乐天完全一致的 cn 域名：rakuten.cn。两年后，2012 年 4 月，该商城宣布关闭。对于这个短命的产品，网络上也有不少的分析，其中一个主要观点认为，是本地化做得不好。其实，我们从其域名就可以看得出这一点，rakuten 是标准的日文拼法，对于日本人来说，简单、容易记忆，但是对于大多数中国人来说，这个域名实在是太难记了。反观今天在国内做得比较成功的电商网站，他们都在不遗余力地从中国用户的角度出发，简化自己的域名。淘宝的域名直接使用了拼音 taobao.com，大多数年轻人学习过拼音，访问完全无压力；定位稍微高端一些的天猫使用了拼音和英文组合的方式 tmall.com，而 mall 这个单词是常用词汇，多数年轻人也拼得出来；京东更加直接，重金买下了 jd.com；就连彻头彻尾的外国网站亚马逊，原本在中国的常用域名为 amazon.cn，但是为了减轻中国用户的记忆负担，也同步提供了 z.cn 域名。如图 1-24 所示，时至今日，乐天市场（Rakuten.co.jp）依然是日本流量排名前 10 的重要网站。相比之下，同样的模式，同样的域名，在日本如火如荼，在中国最终倒闭，其中重要的原因之一正是**因为"用户"的不同而导致的体验差异**。

25

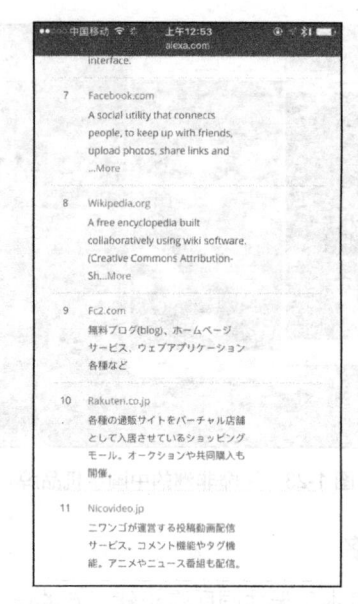

图 1-24　日本的网站流量排名

1.3.2　关键词二：过程中

"过程中"这个关键词暗示我们，在设计产品的时候，需要考虑在具体使用过程中的环境和场景。

例如，我们平时使用电脑的环境经常是相对稳定的，例如在办公室，或者在家中书桌前，或者在咖啡馆；而使用手机的环境则不一定，可能是在等电梯的几分钟时间里，可能是在晃动的车厢中，可能是在被窝里。办公室或者桌前，常常意味着相对宽敞的空间、相对安静的环境，网络信号也会比较稳定；而车厢中、电梯间，则可能会伴随着晃动、光线明暗的变化等。基于此，即便是面向同一批用户，满足他们同一种需求的产品，在两种不同的环境和使用场景下，具体表现也会有差异。

案例：夜间模式

很多阅读类产品都会有"夜间模式"功能。所谓夜间模式，就是将背景颜色调暗，同时调低文字和背景色的对比度。因为在夜间完全关掉灯或者灯光较暗的环境下，平时我们使用的白底黑字的方式（如图 1-25 所示）就会特别刺眼，这时，对比度较低，可能在平常环境下看不清楚的"夜间模式"（如图 1-26 所示）反而可以提供更好的阅读体验。

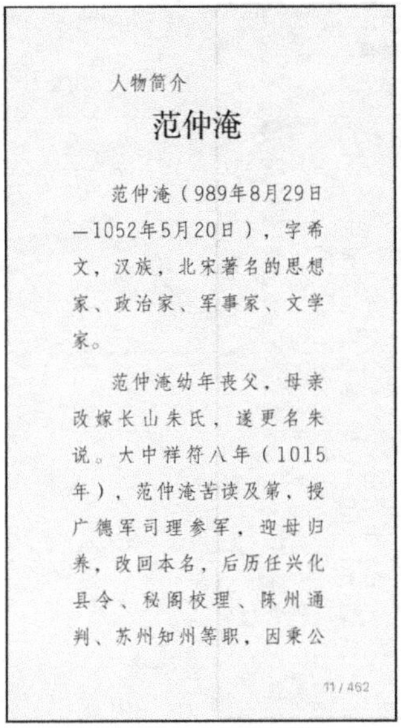

图 1-25　普通模式显示效果 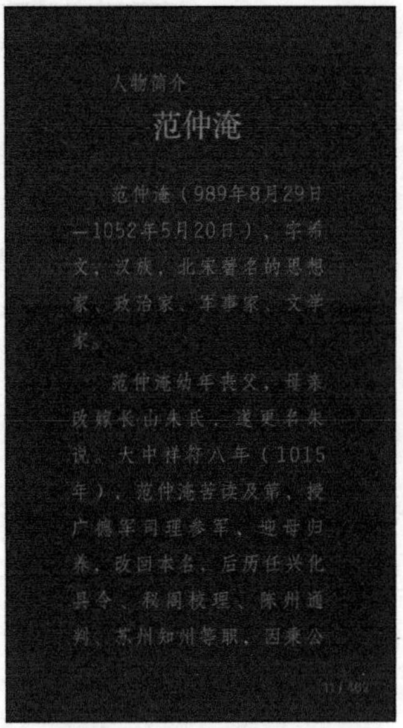　　图 1-26　夜间模式显示效果

案例：Wi-Fi 与数据网络自动切换

　　由于大多数手机在默认访问互联网的方式中，Wi-Fi 的权重高于数据网络（3G 或 4G），所以当 Wi-Fi 有连接的时候，所有的应用会一直试图使用 Wi-Fi 访问网络。但是 Wi-Fi 信号有强弱之分，在有的情况下，虽然 Wi-Fi 处于连接状态，但是信号很差，几乎无法访问互联网，可是手机还是会拼命地试图使用 Wi-Fi 联网，最终的结果就是，僵持很长时间，但没有数据返回。这是一个比较典型的在使用产品的过程中由于所处的环境不同，而产生完全不同的体验的案例。作者在几年前就注意到了这个问题，然后以公司的名义申请了一个简单的专利，就是在手机上提供一个选项，当这个选项处于开启状态时，会打破上述权重，系统会在 Wi-Fi 不通畅的时候，自动切换到数据网络试图联网，为用户提供在不同的环境下相对流畅的上网体验。后来，Apple 在 iOS 9 的设置选项中，也提供了类似的功能，叫作"Wi-Fi 助理"，如图 1-27 所示，殊途同归。

27

图 1-27　iOS 设置中的 "Wi-Fi 助理" 选项

案例：在 iPhone 上插拔耳机

当我们使用 iPhone 播放音乐的时候，会发现这样一个小细节——插上耳机，播放音乐，当耳机能够正常听到声音的时候，如果将耳机拔出，则音乐会自动停止。这是一个很贴心的设计，按照程序逻辑，耳机不存在的时候，系统应该自动使用内置扬声器播放，但是 Apple 考虑到，用户之所以使用耳机，很可能是担心影响周围的人，或者是所播放的内容不希望周围的人听到。这时，当手机监测到环境因素发生变化时（很可能是不小心把耳机线扯掉了），为避免尴尬，自动将播放暂停。这不失为一个提升体验的好办法。

案例：iPhone 的单手操作

在正常情况下，我们可以根据自己的喜好使用双手来操作手机。这样，手指可以轻易地覆盖到屏幕的每一个位置。但是在一些特殊的环境下，例如，一只手拎着重物，另一只手操作手机的时候，距离拇指可覆盖范围较远的区域就很难按得到了（特别是 Plus 大屏系列手机推出之后）。这时，如果同时轻触两次 home 键，就会开启单手操作模式，如图 1-28 所示，整个 UI 向下平移大约一半的位置，以至于位于 UI 最上方的元素我们也能相对轻松地操作。

图 1-28　单手操作模式

1.3.3　关键词三：主观感受

第三个关键词是"主观感受"，它提示我们，不要浮于表面。用户体验只是主观感受，但是作为产品经理，必须去挖掘用户主观感受背后真实的需求，不要被主观的、表象的东西所迷惑。

案例：福特的名言

据说，著名的汽车大亨福特曾经说过这样一句话："*If I had to ask customers what they want, they will tell me: a faster horse.*"福特这句话的字面意思貌似是说，即便问了客户，他们也只能想到要"更快的马"，不可能想到汽车。其潜台词是，产品设计者主观的经验和点子才是关键。作者并不反对"经验"的重要性，但是仅从这句话来看，其实福特的客户已经清晰地描述出了他们的需求，只不过**并不是"horse"，而是"faster"**。而汽车作为一种交通工具，可以打赢它的竞争对手——马，其中一个重要的原因，也正是因为汽车的速度比马快。

我们用福特当年（1908 年）最经典的一款叫作 T 型车（如图 1-29 所示）的产品跟马做个配置对比，如表 1-1 所示。

图 1-29 福特 T 型车（来自网络）

表 1-1 福特 T 型车与马的配置对比

	福特 T 型车	马
动力系统	20 马力（15kW）	约 1 马力（一匹马）
变速箱	3 挡（其中一个是倒车挡）手动变速箱，需手动切换高速挡和低速挡	1 挡自动变速箱（只有前进挡，加速不需要换挡，靠力度）
最高速度	72km/h	约 60km/h
内饰	真皮座椅，豪华顶棚，可以挡风遮雨	复古款马鞍，炫酷缰绳，敞篷款
外观	时尚	复古

表 1-1 中的内容虽然略带调侃，但是我们很容易就可以发现，即便是像福特 T 型车这么古老的汽车，其速度也是比马快的。

然而，汽车的体验一定比马好吗？如果结合上一个关键词"过程中"来思考，其实又不一定。例如，如果是在没有公路崎岖不平的山区，汽车是根本跑不了的，这时候，即便还是拼速度，也还得马出场。

综上所述，并不存在一个放之四海而皆准的公式，**任何时候，产品经理都要从实际出发，全面、客观地去思考。**

1.4 定义互联网产品经理

在不同的互联网公司，或者同一公司的不同团队，或者同一团队的不同时期，产品经理的职责定义可能都是不太一样的。但最基础的部分比较明确，基本上是三件事情：**产品规划、产品设计、推动研发**。

1.4.1 互联网产品经理的一般职责

1. 产品规划

需求的来源多种多样，观察到的现象、用户的反馈、数据的分析、竞品的动作、市场的变化、老板的要求等，都可能产生新的需求。这些需求不断地汇集，成为需求池。作为产品经理，需要结合公司（部门）的发展方向、团队情况、技术难度、市场环境等因素，明确在需求池中哪些需求是一定要做的，哪些可以考虑做，哪些不能做；哪些要优先实现，哪些可以慢慢来。这一系列的过程，称之为产品规划。

案例：QQ 第一个版本的功能规划

网上曾经流传过一个据说是腾讯面试题的问题，具体是这样的：1998 年，QQ（当时叫 Oicq）已经具备了加好友、基础聊天等功能，马上要上线第一个正式版本，但是由于种种原因，只能从下述功能（需求）中选择三个来优先实现，应该选择哪三个呢？

1. 卡通头像	7. 聊天记录管理器
2. 不可窃听的安全通信	8. 语音聊天
3. 聊天室	9. 视频聊天
4. 很小的 .exe 文件	10. 看谁在线上
5. 皮肤	11. 传文件
6. 速度超快 0.5 秒反应	12. 表情

这样的问题，一般没有标准答案，作者特地查询了当年 QQ 的第一个版本（Oicq 99a）的功能列表，貌似跟上述列表并没有太高的重合度，所以正好，我们可以抛弃"标准答案"的束缚来分析这个问题。

首先，8 和 9 肯定第一个排除。在遥远的 1998 年，国内绝大多数互联网用户使用的是 33.6Kbit/s 的拨号上网（这是理论值，实际的传输速度一般为 1KB/s 或者 2KB/s），在这样的网络环境下，语音和视频根本没办法用。

其次，11 可以排除。作为一款"聊天软件"，核心功能应该是聊天，而不是传文件。QQ 传文件在当下是一个用户很多、很好用的功能。但是在早期，第一个版本的时候，它显然不是用户的核心场景。

第三，2、5 和 6 可以排除。这几个功能听起来不错，但应该是优化需求。第一个版本，还是需要用户能够先把基本的功能闭环——把聊天这个任务走通。

第四，7 和 12 可以排除。这两个功能虽然与核心需求——聊天相关，但是都属于高级聊天功能，应该作为优化需求处理。特别是"聊天记录管理器"功能，因为当时个人电脑还远未像今天这般普及，很多用户是在网吧上网的，而网吧一般装有还原卡，所以保存聊天记录意义不大，机器重启后就消失了。

最后，在剩下的 1、3、4、10 四个需求中，作者选择把 4 去掉，剩下了 1、3、10 三个需求。具体理由如下。

卡通头像：在已经拥有基本的聊天功能之后，卡通头像是当时 QQ 区别于其他聊天工具的重要特征，是个亮点。1998 年，国内上网的人并不多，所以从概率上讲，遇见一个自己周围的同学、同事、朋友的概率很低，即当时的 QQ 其实是一个"陌生人社交工具"。对于陌生人社交，形象更加重要。在数码相机和拍照手机都尚未普及的年代，卡通头像相比于一个干巴巴的 ID 而言，生动、有趣并且能够代表自己的个性。

聊天室：依然是延续"陌生人社交工具"这个定位，要想让用户在 QQ 上聊天，首先要帮助他们找到好友，而聊天室其实是一种帮助用户拓展好友的手段。为 QQ 的早期用户成功地导入了第一批关系链，以此留住了用户。

对剩下的两个需求："很小的.exe 文件"和"看谁在线上"其实作者在取舍时稍微有一点儿纠结。在当时的网络环境下，安装包下载的速度在很大程度上决定了流失率。安装包越小，成功下载安装并使用的可能性越大，所以"很小的.exe 文件"可能会在很大程度上降低流失率，拉高注册用户量；而"看谁在线上"则是一个底层的功能，它的存在可以更多地推动用户寻找那些在线的好友聊天，而不至于跟一个没有在线标识的好友说了半天，结果对方不理睬。

最终，作者决定保留 10，即"看谁在线上"，理由是：

- 依然考虑到"聊天工具"这个核心定位，聊天室可能会为用户带来第一批关系链，当时的很多用户打开 QQ 就是为了聊天消磨时间，并不是今天意义上的"交流"。既然如此，显示为"在线状态"就相当于通知所有好友"我来了，跟我聊天吧"。这对于提升用户活跃度及用户体验都有好处。

- QQ第一个版本（Oicq 99a）的最终发布安装包大约是700KB，即便在当时的网络环境下，按照1KB/s的速率计算，下载完成也只需要11分钟，还是可以接受的。同时这个大小与当时的常用网络软件（如网络蚂蚁、RealPlayer之类的）相比，并不是特别臃肿。与当时网友经常下载的其他格式文件（如.rm、.mp3等）相比，甚至更小。

- 另外，众所周知，一个软件的第一个版本功能肯定是非常少的，之后会加入越来越多的功能。所以安装文件不断变大在所难免。即便第一个版本做到了相对较小的.exe文件，后面的版本一般也无法再继续保持。

2. 产品设计

明确了要做什么之后，产品经理需要具体设计相应的功能逻辑，这个过程是一般的产品经理日常工作的主要内容。主要有三件事：**业务逻辑是什么、分支逻辑怎么办、逻辑的表达。**

我们用一个小功能举例：假设你是某Android应用商店客户端的产品经理，负责"下载"这个功能的产品策划工作。

（1）业务逻辑是什么

"下载"这个功能听起来很简单，但是它至少要包含下述业务逻辑：

- 有一个下载入口供用户触发。
- 一旦触发，就有必要告知用户已经开始下载，并展现进度。
- 在下载过程中可以暂停。
- 可以支持同时下载多个应用。
- 有必要的"下载管理"功能，进行必要的批量操作。

（2）分支逻辑怎么办

在主要业务逻辑之上，为了提升体验，或者应对用户可能遇到的一些分支需求和任务，一般应主动思考一些分支逻辑。例如：

- 如遇用户正在使用移动数据网络（3G/4G等），为防止耗费过多流量，应提示用户，允许后再执行下载操作；Wi-Fi网络则可以直接执行下载操作。

- 在下载过程中，如遇用户手机存储空间不足，应有相应的应对策略。
- 其他逻辑（例如为保证速度，可优先使用手机内存等）。

（3）逻辑的表达

以上问题都有了明确的方案后，产品经理还需要把自己的方案表达出来，以便于后面的环节以此为基础进行开发。表达产品方案的方式有很多，最常用的方式是需求文档（Product Requirement Document，PRD）。上述逻辑的系统分析推导，以及需求文档的写法，我们在后续章节中会详细讨论。

3. 推动研发

当团队已经就"做什么"和"怎么做"达成一致后，下一步就是要开工了。在这个过程中，产品经理依然要关注下述事宜：

- **对其他环节工作保持关注**。关注一切可能对最终产品产生影响的环节，从产品需求和用户场景出发，提出具体建议，甚至通过争论的方式确保这些环节的具体设计和执行符合预期。包括但不限于：交互设计、视觉设计、BUG等。
- **修正需求，以及对BUG处理意见的决策**。在具体开发过程中，可能会遇到各种各样的客观情况，以至于无法完全按照原定的需求文档执行。有时候，或许工程师经过深入研究思考后，可以找到解决方案；有时候，可能由于成本高、技术架构改动大，或者产品经理的需求不合理等原因，要适当修改需求；也有时候，可能不得不带着相关的缺陷发布产品。这时，产品经理需要综合考虑各种条件，权衡利弊，做出决策。
- **项目管理**。在很多团队中，产品经理还应承担起项目管理的职责。需要与设计、开发、测试等环节的同事一起，制定具体的排期并跟进确保研发进度。即便团队中有专门的项目经理，作为产品的第一负责人，产品经理也需要时刻关注这些具体的时间点和相关动态，以确保相关工作顺利推进。

4. 常见误解

在现实中，也存在着很多对产品经理职位的误解，甚至一些业内人或者HR都会有类似的误解。在此挑选两个最常见的误解列出来供读者参考。

(1) 产品经理不是"经理"，而是一个没有"权利"的管理者

很多传统行业的朋友会倾向于认为"产品经理"跟"总经理"是一样的，是公司中的某种"领导"。事实上，产品经理并不是真正的"经理"，它只是一个职位名称。这就意味着在绝大多数情况下，产品经理对于与其合作的，如设计师、工程师等，并没有行政上的上下级关系，整体上，大家是互相合作的关系，但是产品经理的职责决定了其是一个没有"权利"的管理者。这里的"管理"有两层含义。

第一，**产品经理是其产品的第一负责人，必须管理好"产品"**。在不同的团队中，产品经理的话语权有高有低。有的团队，高层管理者只负责确定方向，具体做什么产品、有什么功能及功能的细节，都是由产品经理主导并决策的；而在另外一些团队中，高层管理者可能关注的内容会比较细致，很多产品细节最终需要上级拍板。但不论如何，**产品经理必须熟悉自己负责的产品的所有细节**，在明确产品方向、团队目标、用户需求和市场情况的前提下，**不断地在产品层面做出最合适的决策**。优秀的产品经理应该是一个拥有强大执行力的思考者和决策者，而不是一个单纯的执行者。

第二，虽然没有管人的"权利"，但产品经理**依然需要用好其周边的一切资源，包括"人"**。这就意味着，产品经理必须**使用"权利"之外的某种东西，将设计师、开发工程师、测试工程师、运营人员、市场人员等同事团结在一起，推动他们共同为产品服务，共同迭代产品**。虽然从具体的职能定义上看，设计UI、写代码、过测试、跑业务是这群同事的天职，但优秀的产品经理可以做到让他们更加团结、更加高效地工作。这其中的方法可能是推行标准化的流程，可能是采取合适的沟通方式，也可能是工作之余跟大家打成一片，成为朋友。所有这一切，都可以看作是使用"权利"之外的方式进行的管理工作。

(2) 产品经理产出的是解决问题的"方案"，而不是这些方案的表述形式

在作者招聘产品经理的过程中，发现一些经验相对较少的候选人会有这样的倾向性，即认为产品表层的UI展现和流程就是其产品方案。经常与作者不厌其烦地讲述，这个按钮为什么放在这里，这个颜色为什么是这样的而不是深一些之类的，甚至一些产品经理实际在做的其实是交互设计师的工作。这些细节固然很重要，在不同的团队中，产品经理的具体工作也的确会有不同的倾向性，但是一般认为，产品经理**核心的关注点应该还是产品逻辑本身，并不是在UI表现层**。同样的，产品需求文档也只是

表述具体方案的手段，并不是说，产品经理的工作内容就是写需求文档。

1.4.2　产品经理的能力模型

明确了产品经理的一般职责之后，我们就能够从其职责出发，推导出其能力模型。作者综合了国内几家主要互联网公司的能力模型要求，结合自身的理解，将一个优秀的产品经理所应具备的能力分为两层，分别叫作**底层能力**和**应用层能力**。具体阐释如下：

1. 底层能力

底层能力是指一些基础的核心能力。这些能力看起来都很"虚"，甚至在工作初期有一些看起来是用不上的，但这些能力是一个产品经理腾飞的原动力。在大公司的面试中，会特别注重底层能力的考察，作为应届毕业生，如果在底层能力上有较好的表现，则往往是不错的加分项。

（1）逻辑思考能力

逻辑思考能力是作为一个产品经理最核心、最底层的能力。产品经理的工作本质上是一种偏"创造性"的工作，他需要从看到的现象入手，抽象出场景，透过现象和场景去思考用户的需求，然后给出（更好的）解决方案。这个过程需要极强的逻辑性，需要实事求是的态度，每一步的推导过程都要有明确的逻辑支撑，不能"想当然"，否则最终的产品方案可能就是建构在千疮百孔的基础上，很容易倒塌。

在招聘时，作者在倾听对方大谈特谈他的产品经历的过程中，最喜欢问的问题就是："你为什么这么做？""你是基于什么考虑决定做这个的？"这类问题经常可以将候选人一瞬间分为两类，即：逻辑清晰的候选人和逻辑混乱的候选人。前者的回答一般是有条不紊、有理有据的，从一个原因推出一个结果，综合 abcd 几项条件，对比 1234 几种方案的优缺点，最终得出了最后的答案。而后者的回答一般会很"散"，他可能会说出几条不同的"原因"，一般每一条的信息量都很小，并且每一条之间可能没有什么关联，有可能是"老大的建议""客户的要求"，也可能是某种看起来"灵光一现"实际上毫无根据的感觉。

如果逻辑思考能力欠缺，则不但会影响产品经理做市场分析、用户调研、产出方案，而且也会对沟通、汇报，甚至与其他环节的同事"吵架"造成不良影响。

逻辑思考能力在一定程度上可以培养，但一般还是需要有一个好的"底子"。"培养"的方法也很简单：**遇到任何事情，多问自己"为什么"；说任何一句话，先想想理由是否足够充分。**

（2）自我认知迭代

优秀的产品经理所应具备的另一个底层能力是对自我认知的迭代。做产品，不论是功能、技术还是性能，都讲究不断修正和完善、不断迭代。同样，对于一个产品经理来说，自我认知也是需要不断迭代的。随着阅历越来越丰富，眼界越来越开阔，职位越来越高，周围的人越来越优秀，我们肯定会不断地去重新修正自己的认知体系。迭代的本质是：**有能力意识到自己过去认知的不足，有勇气承认自己当下认知的缺陷，同时有动力去通过不断的学习和实践来构建新的更加完善的认知体系。**

举例来说，从小受到的教育试图告诉我们，某事物与另外一些事物是呈线性关系发展的。例如：只要努力，就一定能够成功；电影中的"好人"一定是品德、能力各方面样样优秀的天使，而"坏人"则是自私、贪婪、邪恶、十恶不赦的恶魔；不能与学习不好的同学交朋友，会被"带坏"，等等。最初，我们的认知能力有限，大多会相信这些灌输，甚至会做出很多与此相匹配的行为。或者换句话说，在当时的认知水平作用下，上面这些也未尝不是"真理"。

后来，当学习了更多的知识、经历了更多的人和事、有了更多的思考之后，我们会迭代这些认知，发现原来的认知已经不能适应现有的环境，我们会意识到：成功的因素有很多，机遇、环境条件、选择的方向、运气等都是重要的影响因素，而"努力"只是其中一个因素而已；电影中的"好人"在现实中也会有各种各样的缺点，同样"坏人"也不一定那么坏；学习不好的同学可能在其他方面有其他人难以企及的特长。

这样的过程，本质上就是一种认知迭代的过程。事实上，并不是所有的人都有"勇气"和"能力"去进行这样的迭代，而一个优秀的产品经理必须有这种勇气和能力。

（3）理想

理想，或者说"保持理想"，是一种能力。产品经理作为产品的第一负责人，**应该有一些用产品改变世界的雄心壮志。这种理想很多人都有，但难的是坚持。**

很多产品经理初入职场时，都希望自己做的产品可以被亿万人使用，希望自己的一个想法可以帮到用户产生价值，希望自己的一个设计可以提升用户的使用体验。但现实往往是，刚入门的产品经理只会承担一些琐碎、重复性的工作，或者只会负责一个极小的边缘功能点。随着时间的流逝，几年过去了，好不容易可以相对独立地负责一块业务，却又发现，想做好一个产品，想改变世界，并不仅仅是想出好的需求就可以的。很多方向和目标是上级给定的，很多资源并没有那么优质，设计师、工程师也不一定那么配合，同时还要面临 KPI (Key Performance Indicator，关键绩效目标)、晋升、加薪的压力。在这样的环境下，有一些产品经理会变成完成 KPI 的机器，一心只想着达成目标，对于产品的长远规划，目标用户的真正需求，所做的事情是不是有损用户利益、是不是有损公司的形象和信誉，思考越来越少。对于当年的理想，则早已模糊，每天过着行尸走肉般的生活，甚至开始抱怨周遭的环境和人。

其实，换一个角度想，如果一个产品经理所在的外部环境样样优秀：所做的产品在方向上完全没有竞品，市场大，公司的资源高度匹配，设计师及开发、运维、测试、市场人员全是世界上最棒的精英，只要随便做出一个功能，就能受到用户的追捧，所有数据开始疯涨，收入就像洪水一样滚滚而来。如果是这样，还要产品经理做什么呢？一个优秀的产品经理应该不论在顺境还是逆境、平凡还是激情的环境下都能坚持理想，用好资源，把产品做到最好。很多时候，理想是其中重要的核心驱动力。

当今社会，除了互联网，再也没有什么工作能够让普通人有机会影响到如此海量的用户。一位普通教师，一个学年即便带 3 个班级，加在一起也就是 100 多个学生；一位普通医生，门诊一天能解决 100 个病人的问题已经是满负荷工作（大部分医院达不到这个量），即便一周门诊 5 天，一年下来，也只能解决不到 3 万人的问题；一位作家，如果书一年能够卖 5～10 万册，就已经称得上非常成功的畅销书作家，也就已经不能算"普通人"了。但是对于一个普通的互联网产品经理来说，其产品每年服务几万人，应该是不难的。所以说，**如果互联网无法改变世界，那么世界上就没有什么工作能够让作者这样的普通人有机会改变世界了。**如果有幸在这个行业成为一个"不普通人"，你会更大程度地改变世界。**能够在这个行业工作，我们理应感恩，然后带着理想，一直走下去。**

2. 应用层能力

应用层能力是指在实际工作过程中经常用到的相对偏"工具性质"的能力，看起来比底层能力"实用"得多。它们就像工具一样，往往是学一点儿就能用上一点儿。

（1）执行力

作为产品经理，必须拥有把想法变成现实的能力，这就是执行力。具体来讲，产品经理自身可能不懂设计，不会编程，也不懂营销推广，所以产品经理的执行力除体现在把"点子"变成切实可行的"方案"上面之外，还体现在以产品目标和方案为基础，然后用"权利"之外的方式带领各环节的同事将产品做出来，上线，并保持迭代上面。"执行力"的相关体现如表 1-2 所示。

表 1-2 "执行力"的相关体现

执行力	
入门级产品经理	把上级交代的具体任务按时、保质、保量完成
有经验的产品经理	根据一个或许是非常模糊的方向来制定全套方案，并且预知风险及做好防控预案。同时，还需要通过流程、方法论总结等方式提升整个团队的执行力，避免短板

（2）产品设计

产品设计是指利用相关的知识、技能，以及自身的创意和灵感，从用户场景、需求出发，产出解决方案的能力。这也是产品经理日常工作过程中的重点。"产品设计"的相关体现如表 1-3 所示。

表 1-3 "产品设计"的相关体现

产品设计	
入门级产品经理	完成相对单一的功能、模块的产品设计。具体根据不同的团队和产品形态，可能包括产品逻辑、操作流程、UI 等的设计
有经验的产品经理	更加深挖用户的需求和场景，深挖人性的特征，更多地思考各模块之间的关系、整体的产品定位、用户体验与商业之间的权衡等

（3）产品规划

产品规划是指对产品的功能、版本、迭代节奏，以及产品方向的规划能力。它隐含的意思是，产品经理需要能够有效地评估需求的主次和轻重，能够综合各因素确定需求的优先级，以及觉得哪些需求要深入设计和开发，哪些只需要做简单的功能逻辑。同时，要对产品的长远发展方向有深入思考，不能只顾"埋头走路"。"产品规划"的相关体现如表 1-4 所示。

表1-4 "产品规划"的相关体现

产品规划	
入门级产品经理	对于用户需求有一点点深入思考,排列一些简单的优先级顺序
有经验的产品经理	以产品规划的方式推动产品"成功"。需要明确地意识到,"成功"的因素是多元的。需要带领团队在对的时间做对的事情,甚至需要忍受外界的批评和指责,但坚持把资源投入到当下真正最重要的事情上

（4）用户研究

此处的用户研究并不是指一般意义下的"用户研究工程师"在做的各类调研,而是泛指一切试图了解用户的行为。很多时候,产品经理不仅仅要知道用户有这种行为、这类需求,还需要从人性的角度去探究其背后的逻辑和原因。"用户研究"的相关体现如表1-5所示。

表1-5 "用户研究"的相关体现

用户研究	
入门级产品经理	使用常用的用户研究方法,如问卷、访谈等进行简单的调研工作。关注并收集整理用户反馈
有经验的产品经理	深刻意识到,不同的用户其需求是不同的。在进行任何分析、思考、策划时,都能够从用户行为出发,客观、理性地推导用户场景,发现其需求,并深入挖掘这些现象、场景、需求背后的原因和逻辑,然后再以此为依据设计产品

（5）市场研究

理论上,世界上并没有什么需求是"从来没有被满足过的",只是可能原有的方式不够好。这个现状决定了市场研究的重要性。作为产品经理,需要对产品所面向的市场有深入的了解,包括但不限于:市场容量、发展趋势、竞品情况等。"市场研究"的相关体现如表1-6所示。

表1-6 "市场研究"的相关体现

市场研究	
入门级产品经理	对市场容量、竞品情况等信息进行收集,以及做简单的横向对比

续表

	市场研究
有经验的产品经理	深入研究并思考主要竞品的特征、优势和劣势,以及其方向和打法。结合一切可获取的信息,对市场的发展趋势做预判,并结合自身情况,发现机会点,帮助产品建构优势

（6）学习能力

当今社会的发展日新月异,特别是在互联网行业,新概念、新技术、新模式层出不穷。作为产品经理,应该保持强大、快速、有效的学习能力,以适应行业发展。另外,未来的互联网将与传统行业深度融合,成为"互联网+",所以其他行业的相关知识也是产品经理需要学习的。"学习能力"的相关体现如表 1-7 所示。

表 1-7 "学习能力"的相关体现

	学习能力
入门级产品经理	在工作需要时,能够相对主动、快速地去学习新知识、新技能
有经验的产品经理	能够把脑中的诸多知识形成知识体系,融会贯通。将知识形成观点和方法论,辅助工作

（7）沟通能力

由于产品经理是一个没有"权利"的管理者,加上产品经理在日常工作中需要跟各环节合作,所以沟通能力是产品经理的一个基础、核心能力。产品经理应该可以流畅地表述自己的方案与观点,除一般的沟通外,日常的需求评审、方案讨论、演讲等也是产品经理常见的工作内容。"沟通能力"的相关体现如表 1-8 所示。

表 1-8 "沟通能力"的相关体现

	沟通能力
入门级产品经理	可以流畅、准确地与用户,以及在日常工作中有合作的同事沟通。能把事情讲清楚,让对方理解,便于执行
有经验的产品经理	根据不同角色、不同对象的特征与性质,采用不同的沟通方法,达到最优的沟通效果

（8）行业理解

行业理解有两层含义。

第一，对于互联网行业的理解。优秀的产品经理不但是一个产品专家，还应该是一个行业专家。对互联网行业的新概念、新产品、新技术、新思想、新玩法都应该时刻关注，只有如此，才能跟得上行业的发展。

第二，现在越来越多的产品经理开始从事与传统行业相结合的产品设计。不论是电商、O2O（Online to Offline，线上到线下），还是互联网金融、互联网教育，都需要跟某个或者某几个传统行业深度结合，甚至融合。做这类产品的产品经理，除要对互联网行业有足够深入的理解之外，还需要对传统行业有深刻的理解。"行业理解"的相关体现如表1-9所示。

表1-9 "行业理解"的相关体现

行业理解	
入门级产品经理	了解行业（包括互联网行业和做"互联网+"产品时的传统行业）的基本历史、趋势、分工和模式（包括常见的产品模式和盈利模式）
有经验的产品经理	深入理解行业，包括但不限于： • 行业事件、产品模式、盈利模式背后的逻辑 • 发展趋势，以及驱动力 • 不断尝试行业内的新产品和新玩法，并思考其内部逻辑，以及对其趋势、发展方向和优缺点做预判

（9）运营及数据分析

产品经理需要对自己负责的产品的相关数据和运营情况了如指掌。即便在大公司中有专门的"产品运营经理"甚至"运营部"来主导运营工作，但运营就像是在自己的孩子脸上化妆，不论化妆师多么专业，不论舞台效果多么好，作为产品第一负责人，产品经理也必须对运营保持关注。

而数据分析则是产品经理的通用技能之一，很多问题或者优化点，只有通过数据分析才能发现和佐证。它是为产品决策提供依据的有力工具。"运营及数据分析"的相关体现如表1-10所示。

表 1-10 "运营及数据分析"的相关体现

运营及数据分析	
入门级产品经理	了解常用的运营手段，了解所负责的产品的主要数据项、核心指标；能够做简单的数据对比、数据计算，并给出分析结论
有经验的产品经理	总结提炼适合所负责的产品的运营手段，深入分析数据，构建分析模型，并找到提升关键指标以及优化产品的方法

（10）项目管理

此处的项目管理仅指研发项目管理，即协调相关资源，对设计、开发、测试等工作进行工作量评估、排期、推进及风险监控。在很多团队中，产品经理需要同步负责项目管理工作。即便在大公司中有时会有专门的项目经理来负责项目管理，但产品经理也应时刻关注项目进度和风险。"项目管理"的相关体现如表 1-11 所示。

表 1-11 "项目管理"的相关体现

项目管理	
入门级产品经理	跟踪项目进度
有经验的产品经理	对工作量、复杂度有一定的预估能力，可以与开发、测试同事一起拆解工作量，做精细化管理。跟踪项目进度，及时发现并处理风险，预见潜在问题（非产品问题）。协调内外部资源，找到共同目标和利益点，推动执行

（11）其他相关知识和技能

其他相关知识和技能包括对技术的理解，基本软件、工具的使用等。

1.5 互联网公司的职能分工

这一节，我们来了解一下在一个典型的互联网公司中，各环节是如何分工协作，将产品做出来的。

1.5.1 互联网产品的逻辑结构

在互联网和用户体验领域的经典教科书《用户体验的要素》中，将一个网站分为五个层面，分别是：战略层、范围层、结构层、框架层、表现层。以此为基础，作者倾向于将一个互联网产品分为四个层级，如图 1-30 所示。

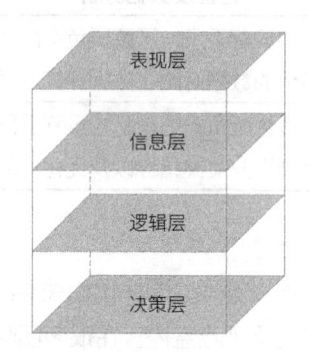

图 1-30　互联网产品的四个层级

最底层是**决策层**，它是一切产品的基础。决策层要解决"做什么""为什么做"以及"怎么做"三个核心问题。产品具体的方向、目标用户群、核心功能等都是在这一层产生并迭代的。

在其上层是**逻辑层**，即这些产品功能具体的逻辑及实现，包括业务逻辑、商业逻辑、程序代码逻辑等。

再往上是**信息层**，互联网产品都是需要跟用户交互的，信息层负责所有的交互层面的问题，包括 UI 上的任务流程、信息的展现、提示等。

最上层是**表现层**，即用户具体看到的产品（互联网产品主要是 UI）是什么样子的，包括颜色、大小、形状、材质、明暗等。

在互联网公司中，上述的每一个层级都会有专门的职位来负责，也有一些职位要横跨几个层级。具体如表 1-12 所示。

表 1-12　互联网产品每一个层级与相关职位的对应关系

层级	角色	主要职能	一般产出物
决策层	老大们	确定大方向，管理资源及团队	—
	产品经理	确定产品方向、目标用户群，进行市场调研等	MRD（Market Requirement Document，市场需求文档）
逻辑层	产品经理	设计出可以满足用户需求的业务逻辑	PRD（Product Requirement Document，产品需求文档）

续表

层级	角色	主要职能	一般产出物
逻辑层	开发工程师	使用编程的方式实现业务逻辑	可运行的程序
	测试工程师	确保程序实现效果符合产品经理的业务逻辑预期	BUG描述
	运维工程师	确保服务器、存储等设备正常运行，使线上服务稳定	—
信息层	交互设计师	设计UI中的信息交互部分	交互稿
	产品经理	评估交互稿是否符合预期，并提出修改建议	对交互稿的建议
表现层	视觉设计师	设计UI中的表现部分	视觉稿
	前端开发工程师	使用编程的方式实现UI和交互效果，同时也要负责一些业务逻辑的实现	可运行的程序
	产品经理	评估视觉稿是否符合预期，并提出修改建议	对视觉稿的建议

我们注意到，上述各层级基本上都有产品经理的身影。这也是将产品经理称为产品的第一负责人的原因之一。作为一个产品经理，**不但要对自己产出的部分（如产品业务逻辑）非常熟悉，同时也要对其他环节产出的部分（UI、交互、程序运行相关的现象）了如指掌**。

1.5.2 互联网产品的技术结构

经常有人问这样的问题：产品经理到底要不要懂技术？要懂到多深？作者的回答一般是，懂最好，可以不需要会编程，但是至少要具备下述知识：

- 从技术角度看，一个互联网产品的结构是怎样的，各自承担什么功能（例如：前端、客户端、后端、数据库等）。
- 从技术角度看，当用户进行某种操作后，程序运行的基本逻辑是什么（例如：前端的操作控件如何提交请求到后端服务器，经过什么样的处理，如何返回结果等）。
- 对其他常用的技术细节有概念。

这一节，我们来简单聊一聊产品经理的基础技术理解。

45

案例：在网页上登录（B/S 结构）

B/S 结构即浏览器（Browser）和服务器（Server）结构。我们访问一个网站，输入正确的用户名和密码后，点击"登录"按钮，过一会儿，我们就看到了自己账户中的内容（例如余额数字）。这个过程司空见惯，但是从技术角度来讲，上述这句话描述的过程的具体实现逻辑可能是如图 1-31 所示的样子。

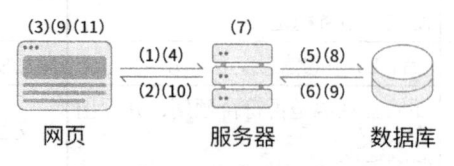

图 1-31　B/S 结构简单交互示意图（绘图：康添祺）

第 1 步，用户在浏览器中输入网址，按回车键，这时浏览器通过网络连接到服务器，向服务器索取这个网址所对应的网页内容。

第 2 步，服务器找到对应的网页内容（源代码），然后通过网络将这些内容传输给浏览器。

第 3 步，浏览器得到这些源代码，然后将其解析成网页展现给用户。此时用户看到两个输入框，分别是"用户名"和"密码"，同时有一个"登录"按钮。用户输入正确的用户名和密码，点击"登录"按钮。

第 4 步，浏览器再次连接服务器，将用户输入的内容传输给服务器，并告诉服务器，用户要执行登录操作。

第 5 步，服务器知道了用户的意图，获取到用户输入的用户名和密码这两个数据之后，紧接着连接数据库，将"用户名"这个内容传给数据库，要求数据库提供相对应的"密码"字段内容。

第 6 步，数据库找到相应的内容，然后将"密码"信息返回给服务器。

第 7 步，服务器将用户输入的"密码"与数据库返回的"密码"内容做对比。假设对比的结果是"一致"。

第 8 步，服务器找到该用户登录之后应该看到的网页内容，但是"余额"这个具体数值服务器不知道，于是它再次向数据库（注：不一定跟上一次是同一个数据库）询问这个用户的余额是多少。

第 9 步，数据库接到请求，找到余额数据，并返回给服务器。

第 10 步，服务器再次将这些网页内容（源代码，包含余额信息）传输给这个用户的浏览器。

第 11 步，浏览器得到这些源代码，然后将其解析成网页展现给用户。用户看到了登录后的网页上面有他的余额数字。

由此，我们可以得到下述结论：

- 一个简单的登录操作，在最简化的模型中，是由浏览器、服务器和数据库这三个环节协同完成的（实际情况更复杂，可能还涉及 DNS 解析等）。
- 浏览器可以解析服务器传来的内容，显示给用户，就成了用户看到的"网页"。点击网页上的"登录"按钮，网页可以向服务器提交数据，服务器可以处理这些数据，是因为网页和服务器上都有相应的"程序"。
- 在上面描述的过程中，浏览器就像是一个空壳，其内部显示的不论是内容本身（例如"余额数字"），还是非内容的 UI 和功能部分（例如"'登录'按钮"）都是由服务器传输给它的。
- 所有的关键数据都存在数据库中。

案例：在手机客户端上的发图片（C/S 结构）

C/S 结构即客户端（Client）和服务器（Server）结构。如果作者在微信朋友圈，或者微博的手机客户端，从手机相册中选择一张图片，写几句话并发送，过一会儿，作者的好友就可以看到这张图片和这几句话。这个过程听起来也很简单，但是从技术角度来讲，则可能经历了如图 1-32 所示的逻辑过程。

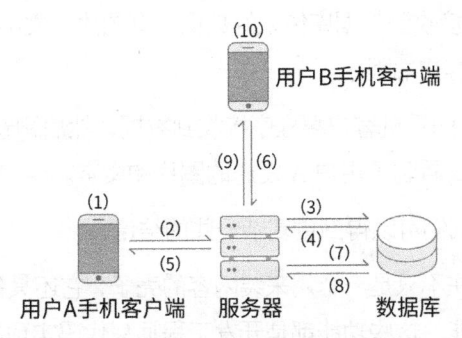

图 1-32　C/S 结构简单交互示意图（绘图：康添祺）

第 1 步，用户 A 打开手机上的某社交类应用客户端，想要选择一张图片。这时，该应用客户端程序向手机操作系统（如 iOS 或 Android）请求访问手机相册，得到允许后，列出相册中的所有图片供用户选择。用户 A 选了一张，原图的大小为 5MB，并写了几句话，按下"发送"按钮。客户端程序发现这张图片太大了，使用 4G 传输会很慢而且会耗费大量的流量，于是自动将其进行了压缩。

第 2 步，客户端程序使用网络连接服务器，并将压缩过的图片和那几句话传输给服务器，同时告知服务器，这些内容是"用户 A"产生的。

第 3 步，服务器接收到客户端程序传来的内容，连接数据库，将这些内容存储在数据库中，并标记好是"用户 A"的内容。

第 4 步，数据库完成存储工作，然后通知服务器，存好了。

第 5 步，服务器接收到数据库的通知，然后通过网络将这个信息通知给用户 A 手机上的客户端程序。这时，客户端程序在用户 A 的手机屏幕上显示一个"发布成功"的提示。

第 6 步，这时，用户 B 也打开了安装在其手机上的该社交类应用的客户端程序，他跟用户 A 是好友，程序自动通过网络向服务器发出数据请求，要求服务器返回用户 B 的所有好友的内容。

第 7 步，服务器接收到请求，连接数据库，希望得到某个时间节点之后用户 B 的所有好友的内容。

第 8 步，数据库找出用户 B 的所有好友在这个时间点之后产生的内容（其中包括刚才用户 A 发送的图片和文字），然后按一定格式返回给服务器。

第 9 步，服务器接收到数据库传来的数据（有图片、文字），然后将其通过网络传输给用户 B 的手机客户端程序。

第 10 步，用户 B 的手机客户端程序接收到数据，然后刷新用户 B 的手机屏幕上的内容。这时，用户 B 看到了用户 A 发送的图片和文字。

通过这个案例，我们可以得到更复杂一些的结论：

- 客户端软件往往不只是一个用来装内容的壳子，它还具备一些功能逻辑，例如压缩图片的功能。这些功能都是开发工程师写代码实现的。

- 在上述流程中，客户端程序和服务器之间交换的是纯内容数据，不包含 UI 和功能部分，因为后两者都已经做在客户端程序里面了。
- 一般情况下，客户端的使用体验应该比网页更流畅一些，因为它与服务器只需要相互传输内容数据，不需要传输 UI 和功能。同时，网页与服务器之间的数据交互需要通过浏览器这个媒介，所以必然要受到浏览器的一些限制；而客户端则直接与服务器交互，听起来后者应该性能更好，可以做到的事情更多一些。

综上所述，我们可以看出，即便是两个最简单、最常见的操作流程，其背后对应的技术实现逻辑也是非常复杂的。作为产品经理，要能够理解这些基础的技术逻辑，这样才能与工程师相对流畅地沟通。

1.5.3 研发流水线简述

在一个典型的互联网公司中，大家一般采用如图 1-33 所示的流程工作。

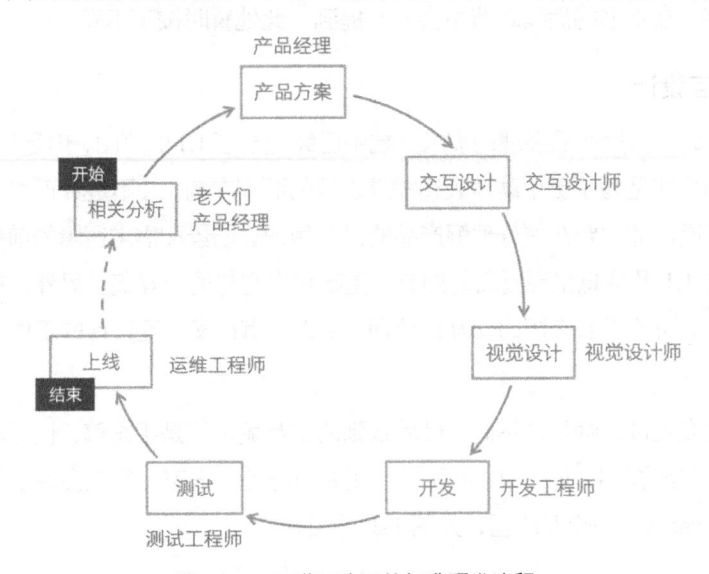

图 1-33 互联网公司的标准研发流程

上述这个圈，**每转一圈**，称之为一个"**迭代**"。我们每天在用的互联网产品，就是通过这样一次又一次的迭代不断完善、不断成长的。下面我们来一一感受一下每一个环节。

1. 相关分析与产品方案

在着手开始设计一个产品之前，产品经理首先要进行很多前期的分析工作。例如：需求分析、竞品分析、盈利模式分析等。如果是在产品立项的初期，还可能会包括：确定产品方向、市场环境分析、政策分析等。在这个环节，往往需要从公司（部门）的大方向出发，结合内外部条件来做综合的分析和研究，以便于决定一个产品、一个功能究竟是做还是不做。相关的工具有：用户场景、SWOT 分析法、各类用户研究方法等，在本书的后续章节中都会提到。

当基本方向确定后，产品经理就需要进入细化的产品方案设计环节，这个环节也是产品经理日常要做的主要工作，包括：梳理功能、排优先级、细化功能逻辑、设计 UI（部分工作需要与设计师合作）等。同样，这个环节也有很多常用的工具，包括：功能列表、思维导图、流程图、MVP（Minimum Viable Product，最简化可实行产品）、需求文档等。在本书的后续章节中会一一提到，此处暂时按下不表。

2. 交互设计

很多时候，虽然产品经理的需求文档中已经包含了 UI 的草图，但是从全局来看，此时的草图往往是为了更生动地表述需求之目的而存在的，并不是真正的 UI 设计稿。所以，交互设计师需要在充分理解产品的目标用户、场景和需求逻辑的前提下，重新梳理所有的 UI 及信息呈现层面的细节，重新输出完整的交互稿。另外，在中小型互联网公司中，可能没有专职的交互设计师，所以，有很多交互设计的工作需要产品经理来承担。

不同的交互设计师习惯不同，最后拿到的交互稿可能是手绘稿，也可能是一张巨大的带 UI 的流程图，如图 1-34 所示。还有可能是，大家一起在会议室将一张张的 UI 图拼在一起来梳理交互流程，如图 1-35 所示。

第 1 章　解构基本概念

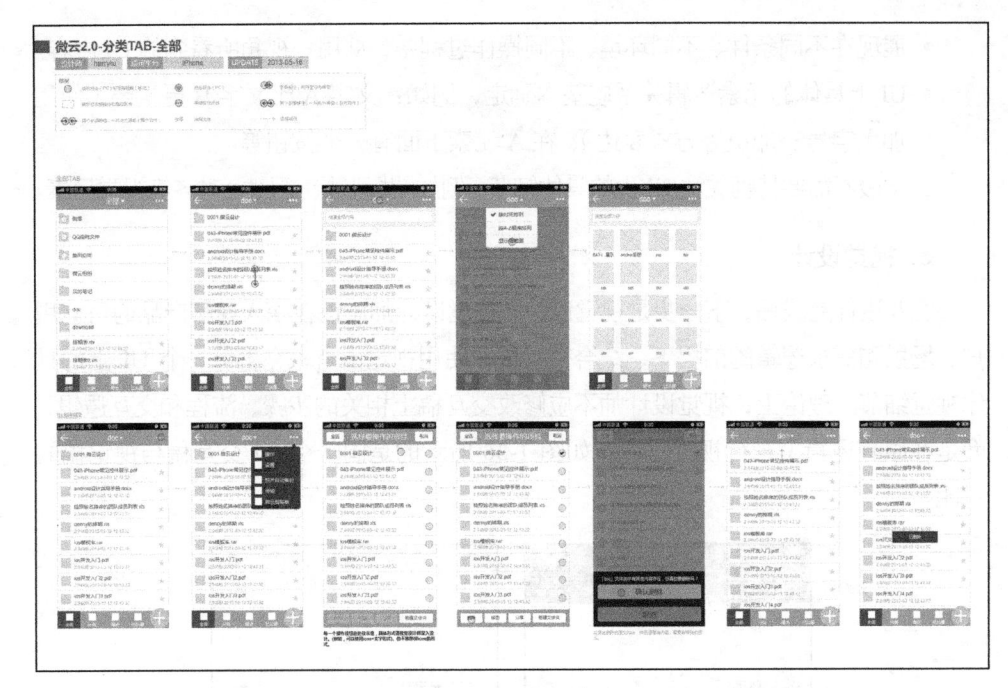

图 1-34　交互稿

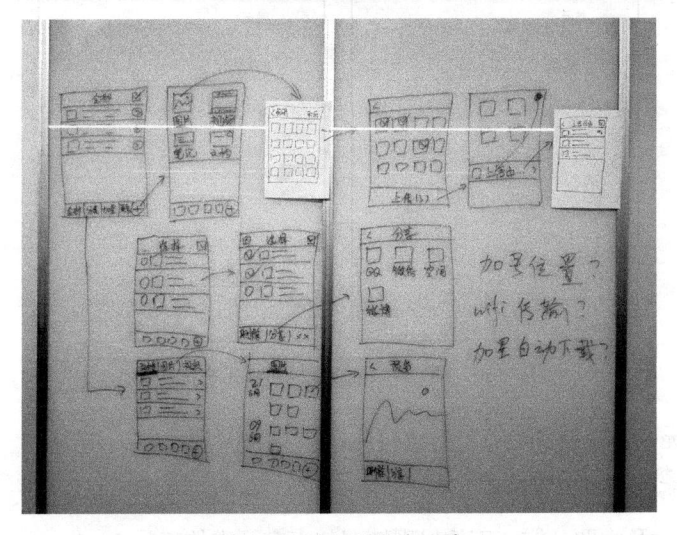

图 1-35　白板上的交互稿

但无论如何，这个时期的交互稿应该具有如下特征：
- 展现所有的必要流程和信息。

- 展现在不同条件、不同环境、不同操作过程中，从用户视角所看到的 UI 内容。
- UI 上具体的元素逻辑关系应基本确定，例如：文字 A 比文字 B 更重要（使用加大字号、加粗等方式表达），在 A 元素下面有一个按钮等。
- 一般不需要特别关注 UI 上的具体细节，例如图标形状、尺寸、对齐等视觉元素。

3. 视觉设计

交互设计完成后，下一步是视觉设计。视觉设计师应该在深入理解产品的目标用户、场景和需求逻辑的前提下，结合交互稿，使用视觉语言来完善每一个 UI 上的具体视觉细节。理论上，视觉设计师不应修改交互稿上相关的步骤、流程和交互逻辑，而是在原有逻辑上进行视觉呈现。如图 1-36 所示的是同一个 UI 交互稿与视觉稿的对比。

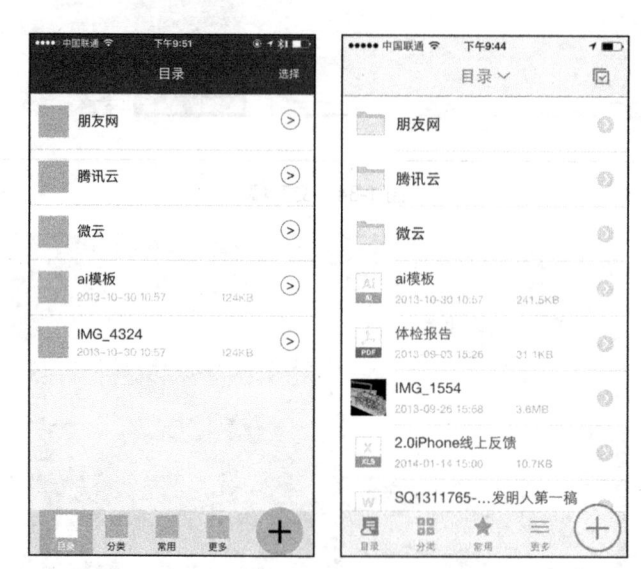

图 1-36　同一个 UI 交互稿与视觉稿的对比

一般情况下，视觉稿应具有下述特征：

- 确定所有视觉元素的表现形式，包括但不限于：颜色、形状、大小、对齐等。
- UI 尺寸及主要分辨率下的呈现情况与真实开发的产品 1∶1。
- 需要展现同一元素在不同情况下的视觉表现效果。例如，一个按钮常态、点击态和无效状态的视觉样式。

- 对主要的尺寸、色值等进行标注（看具体团队的情况，也可以使用其他方式与设计师沟通）。
- 在一些团队中，视觉设计师还要同步负责切图工作（当 UI 上的一些元素无法用代码实现，而需要直接贴上一张图片的时候，需要为工程师提供这张图片）。

4. 开发

视觉设计完成后，开发所需要的全部需求内容就已经准备好了。在流程上，虽然视觉设计与开发往往要同步进行（可以先开发后台逻辑等与 UI 无关的部分），但是在逻辑上，UI 部分的开发肯定是要建立在视觉设计完成的基础上的。

在开发阶段，各种工程师依照产品需求文档、交互稿和视觉稿，将产品方案用编程的方式真正实现出来（举例，如图 1-37 所示）。

图 1-37　用来写网页的 HTML 源代码

在这个过程中，可能还会涉及一些问题，例如：

- 某个具体的细节，工程师经过研究后发现无法实现，或者虽然可以实现，但是受成本、性能等条件的影响，不建议实现。这时，产品经理就要与交互、视觉设计师一起，同开发工程师讨论具体方案。结论无疑有两种，第一，工程师被说服，继续开发工作；第二，产品经理及设计师被说服，修改方案。
- 产品经理主动对一些需求进行调整，俗称"需求变更"。一旦发生需求变更，就意味着工程师原来写好的代码可能要推倒重来。虽然面对复杂的市场环境，理论上需求变更就像是 BUG 一样在所难免，但作为一个产品经理，还是要尽量避免无谓的需求变更的。

5. 测试

写好的程序功能，可能会存在各种各样的问题，特别是有些问题可能在正常使用过程中不会出现，但是在特定的条件下则会现身。所以在上线之前，还要经过"测试"这个环节。具体来说，可能是由测试工程师从用户的角度去使用产品，在使用过程中观察各种外在表现是否符合需求文档的预期（黑盒测试）；也可能是从程序逻辑出发，检查程序的内部结构，得出测试数据。

测试工程师发现的问题，称之为 BUG。找到 BUG 后，会通知开发工程师修改，如果双方对具体 BUG 无异议，则开发工程师会想办法修复这个问题，称为"解 BUG"。但是，有时也会遇到这样的情况：

- 开发工程师承认的确存在 BUG，但是在现有条件下无法解决，或者解决成本过高，或者解决方案有风险（可能引发另外的更严重的问题）。所以建议暂时不解决。
- 开发工程师认为测试工程师发现的问题并不算 BUG，即，前者认为在某种特定情况下，出现这种问题是合理的。
- 测试工程师发现的 BUG 无法复现。即，在测试之前操作的过程中，的确遇到过某种问题，但是再去试的时候，该问题就不出现了。
- 测试工程师发现的 BUG 为偶现 BUG，即，操作很多次，只会在有的情况下出现问题。同时开发工程师认为，在现有条件下，为了小概率的事件做相应的修改成本过高，或者有其他风险。所以建议暂时不解决。
- 开发工程师认为测试工程师的操作路径太过奇葩，虽然会出现问题，但是根本不会有用户这样去用，所以实际上很难遇到这个 BUG。

以上所有这些问题，都需要产品经理介入，在综合开发、测试双方的专业意见后，结合 BUG 的严重性、影响范围、修复成本等因素决定是否解决，以及可接受的情况到底是怎样的。测试工程师往往会将发现的所有 BUG 列一个表，示意如表 1-13 所示。

表 1-13　测试工程师提交的 BUG 列表示意

编号	BUG 描述	出现概率	严重程度	基线版本
001	在××界面进行××操作时闪退	必现	致命	1.5.2 build1
002	使用 iPhone 7、iOS10.3.2，在××情况下进行××操作时白屏	偶现	严重	1.5.2 build1
003	××界面列表项内容未对齐	必现	一般	1.5.2 build1
004	在××界面按下××按钮后，屏幕闪烁	偶现	一般	1.5.2 build1

除上述描述外，一般还会配合相关截图（录像）、设备参数描述等，来辅助开发工程师寻找问题的原因。在很多公司中，也会使用一些软件工具来管理 BUG，这些软件工具不但可以帮助测试工程师记录 BUG，还可以很方便地将最新进展通知开发和产品人员，所有角色可以一起讨论，发表意见。根据不同的团队习惯，以及产品性质、发展阶段等的不同，还可能有压力测试、安全性测试等环节。

6. 上线

测试通过后（所有发现的 BUG 都已解决，或者大家达成一致，其中一部分 BUG 可以暂时不解决），这个版本的产品就可以上线供用户使用了。上线后，将由运维工程师来保证线上环境的稳定，以便于程序正常运行，用户可以正常、流畅地使用。

第 2 章
解构基本观点

2.1 用户价值高于用户体验

用户价值即产品能够为用户做什么，对应前文的"需求"；而用户体验则是指用户在使用产品过程中的主观感受。这两个因素在产品策划过程中往往相辅相成，都要尽量做好。

曾几何时，"用户体验"这个概念在国内炙手可热。在互联网公司中，不论是产品、设计，还是开发、运营，抑或是商务、测试，甚至门卫保安哥哥，都会把"用户体验"作为口头禅挂在嘴边。

作者写本书时，"用户体验"这个概念的热度已经降下来，越来越多的互联网从业者开始更理性、客观地看待用户价值、用户体验，以及其他各种因素之间的关系。如果一定要把"用户价值"和"用户体验"拿出来做比较的话，作者认为**在绝大多数时候，用户价值的重要性要高于用户体验，前者是后者的基础**。这么说并不是认为用户体验不重要，而是在实际工作过程中，有太多的产品经理倾向于在尚未明确产品的"用户价值"时，就盲目地陷入讨论细节的"用户体验"的过程中，往往最终不会有特别好的结果。

2.1.1 两个需求层次理论

在讨论用户价值和用户体验的关系之前，我们先来了解马斯洛需求层次理论和

ERG 理论，如图 2-1 所示。

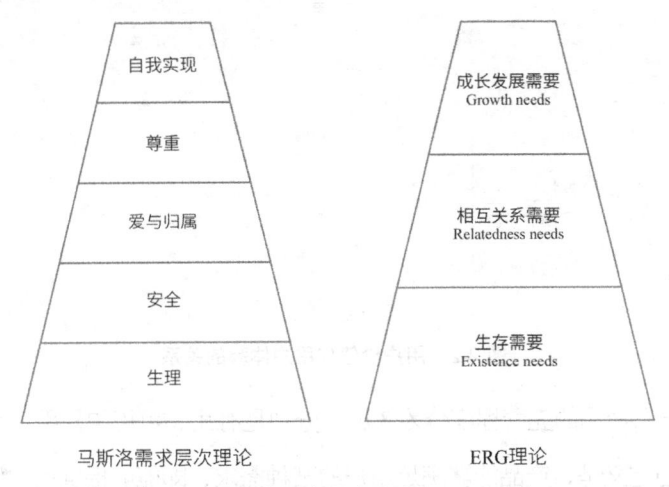

图 2-1 马斯洛需求层次理论和 ERG 理论

这两个理论描述的基本上是同一件事情，即对于人类需求的分层。马斯洛需求层次理论的主要内容是：人类的需求像阶梯一样从低到高按层次分为 5 种，分别是生理需求、安全需求、爱与归属需求、尊重需求、自我实现需求。并且，其提出者亚伯拉罕·哈罗德·马斯洛（Abraham Harold Maslow）认为：需求层次是一种刚性的阶梯式上升结构，即认为**较低层次的需求必须在较高层次的需求满足之前得到充分的满足**。

ERG 理论发布的时间比马斯洛需求层次理论晚，它认为人类存在 3 种核心需要，分别是生存需要、相互关系需要、成长发展需要，该理论的名字即是这三者的首字母缩写。从划分方法来看，除 5 层变 3 层之外，好像与前者差不多。但是，与马斯洛的理论不同的是，ERG 理论的提出者克雷顿·奥尔德弗（Clayton Alderfer）认为：

- 人在**同一时间可能有不止一种需要起作用**，并非必须在低级的需要被满足后，才有高级的需要。
- 如果高层次的需求**被抑制**，那么人会对低层次的需求**更加渴求**。

说回用户价值与用户体验，作者认为它们的关系可以在一定程度上套用 ERG 理论的分层方法，如图 2-2 所示。

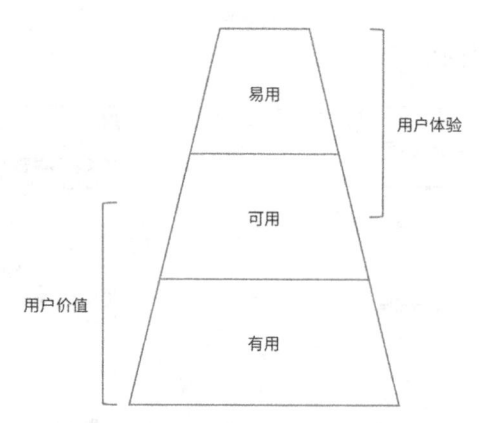

图 2-2　用户价值与用户体验的关系

作者将一个产品的完善程度分为 3 层，分别是有用、可用和易用。其中：

- 有用的定义是，产品能够满足用户的某种需求，即能够提供用户价值。
- 可用的定义是，产品的目标用户，以其现有的条件（例如经济状况、身体状况、知识水平、认知能力等）可以顺利使用这个产品。这一层混合了用户价值和用户体验。
- 易用的定义是，对目标用户来说，产品容易操作、容易上手，不需要付出过多的成本来掌握和学习，这是用户体验的范畴。

同时，作者认为存在以下倾向性：

- 用户会同时对有用、可用和易用产生需求，但是在绝大多数情况下，可用和易用必须建立在有用的基础上。即，用户体验必须建立在用户价值的基础上。
- 在一个非充分竞争的领域中，倾向于更加关注用户价值。
- 在一个充分竞争的领域中，倾向于在确保用户价值的前提下，更多地关注用户体验。

2.1.2　关于用户价值和用户体验关系的案例

下面我们用一些案例来说明用户价值和用户体验的关系。

案例：脸萌的起落

"脸萌"是一个曾经风靡一时的虚拟形象制作应用，用户通过滑动手机屏幕的方式组合不同的发型、发色、脸型、肤色、五官等元素制作属于自己的虚拟形象（如图

2-3 所示）。脸萌曾经在微信朋友圈、微博等各大社交网站上刷屏，并获得了包括 IDG 在内的风险投资。

图 2-3　在脸萌中设计虚拟形象

其实，虚拟形象的成功案例早就有，国内最经典的案例应该是 QQ 秀。在 QQ 秀中，用户也是通过自由组合各种元素来设计自己的虚拟形象的，并且可以组合的元素不仅包括头发、五官和脸型，还包括着装和饰品。从腾讯的财报来看，QQ 秀也曾为腾讯贡献了不少的收入，用户愿意为此付钱，从侧面证明其用户价值还是值得肯定的。

脸萌主打的是"萌"这个概念，其成功切中了一部分年轻人的需求，但是如果深入地对比脸萌和 QQ 秀这两个产品就会发现问题。虚拟形象类的产品，其用户价值究竟是什么？是可以设计出一个漂亮的虚拟形象，还是设计出漂亮的虚拟形象之后，可以把它用在社交场景中呢？显然是后者。脸萌在产品层面并没有什么特别的壁垒，虽然玩法有趣，易于传播，但是**因为无法创造社交场景，所以绝大多数用户只能把它当作一个简单的工具来使用，其用户价值大打折扣**。

毫无疑问，脸萌的用户体验真的很棒，但是因为其**缺少更核心的用户价值作为根基**，最终隐居在了茫茫的应用海洋之中。

案例：街旁网

另外一个红极一时的产品是"街旁网"，它是国内较早地把地理位置信息用在产品中，并取得了不错效果的应用。但是同样，如果去百度指数之类的平台搜索其关键词热度就会发现，在红极一时之后，它基本上被人遗忘了（如图2-4所示）。

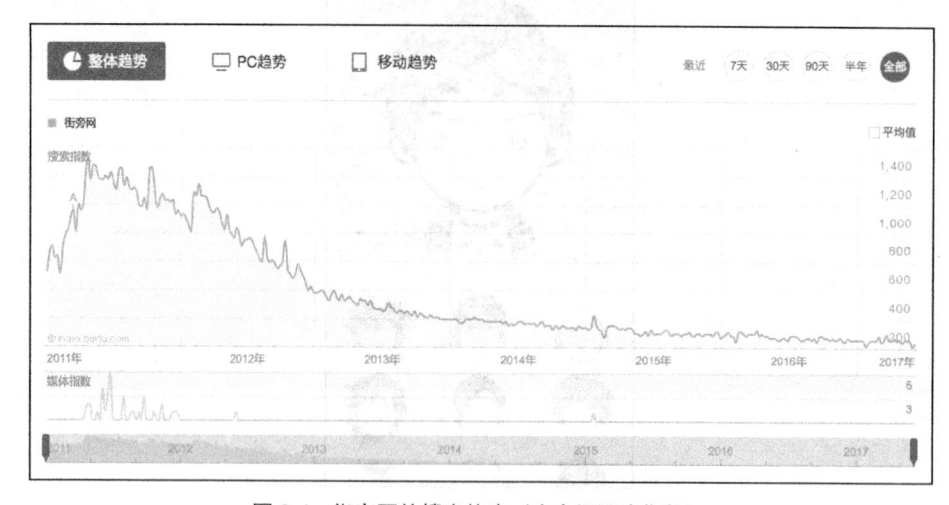

图 2-4　街旁网的搜索热度（来自于百度指数）

街旁网成立于 2010 年，当时正是 LBS（Location Based Service，基于位置服务）概念火爆的时候。街旁网最有趣的功能是"签到"，用户在线下的具体位置打开手机，获取地理位置信息，然后在街旁网的虚拟位置上签到，表示自己到过这里。除此之外，用户还可以以此与好友互动，或者享受签到商家的折扣。

可是，单纯的签到行为只是一种潮流。当时，由于大家没体验过这种线上和线下、虚拟和现实相结合的玩法，所以赶时髦一样地玩一玩。但潮流终究会过去，街旁网并没有探索出对用户更有意义和价值的玩法，同时也未能在商家折扣或者为线下服务导流这类场景上面做出新花样。所以，当越来越多的老牌社交平台添加了各式各样的 LBS 元素后，用户开始逐渐离开街旁网，回到这些老牌社交平台上。最终，2014 年年初，街旁网停止运营。

有趣、时髦，这些都是"用户体验"层面的感受。根据上面的分层理论，在用户价值不明确的时候，用户体验先行也不是完全不可以的，但作为产品经理，还是应该**努力在用户体验的新鲜感被耗尽前，确定真正的用户价值，让两者结合才能走得更远。**

案例：在网上办理政府事务

在这个案例中，我们来感受**在一个非充分竞争的市场环境中，用户价值被放大的情况**。

在深圳，很多政府事务都可以在网上办理，例如出入境、社保、公积金、机动车等事务。但是在具体使用过程中，这些政府事务办理网站会经常挂掉，或者出现莫名其妙的问题。即便不出现问题，其前端的"用户体验"设计往往也比较糟糕。图 2-5 所示为登录"深圳市小客车摇号"网页，进入"摇号查询"后显示的页面。

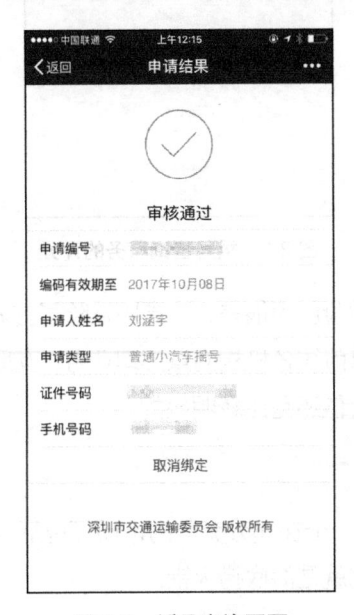

图 2-5　摇号查询页面

这个页面的内容完全不知所云，作为用户，作者只希望知道一个简单的信息，就是"目前摇中了没有"。但是这个页面上显示了一个叫作"审核通过"的状态，至于"审核"什么，为什么要"审核"，"通过了"会怎么样，下一步要做什么，什么时候能知道是否摇中等，完全未知。在一个互联网行业的从业者看来，这个简单的查询功能的用户体验很差。

但是，对于深圳市整体的类似服务来说，群众的评价还是很高的。如图 2-6 所示，上述摇号查询服务在微信城市服务中的评分居然高达 4.5 分。

61

图 2-6 摇号查询服务的评分

这意味着，虽然用户体验层面很差，但是毕竟除了官方渠道，也没有其他方式能够获得这些服务。相比亲自前往各机构网点办理业务，互联网的方式还是相对省时省力的，即，其提供的用户价值还是比较明显的。

案例：海底捞火锅

本节的最后，我们来看一个在充分竞争的市场环境下，**在确保用户价值的前提下，靠用户体验制胜的案例**，这就是海底捞火锅。

餐饮业，或者细分到开火锅店，其竞争是非常激烈的。从用户价值的角度来讲，海底捞火锅与其他的大型连锁火锅店相比，并没有特别大的优势——不论是味道、食材，还是店铺装修、选址。并且，海底捞火锅的主要消费群体是普通大众，所以其菜单上并没有提供类似于上千元的高端牛肉，或者名贵海鲜之类的菜品，即，它可以提供的附加价值也是有限的。但是有一点是肯定的，就是作为餐饮服务，它的核心价值——味道并不比其他火锅店差。即，它首先确保了用户价值。

在此基础上，海底捞是以"服务"闻名的，这也是其引以为傲的部分。按照几年前《中国企业家》上面的那篇文章来说，海底捞最大的创新叫作"把员工当人看"。文中提到：海底捞善待每一个员工，激发他们工作的热情以及认真做事情的态度。这样，公司雇用到的就不仅仅是员工的"手"，而是员工的"大脑"。当很多大脑一起试图创新的时候，创新就会蓬勃而出。具体到服务上，很多细节不需要用流程和规则来跑，服务员自身是懂得思考的，他们会努力找到客人的需求，然后来满足需求。而这些细节正是海底捞的服务不同于其他餐厅的核心部分。事实上，不论是为等位的客人提供小食和饮料，还是服务员对客人的要求相对及时的响应、相对正能量的工作态度，抑或是类似于帮客人带小孩、店长开自己的车送客人去机场等，归根结底，对于餐饮服务来说，都是用户体验这一层面。**最初海底捞火锅在市场上一炮打响，恰恰是在当时服务普遍不怎么样的餐饮行业，提升了用户体验的缘故。**

最后做一下延伸。由于用户体验是一种"主观感受"，所以往往很难做到大家都觉得"好"。特别是用"企业文化"去熏陶员工是一件不可量化的事情，也就难以评估员工的"主动思考""主动找到客人的需求"是否足够准确合理。举例来说，作者每次去海底捞吃饭，都觉得很多服务员会表现出"过度且不自然的热情"。有时候，服务员会很热情地跟作者聊天，而聊的话题作者一点儿都不感兴趣，但是这么好的服务，总要"配合"一下；有时候，服务员会不断地为客人涮肉、下菜，提醒客人注意不要烫伤，不要把衣服弄脏等。这些原本都是好事，但是如果做得太频繁，大家都会很累。作者的习惯是别人帮忙做了任何一件事情，都要说"谢谢"。所以，有一次在海底捞，作者一共说了 40 多次谢谢。另外，这样的"服务"也经常会打扰到饭桌前客人之间的谈话。

总体上看，虽然海底捞服务的"用户体验"绝对远好于那些对客人爱答不理的餐厅，但由于难以量化，即便是在一个充分竞争的行业中，想把"体验"这一层做好以至于以此作为制胜武器，也是非常难的——事实上，这样的案例在国内除了海底捞，怕是难以找出第二个。或许这也是很多人一生的奋斗目标和研究方向。

2.2 用户体验是一条线，不是一个点

说到互联网产品的用户体验，很多朋友的理解都是交互、视觉、UI 层面的那些东西。绝大多数"用户体验部"主要负责的也是上述几个单点的设计，对于一些比较初级的设计师，在其思维意识中，也很少去思考 UI 层面之外的事情。但事实上，从第 1 章中用户体验的概念我们就可以获知，用户体验是一条线，它贯穿于用户使用产品的

整个过程，并且影响它的因素绝对要远远超出 UI 层面。**在一般的互联网产品中，至少有四个主要的因素会影响用户体验，分别是产品逻辑、UI、技术和运营。**

2.2.1　因素一：产品逻辑

首先，**产品自身的逻辑会直接影响用户体验**，并且有时候，产品层面和体验层面会有一些冲突，在一些情况下，要选择性地调和双方的冲突。

案例：转弯车辆与行人

在作者上幼儿园的时候，老师就曾经教过"红灯停，绿灯行"的规则，但这个规则有时候也会出现一些问题。图 2-7 所示为在现行的红绿灯规则中，两种转弯车辆与行人的路权冲突示意图。

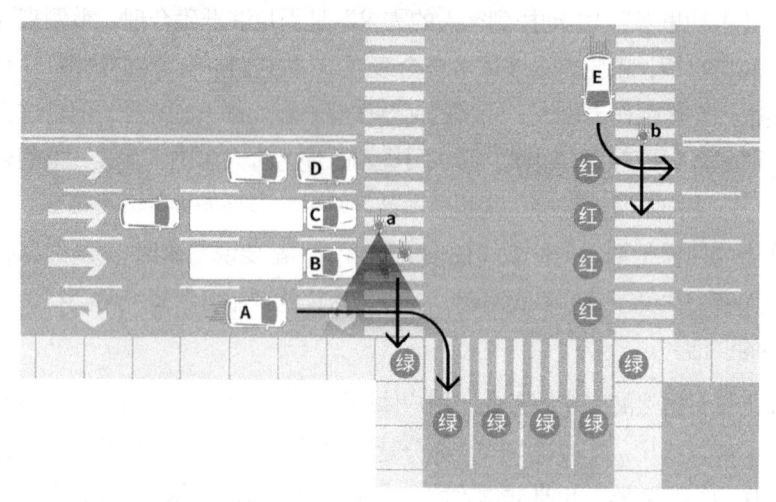

图 2-7　转弯车辆与绿灯方向行人的路权冲突示意图

第一种，右转车辆 A 与过横道的行人 a 之间的路权冲突。在《中华人民共和国道路交通安全法实施条例》（后文简称《条例》）中有一个规定，原文是"红灯亮时，右转弯的车辆在不妨碍被放行的车辆、行人通行的情况下，可以通行"。据说，这个规定是为了提升道路的通行效率，其出发点是好的。但是，它会造成一些用户体验层面的问题。

按照《条例》规定，当水平方向红灯时，图中车辆 A 可以右转，但是这时如果垂直方向有行人按绿灯信号横穿马路，就会与 A 车有交点，即路权冲突。原本，《条例》

另外规定了这时 A 车应该礼让行人，但问题在于此时 A 车的驾驶员视线和行人 a 的视线同时会受到等红灯的 B、C、D 车辆阻挡（特别是有大型车辆停靠的时候）。这就意味着，对于行人来说，人行道的最后一段在一定程度上是盲区，随时可能有右转车辆冲出来；而对于 A 车司机来说，同样，行车道距斑马线的最后一段可能是盲区，随时可能有横穿马路的行人突然出现。所以他们双方通过这个区域的时候，都要小心翼翼，生怕发生事故。即，会影响他们双方的用户体验。

第二种，在垂直方向全为圆形绿灯时，按照交规，车辆可以按道路指示方向左转。这时如果车辆 E 按照信号灯指示左转，则会与同样按照信号灯指示过横道的行人 b 有交点。如果是人流和车流都很大的十字路口，则很可能影响司机和行人双方的体验，即：有很多行人过横道的时候，左转的车辆需要排队礼让行人通过，然后择机通行，会造成左转车道的通行效率下降。或者也可以不礼让行人（不文明），强行穿过，这样则会造成人行横道的通行效率下降，并且行人作为弱势群体，站在路中间容易出现危险。

至此，如果把相应的交规看作产品逻辑，那么就会陷入一个两难的境地：

- 如果希望提升道路的通行效率，就会对行人和转弯车辆司机的体验造成不良影响。
- 在第一种情形下，如果希望保证体验，就需要屏蔽掉"红灯可以右转"这条交通规则。代价是机动车道路的通行效率下降。
- 在第二种情形下，如果希望保证体验，则可以将圆形信号灯换成箭头信号灯。这样的话，原本红绿灯切换的逻辑，就会变为更加复杂的两方向直行+两方向转弯交替红绿灯切换的逻辑，机动车在路口的等待时间会大幅度延长，代价同样是机动车道路的通行效率降低，更加容易造成拥堵。

究竟是优先保证通行效率，还是优先保证用户体验？**每一个城市，每一个具体路口的处理方式不同。** 在北京的三环路上，大多是圆形红灯，即，红灯可以右转，提升通行效率，牺牲用户体验；而在深圳南山区的主要十字路口，很多则是使用箭头灯，所有方向按箭头指示信号行驶，牺牲通行效率，保证用户体验。这两者没有对错之分，但有一点是肯定的，产品逻辑不同，会影响到用户体验（好或坏）。

另外，作为此案例的延伸，当然还有更好的方案，例如：

- 对于第一种情形，可以修建右转专用道，如图 2-8 所示。这样，右转车辆不用看信号灯，并且与行人的交汇点在弯道处产生，避免了视觉盲区。缺点是，需要道路的宽敞程度达到要求才能修建，大城市寸土寸金，道路还真不是说拓宽就能拓宽的。

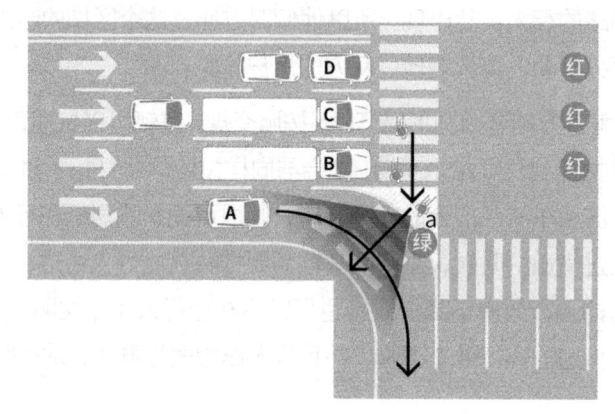

图 2-8　右转专用道

- 修建过街天桥或者地下通道，人流与车流由平面交汇变立体交汇，互不干扰。这个方案保证了机动车的通行效率和用户体验，同时优化了行人的效率和用户体验。为什么行人这里说的是"优化"呢？因为行人要上下天桥或地道，所以过街的路程变长了。另外，缺点显而易见，修建这些工程需要大量资金。

2.2.2　因素二：UI

绝大多数互联网产品都要通过 UI 与用户实现交互，所以毋庸置疑，**UI 肯定是会影响体验的**。

案例：不遵循规范的 UI 设计

如图 2-9 所示的是在某运营商的官方手机应用中，进入一个叫作"积分查询"的入口之后显示的 UI。

从 UI 设计的角度看，这个 UI 有很多问题。

第一，它完全不遵循 iOS 的基本规范，将"返回"操作放在了 UI 的左下角，而通用的用来返回上一层的左上角的按钮则被一个看起来像是"收藏"的功能占据。**这样的设计很容易造成用户误操作，习惯性地点按左上角的按钮以为能够返回，结果实**

际执行的是"收藏"操作。

图 2-9 严重违反设计规范的 UI

第二,对于一个"查询积分"的功能,以及一个二级 UI 来说,其左上角的"收藏"功能,以及右上角的"个人中心"功能**均为低频场景**。收藏功能,用户只要收藏一次就可以了,并不需要每次进来都占据这么重要的位置,并且下方的"工具栏"区域也有一个重复的收藏入口;个人中心功能,则与查询积分场景几乎完全无关。

第三,把对于一个功能的评价选项"喜欢""不喜欢"如此显性地放在 UI 上,并不合适。因为这对于用户来说并不是一个有用的"功能",并没有解决其任何问题——除了试图按下左上角的"返回"按钮,发现误操作后,发泄愤怒之外。

2.2.3 因素三:技术

技术的好坏,可能关联到一个互联网产品的运行速度、稳定性、安全性等重要因素。所以,**技术也是影响用户体验的一个重要因素**。

案例:浏览器兼容性

我们在使用一些网站的时候,有时会遇到类似于页面布局乱掉,或者密码输入框无法使用,或者点击某按钮之后没有反应的情况,这些都有可能是网页的浏览器兼容性出了问题。

图 2-10 所示为某政府网站的办事功能登录页面截图,我们发现,密码框是无法使用的,并且页面上用红色粗体字注明必须使用类 IE 的浏览器。而如果我们去百度流量研究院查询浏览器的市场占有率就会发现,Chrome 浏览器占据了 41.84%的市场份额(如图 2-11 所示),排名第一,即,**互联网上有 40%以上的用户如果访问上述网站,是使用不了登录功能的,必须更换浏览器**。虽然只是费点事儿而已,但也是很明显的对用户体验的不良影响,更何况移动互联网的流量占比越来越高,手机上可是没有 IE 浏览器的。

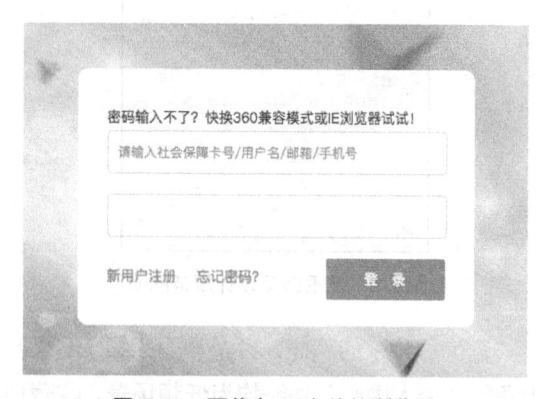

图 2-10　不兼容 IE 之外的浏览器

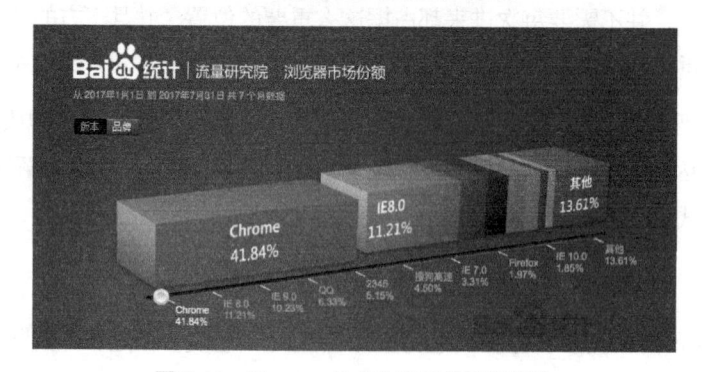

图 2-11　Chrome 的占比高于其他浏览器

2.2.4　因素四:运营

在很多人眼中,运营是用来拉量的,这其实是对运营的片面理解。事实上,客服、推广营销、渠道销售、日常数据分析等都可以算作运营体系。所以,**运营方案的好坏,**

往往也是影响用户体验的重要因素。

案例：大学中的饭卡

在北京某著名高校中，学生日常使用饭卡在食堂就餐。新生入学后，第一次办理饭卡的具体场景是这样的：

- 学生携带学生证和要充值的现金到食堂 IT 部门的办公窗口，说明要办理饭卡。
- 窗口另一边的大娘一般是面无表情的，拿出一张新饭卡，插入读卡器，并在计算机上操作。
- 操作完成后，大娘将饭卡和学生证还回，同时会说一句话："密码是××××，下一位"（其中××××是 4 位数字，是针对每张卡随机生成的）。

这个故事背后的产品逻辑是这样的：当某一自然天内，同一张卡消费超过一定数额后，就必须输入密码才能继续消费。这是一个很好的安全措施，因为在大多数情况下，一个学生的一日三餐是达不到触发密码逻辑的数额的，所以绝大多数时候，学生在食堂打饭，只要刷卡即可付费，简单方便；一旦饭卡丢失，若不幸被他人拾获，并且去疯狂消费的话（饭卡上的钱不但可以用于在食堂就餐，还可以在超市等场所消费），就会触发这个安全逻辑。由于对方不知道密码，所以可以将原持卡者的损失控制在一个较低的范围内。

但是，办理饭卡的环境往往比较嘈杂，新生入学，很多学生排队。所以往往学生在办理饭卡之后，并没有及时地记住大娘口头告知的密码，甚至根本没听清大娘说什么。事实上，很多同学入学几个月了，都没有遇到需要输入密码的情况，甚至忘了有密码这回事儿。在这样的前提下，很多学生第一次遇到消费超额，需要输入密码时，就会完全走不通流程。以至于必须再去一次食堂，用学生证修改密码后再使用，费时费力。

说回运营，在这个案例中，产品逻辑是合理的，技术实现方式也算合理，但是运营环节出了很大问题。解决方案很简单，随饭卡配发一页纸的说明书即可，同时办事大娘辛苦些，为每位学生在纸上手写密码，整个用户体验就会流畅很多。

从以上的各个案例我们可以看出，**要将用户体验做好，需要各环节通力协作。用户体验的真正含义，远远不止交互、视觉那么简单。**

2.3 产品经理无法定义"用户价值"

很多时候，缺少经验的产品经理往往把"用户需求""用户价值"与自己的主观臆想混为一谈。有时候单凭自己的某些想法，就认为用户也会有同样的需求，认为产品可以为用户创造价值，这种做产品的方式往往最终会出现很多问题。

真正的用户需求应该是用户"决定"的，大多数时候产品经理只能去"发现"这些需求，然后设计相应的功能，通过满足用户需求的方式为用户创造价值。 即便有一些产品看似创造出了用户之前没有的行为或者使用方式，但是究其根本，还是因为实现了用户原本的某些需求，只是可能使用了创新的方案。

案例：团购网站的价值

团购网站可能是国内第一个大规模集中爆发的 C2C（Copy To China）产品形式，曾经只要两三个销售人员，注册一家公司，买一套标准化的团购网站程序，就可以做团购的生意。当年在千团大战过程中，也曾涌现出了不少成功的案例，他们有的发展至今，进一步向 O2O 的方向迈进；另一部分虽然最终倒闭，但是成功地赚到了一笔快钱。

表面看起来，团购貌似创造出了用户本来没有的需求和行为。的确，在团购网站之前，除了类似于洛克城之类的不温不火的优惠券产品，类似的形式并没有在国内得到广泛应用。而有了团购网站之后，很多人在消费之前会习惯性地搜索一下看看有没有这家店的团购。但究其根本，团购所实现的，**针对消费者，是其一直存在的"省钱"这个需求；针对商家，也是其一直存在的"推广""走量"这两个需求。** 并没有创造出新的用户需求。

案例：共享山地车和共享充电宝

最近几年，共享经济是一个热门话题，很多互联网圈子的朋友也开始挖空心思地寻找共享经济这个方向上的创业项目，最近作者的一位朋友就提出了一个模仿共享单车的想法，叫作"共享山地车"。目标用户是户外骑行爱好者、有短途旅行计划和景区自由行的人，以及有自行车情结，想通过骑自行车来锻炼身体又不满足于健身房动感单车的人。对于这些目标用户来说，目前市面上的共享单车基本上只能起到简单的代步功能，而在骑行体验、安全性、对不同路面的适应能力等方面均无法满足其需求。

所以他认为，共享山地车是一个机会。

对此，作者提出了这样几点疑问：
- 既然是户外骑行爱好者，难道自己不买辆好车吗？
- 共享单车的目标用户需求一致，就是代步，而山地车爱好者的需求多种多样，个性化较强且专业度高。当下共享单车的模式如何满足这些个性化需求？
- 相比于普通共享单车的用户群体，户外爱好者只是一个小圈子，并且他们在一个城市中不可能是集中分布的。所以制订怎样的投放计划才能够保证在烧得起成本的前提下，让他们能够顺利地在想骑车的时候，在能接受的距离内找到山地车？

事实上，这三个问题几乎都没有特别好的解决方案。共享山地车是一个典型的产品经理一厢情愿的想法，即便一部分用户有需求，但作为一个"模仿共享单车形式的产品"，也难以为这部分用户提供价值。当然，这个方向可以有另一个思路，就是做一个普通的共享单车服务，但是其单车的品质和舒适度明显高于摩拜和 ofo。这个思路理论上可以满足一部分用户的需求，但是挑战更大。例如：成本的问题、损坏维修的问题，以及时机等。

共享经济的另一个热门领域是共享充电宝，这个方向有价值吗？从作者的角度看，不能说完全没有，但是至少相比于共享单车这个场景来说，价值太有限了。体现在下述几个方面：

第一，需求本身的问题。毫无疑问，在现今的时代，电力是绝对的刚需；给手机充电也是刚需；但是使用租借充电宝的方式给手机充电，这样的需求有多大呢？事实上，其承接的很多是临时性场景。

第二，运营成本问题。在摩拜单车和 ofo 出现之前，很多城市政府部门也都或多或少地尝试过公共自行车服务，但是几乎都不"火"。原因很简单，政府部门的公共自行车服务，往往取车和还车需要在几个特定的地点完成，这造成了巨大的不便。而基于互联网的共享单车服务，恰恰解决了这个问题，他们不设置专门的取车和还车地点，而是在符合规范的区域路边，随时取车，随时锁车离开。这种方式真正解决了"最后一公里"的问题。但共享充电宝没办法用这种方式运营，因为没办法让用户用完后直接扔在路边。共享充电宝必须跟线下实体机构合作，不论是放置"自动贩卖机"的方式，还是与餐厅、酒店、咖啡馆的前台合作。这样的方式会极大地提高成本，因为在城市中，最贵的往往是房地产租金。在一个城市摆满自动售货机，塞满充电宝，光是租金跟合作成本就是一大笔支出，况且由于充电宝的特殊性，对售货机内部的环境——例如温度，应该也有相应的要求，而租赁充电宝的收益是否足以覆盖类似的成本，是个未知数。

第三，盈利模式问题。目前看来，共享充电宝没有特别有前景的盈利模式，租金本身，以及押金池子相比于共享单车均比较小，难以支撑大规模盈利。在这种情况下，很多公司开始研究一些邪门歪道的方式，要求用户提供权限（如在 iPhone 上信任设备，或者在 Android 平台上打开"USB 调试"才能使用充电宝）。这种模式的下一步，可能是应用分发，可能是别的什么灰色地带的方式，但是对于用户来说，安全风险太高了，可能损害用户价值，继而会最终影响到服务提供者的市场价值。

所以，**共享经济虽然是热门概念，但并不是什么东西都适合共享的**。何况，摩拜单车、ofo、共享充电宝其实本质上都是"租赁服务"，需要前期投入巨大的成本运营，并不是真正地将社会闲散资源利用起来的共享经济模式。在这个领域中寻找机会，应更加慎重地去衡量"满足需求"与"投入成本"之间的比例关系。

最后，作为延伸，"共享充电宝"自身的价值或许有限，但是**它还有一个可能性，就是创造出一个线下的流量入口，以及与该入口绑定的某种线下场景**。这很像是打车软件在初期作为"绑卡器"，拉动微信支付和支付宝线下绑卡，从而构建近场支付场景的故事。所以，如果这个线下入口流量足够大，与其绑定的线下场景足够重要，或许也会有大佬们砸钱推广，最终共享充电宝这种产品形态将走向何方，我们拭目以待。

案例：农业机械杂志与电商

最后，以作者读书时候经历的一个小故事来结束本节的内容。2008 年，作者开始尝试在读大学的城市寻找一些互联网方面的工作。其中有一次，接到了一家公司的面试通知，按地址前往后，发现是一片破旧的居民楼，这家公司位于一栋居民楼的地下室。说明来意后，公司的"总经理"热情地接待了我，环顾四周，有 5~8 个工位，电脑摆放挺整齐的。面试过程也没什么特别的，但是面试结束后，开始讨论一些公司业务的时候，就比较搞笑了。两位面试官——公司的"总经理"和"副总经理"跟作者聊了很多想法，摘录如下：

这家公司是当地一个私有化国企"多种经营"的产物，看作是该企业的子公司，其母公司的老板在这个城市的郊区拥有一个农业机械卖场。而这家公司当时要做的方向有两个，一个是基于高档写字楼和飞机的 DM（Direct Mail）直投杂志，据说公司在当地以及某国内航空企业有广泛的渠道关系，可以把所制作的杂志投放到写字楼电梯间和飞机上；另一个是当时很火爆的电商。总经理很坦诚，希望我帮他们做一个"像淘宝那样的网站"。

听到这里，作者内心的感受是：这什么跟什么啊？好像完全没关系。但是更有趣的在后面。总经理希望将母公司已有的业务跟该公司的新兴业务相结合，提出了两个产品方向。第一，在 DM 直投杂志上做内容，然后卖广告，早期以母公司的主营业务——农业机械广告为主。第二，建立大型的农业机械电商网站，扬言三年之内赶超阿里巴巴。作者听到这里，反复跟总经理确认了两次："您说的农业机械，指的是拖拉机、联合收割机、灌溉设备之类的？"对方回答："是的。"后面，作者强忍着笑，又跟总经理聊了大约 10 分钟，最后在其慷慨地给出 650 元月薪的前提下表示，"回去考虑一下"，然后离开。

虽然这听起来像个段子，但是至今为止，在互联网圈子之外，持这种思路的人依然不少。他们的态度很认真，只是用现在的话来说，他们缺少基础的互联网产品知识。回到"用户价值"上，该公司的总经理试图以自己的主观想法来定义用户价值，他觉得通过优质的渠道推广，产品就可以卖得更多。但是，**在高档写字楼办公的白领，以及乘坐飞机的用户群中，有多少是需要购买农业机械的呢？**另外，农业机械电商其实也不是完全不可能，因为电商的特点就是，打破地域限制，去掉中间商，理论上可以降低成本。但是在遥远的 2008 年，那是一个国内大部分用户还在使用 IE 6；想要在网上付款还需要去银行走烦琐的"网上银行"开通流程，并且需要设置电子证书；很多人连手机都还不敢在网上购买的年代。在这样的环境下，想做到让农民或者村政府在网上购买重型农业机械这件事情，几乎是不可能的。**创新和情怀都是好事，但这些终究要落地的。**

2.4 用户体验部无法统筹"用户体验"

从"用户体验"这个概念最火爆的那几年开始，"用户体验部"几乎成为了大中型互联网公司必备的部门,在 BAT[①]等大公司中,往往会存在多个类似的部门或团队,分别对应于不同的业务体系。一般情况下,在这些公司中"用户体验部"的大致情况如下:

- 大多以独立的部门存在,其设计师等资源作为**公共资源池**支持各业务部门的具体项目。
- 主要职位是**交互设计师、视觉设计师、用户研究工程师**,有的还有 Web 前端工程师、动效或原画设计师,或者其他细分职位。

我们可以发现,从各类用户体验部门的主要职位来看,**其所对应的主要还是信息层和表现层**。这些层面的设计至关重要,因为几乎所有的互联网产品,其功能、逻辑、流程最终都是通过 UI 来与用户进行交互的。

但是,**现行的用户体验部无法统筹完整的"用户体验"**。就如前文所提到的,用户体验是一条线,各环节必须目标一致,齐心协力才可能做好。对于单点的设计,只能解决单点的问题,无法提供真正完整的体验设计方案。从作者曾经工作过的几个与用户体验相关的部门情况来看,限于各种原因,其内部的设计师、工程师等也没有足够的动力和话语权去统筹狭义的设计之外的事情,对产品、研发、运营的影响力均有限。作者在工作的初期曾经认为,应该存在一个类似于"用户体验经理"的角色,他隶属于用户体验部,像产品经理一样与各环节合作,来统筹全局的用户体验。但现在想来,这个思路有诸多的不合理性,并且至今国内貌似也没有一家公司出现过类似的角色——即便是类似于 Frog 这类设计咨询公司的"设计师"或"项目经理",他们本质上也更像产品经理,而不是所谓的"用户体验经理"。

上述这些并不是用户体验部的问题,而是与各部门的职能设置有关。回顾一般互联网公司的部门和职能设置,作者发现,理论上只有两个角色是有可能统筹研发流水线全局,以至于有可能统筹整个"用户体验"设计的,一个是老板,另一个是产品经理。一般情况下,老板没有足够的时间和精力,也不应该去过分关注这些细节,那么剩下的唯一一个统筹者就只能是产品经理了。所以,如果想做好真正的用户体验,应该从产品经理这个环节入手。

---

① 百度、阿里、腾讯三家公司是国内最具代表性的互联网公司,合称 BAT。

但是作者见过一些产品经理，他们只关注数据、功能和商业化，习惯于将用户体验部分完全交给用户体验团队，将开发部分完全交给研发团队。这样的结果往往是大家各司其职，能够把分内的事情做好，但是各环节连在一起组成具体产品时会出很多问题。从"用户体验"这个角度来看，常常是：产品经理把设计师当美工用，只会提出类似于"高端大气上档次"或者"这里的字大一些"之类的需求；而设计师由于没有机会深入地了解和思考用户场景、功能逻辑、市场目标等，有时会陷入自己的小圈子里自我陶醉，常常拿出自认为很棒，实际上不符合需求的设计稿。那么，产品和设计双方究竟应该如何合作呢？在本书的后续章节中还会深入讨论，但是有一点是肯定的，**产品经理作为除老板外唯一一个有机会统筹全局的角色，必须关注到包括用户体验在内的所有必要环节**，与这些环节中的同事通力合作，优化产品，这同时也是产品经理这个职位名称里面"经理"二字的另一层含义。

2.5 人人都是设计师

说起设计，很多人的理解是基于表现层的，为了把一个事物变得美观所做的事情。图 2-12 所示为国内某大学设计类专业的划分情况，从字面意思看，这种划分方式与上述"很多人"的理解是一致的。

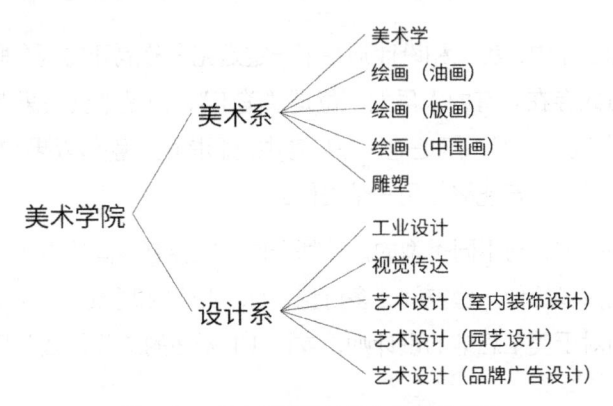

图 2-12 某大学的设计类专业划分情况

我们注意到，该校的设计类专业是放在"美术学院"下面的，设计系与美术系平行；在设计系中，除工业设计外，不论是"视觉传达"，还是"园艺设计"，或者"品牌广告设计"，其对应的多数都是围绕表现层在做的事情。

2.5.1 狭义的设计

以上所述内容，其实是对于"设计"这个词的狭义理解。**所有基于表现层的，不论是设计海报、平面广告，还是家居装饰、书籍杂志的内页排版，或者工业产品的外观，都是狭义的设计**。具体来说，这样的设计作品往往更多地关注视觉效果、颜色搭配、视觉冲击力等，出发点往往是美观、赏心悦目、个性、特色等。

在设计师的圈子里，大家往往会很反感其他人称自己为"美工"。那么，美工和设计师有什么区别呢？作者是这样理解的：**美工一般只关注"美"，但较少关注"为什么"**。他们就像一般流水线上的工人，往往是按照喜好或者老板/客户的要求，填上颜色，做出一些视觉效果，但对于"为什么是这个颜色""为什么明度、饱和度不能高一些或者低一些"等思考较少。而设计师不同，**设计师必须从底层的目标出发，经过一系列的思考和推敲给出方案**——即便老板/客户有具体要求，一个优秀的设计师也会更加深入地理解老板和客户的目标，然后以此来输出更加符合目标的作品，而不是直接照做。同样是一个 UI，美工往往只能说出这个好看，这个是目前流行的风格等；而设计师往往可以讲出很多为什么，例如，为什么这里的字号大一些，为什么这个按钮是蓝色的，为什么这里跟下面的间距要这么大，为什么这个图标设计成了这个形状，等等。

其实在实际工作中，美工和设计师并不一定是完全分隔开的两个职位，而是**以两种不同的思维方式存在**。有的人虽然职位是"美工"，但是他会去思考很多为什么；而有的人虽然叫"设计师"，但是他往往只考虑色彩搭配、整体效果和所谓的冲击力，并不知道自己的设计究竟能够为用户带去什么。

而作为产品经理，与不同类型的设计师合作，则要有不同的方式。对于偏设计思维的设计师，应该多给他一些空间，多讨论目标、用户和场景，少提具体的 UI 层面的具体方案；而对于美工思维的设计师，或许 UI 层面的"为什么"只能靠产品经理多想一想了。

2.5.2 艺术与设计

除美工和设计师的区别外，我们在日常工作中也经常能够听到类似于这样的表述：

- "来，小陈，用你艺术家的眼光，帮我美化一下这个 PPT。"（小陈是个设计师）
- "哎呀，你这个海报做得太艺术了！"
- "harry 啊，我这有一份美院油画系同学的简历，科班出身啊。你们不是在招设计师吗，你看看合不合适？"（harry 说，可是我招的是交互设计师啊。）

从这些表述上看，很多时候，甚至包括一些设计师本身也是分不清"艺术"跟"设计"的区别的。根据艺术史的记载，虽然狭义的设计可以说与艺术同宗同源，是从艺术大类里面独立出来的，但是如果以现代工业生产和分工的角度看，这两者的区别还是挺大的，以互联网的实际情况来衡量，差别就更大了。因为这两者最底层的出发点和逻辑是完全不一样的。

"设计"意味着其作品要有明确的目标。所以一个设计师最优先要思考的是，用户是谁，他们有什么需求，基于以上推导出其方案的目标是什么。即便设计师产出的是一张海报（给人看的，没有交互），但是如果上述三个问题不同，最后的设计稿也应该是不同的。例如，同样是设计一张房地产传单，如果该楼盘主打的是品质，则应该放置一些看起来高端大气显品质的元素，如大面积的草坪、彬彬有礼的管家、优质的国际化学校配套等；但如果主打的是高拓展，则应该考虑把平面图放上，并且把可拓展的面积用明显的颜色标出。

而"艺术"则不一定有明确的目标。艺术可以仅仅是艺术家对自己主观感受的表达，可以不被人理解，艺术作品可以与观众的审美、认知、观点完全不一致。并且，在"美术"范围内我们熟悉的那些作品，它们有一部分一开始其实并不是"艺术"，而是"设计"（有明确的目标）。例如，为教堂画屋顶、为某个有钱人的夫人画肖像等，只是随着时间的流逝，当原有"设计"所涉及的"用户、需求和目标"渐渐被历史隐去后，大家才把这些作品当成了"艺术"。

对于互联网产品来说，更是如此。几乎所有的互联网产品都是给人用的，而不是给人欣赏的。所以互联网领域的设计，一定是为产品、功能和用户场景服务的。一个合格的视觉设计师可以有艺术家气质，但是他的主要工作并不是把 UI 变得好看，而是**使用视觉设计的手段去更好地表达其产品的功能、流程和逻辑，解决问题，提高效率，提升体验**，相比之下，很多时候"好看"应该只是一个视觉设计师的副产品而已。

2.5.3 广义的设计

如果我们去维基百科上搜索一下"设计"这个词，则会得到这样的描述：所谓设计，即"设想和计划，设想是目的，计划是过程安排"，通常指有目标和计划的创作行为、活动。从这个定义来看，设计是一个很大的概念，远远不限于表现层。例如，我们说邓小平是改革开放的总设计师，对于这句话里面的"设计"二字，其含义显然与上文提到的狭义的设计有很大的不同。

其实，如果我们对人类所从事的各种工作内容进行拆分，会发现**所有人在做的，聚类起来一共就只有两件事情，一件叫"设计"，另一件叫"工程"。去"想"叫设计，去"做"叫工程**。在古代，设计师和工程师往往是合二为一的，例如鲁班是个木匠，他既要设计出结构、决定用什么材料、分析受力，可能也会考虑美观性，最后又要把自己设计的东西做出来，要去砍树、锯木头、量尺寸。到了今天，虽然人类社会的分工已经非常精细化，但是在每一个人的工作职责范围内，往往依然会同时存在设计和工程两种工作内容。

对于一个律师来说，思考具体官司的打法，包括引据哪条法律，可以提出哪些证据，如何规避对当事人不利的因素等，是设计；而实际去搜集证据、开庭辩护则是工程。

对程序员来说，编程的过程是工程；而思考架构、模块间的调用关系、数据库结构，甚至如何命名函数，则是设计。

对清洁工人来说，平时的普通体力劳动，如扫地、拖地、擦桌子，都是工程；但是一个有经验的清洁工人，对于应该先做什么后做什么，什么样的地方应该用什么样的清洁方法，或者具体该如何去清洁一些顽固的污渍之类的技巧，肯定比一般人更加高明，这些则是设计。

说回互联网产品，不论是产品经理、交互设计师，还是视觉设计师，都应该更加深入地理解这个广义的设计概念，并将其运用到具体工作中。应时刻记得，我们的工作是"设计"，不是"艺术"，我们必须围绕明确的目标、用户和场景来做事情。作为产品经理，如果你有幸遇到了专业负责的设计师，千万不要把对方当美工用；而作为设计师，则应时刻记住"设计"并不是好看，"好看"只是设计的一小部分。

第 3 章

解构基础工具

3.1 需求分析工具：用户场景

在前文中，"场景"这个词曾多次出现，作者并没有对此做非常明确的解释，因为这是一个重要的方法论和思维方式，需要单独一个章节来阐述。

3.1.1 用户场景的定义

用户场景是一种对过程逻辑的阐述方法，简单地讲，它帮助产品经理理清用户使用产品的核心逻辑。具体来说，涉及以下几个关键因素：

- 用户是**谁**
- 在什么样的**条件下**
- 有了怎样的**需求**
- 会用什么**方式**实现（或者表述为：能够做一个什么样的**功能**来帮他实现）

我们发现，上述几个关键因素，跟第 1 章中有关产品和用户体验的定义内容是有关联的，具体如图 3-1 所示。

在用户场景中，第一个关键因素，用户是谁，在产品和用户体验的定义中，也都明确提到了"用户"这个词。第二个关键因素，在什么样的条件下，其对应的是用户体验中的"过程中"这个关键词，它帮助产品经理思考用户在什么时候可能使用产品。第三个关键因素，有了怎样的需求，其对应产品定义中的"需求"二字，它提示产品经理要时刻关注用户的需求。最后一个关键因素，会用什么方式实现，这也正是产品的机会点所在：用户可以用什么方式来实现需求，如果做一个产品，要提供什么样的功能，才可以帮助用户更好地实现需求，所以这个点实际上就是产品方案的表述。

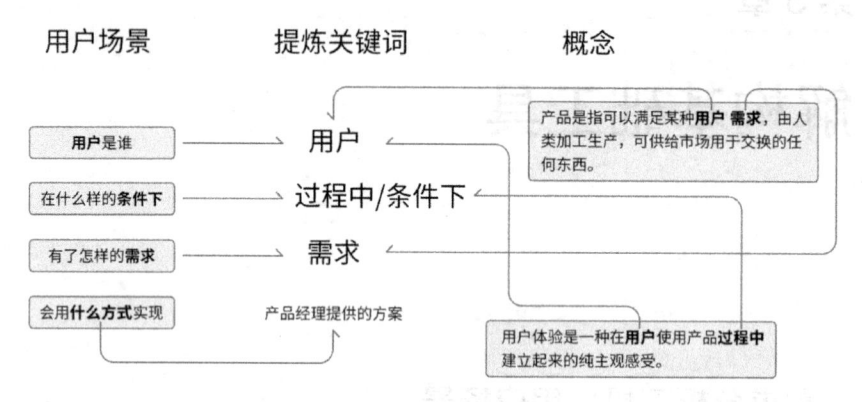

用户场景	提炼关键词	概念
用户是谁	用户	产品是指可以满足某种**用户 需求**，由人类加工生产，可供给市场用于交换的任何东西。
在什么样的**条件**下	过程中/条件下	
有了怎样的需求	需求	
会用**什么方式**实现	产品经理提供的方案	用户体验是一种在**用户**使用产品**过程中**建立起来的纯主观感受。

图 3-1 对应关系

案例：滴滴打车的核心场景

假设有如下场景：出租车司机在没有载客的时候，需要寻找乘客以便于载客赚钱，所以他们一边驾车在路上行驶，一边留意路边是否有乘客向其招手，如果有，就停车载客。

在上述场景中，"出租车司机"是用户，"没有载客的时候"是条件，"寻找乘客"是需求，"一边开车一边留意"是实现方式。那么，作为一个产品经理，当发现了这个场景的时候，就可以针对"实现方式"来思考，有没有更好的方式呢？于是，产品经理想到，现在不论是司机还是乘客都有手机，可以做一款手机应用，帮助司机和乘客双方更高效地找到对方。基于此，产品经理可以这样表述用户场景：出租车司机在没有载客的时候，需要寻找乘客以便于载客赚钱，于是他们打开手机应用，应用会自动向其推送附近乘客发出的乘车需求，他们可以选择合适的需求抢单，然后去接该乘客，以便于达到载客赚钱的目的。

3.1.2 用户场景的功能

用户场景有如下功能：

- 将用户、条件、需求、方案四者分开，以便于产品经理逐一审视其**合理性**。

- 将上述四者组合在一起，以便于产品经理判断需求的**轻重**和方案的**好坏**。
- 方案确定后，也便于其他环节（如设计、开发）**高效、准确地理解**相关产品功能的目标、逻辑和价值，以支持相应的工作（例如，设计师由此出发，决定在这个场景中 UI 的展现应该是怎样的）。

我们复用前面章节中讲过的部分案例来看看如何使用用户场景。

1. 审视合理性

在"农业机械电商"那个案例中，总经理的想法使用用户场景的方式可以表述如下：农民兄弟希望购买一台拖拉机，以提高农忙时的劳动效率，减轻体力劳动量。于是他打开电脑连上网，访问××农机电商网站，通过浏览和阅读网站上各种拖拉机的相关介绍和图片，选定了其中一台下单，并使用工商银行网络银行付款。7 天后，他收到了拖拉机。

你可能又要忍不住笑了，之所以选这个案例，就是因为它的效果最夸张。我们来审视上述用户场景表述，会发现这里面的问题太多了。比如：

首先，在 2008 年，中国的农民兄弟有多少人家里有电脑，并且能上网？就算能上网，但是当他们想要购买拖拉机的时候，是习惯于去镇上农机市场逛逛的方式，还是上网查询的方式？

其次，当时的农民兄弟在观念上能否接受仅凭几张图片和一些文字，在任何实物都还没看到、没摸到的情况下，就敢把钱付出去？

第三，农民兄弟居住的村庄里是否有工商银行网点？如果想要去工商银行开账户，是否需要乘坐 2 个小时的汽车前往县城甚至临近的地级市？人都到了县城，为什么不去农机市场转转？

第四，农民兄弟能否顺利走完工商银行开户、开通网银、设置多个用于不同功能的密码，然后回到家上网、安装网银控件、关联电子证书，再访问农机电商网站、下单、使用网银付款的全过程？

第五，7 天后，就收到拖拉机了？哪儿那么容易啊。拖拉机体积庞大且笨重，一般没法用我们常见的快递服务发货，什么样的物流公司可以把这么庞大的东西直接运送到客户手中呢？如果有这样的公司，估计要用卡车运，那要收多少快递费呢？农机电商相比于直接购买的优势是什么？假设是因为没有渠道成本，所以价格更低，那么加上快递费用会不会反而比线下市场价格更贵呢？农民兄弟费了这么大劲，究竟图什么？

最后，农民兄弟个人真有购买拖拉机的需求吗？还是说，一个村或者一个镇，大家集资购买一台，然后共享呢？如果是集资，是不是村镇政府会牵头去做这件事呢？

以上所有的问题，即便在现在，可能也都难有靠谱的答案，更何况是在 2008 年。但是通过用户场景的方式这么一分析，问题就更加显而易见了。

2. 判断需求轻重和方案好坏

在"共享山地车"那个案例中，户外爱好者的用户场景可以表述如下：王小明是一个户外骑行爱好者，他经常会跟有相同爱好的朋友一起沿深圳海岸线骑行。他将各种户外运动装备，如头灯、饮用水、葡萄糖、外伤药等装入双肩包并背在肩上，然后在小区附近找到了几台共享的山地车，扫码解锁开始骑行。他们从蛇口港出发，沿望海路、滨海大道一路向东，经南山、福田、罗湖、盐田四区，到达大梅沙海滨公园，当天或第二天再返回蛇口。

听起来有那么点儿意思，但是细想起来，问题很多。户外骑行需要的不仅仅是一辆自行车，而是需要穿戴或随身携带很多装备。对于专业玩家来说，其装备之全，可能要动用私家汽车才能装得下。即便是业余爱好者，至少基本的鞋、眼镜、着装、太阳帽等是必备的，饮用水、药品等也必须随身携带。这意味着用户需要负重骑行，在这种情况下，自行车本身是否可以提供一个适合具体用户的调节功能及配套设施——例如座位高低、软硬、车闸松紧、行李架、导航系统支架等，显得很重要。共享山地车应如何满足这样的个性化需求，是个大问题。因为不同于普通单车代步的功能，户外骑行如果自行车不舒服，用户将不会使用。

那么，这个场景中的"用户"和"需求"是否有问题？我们一一分析。首先，肯定是有户外骑行爱好者这个群体存在的，所以其实有这样的用户；其次，这些用户肯定需要自行车去开展活动，但是租借自行车的方式有多少人需要，这就是个疑问了。什么样的人会既爱好户外骑行，又没有自己的自行车呢？分析一下可能有这么几类：

- 经济条件有限，难以承担购买专业自行车的成本，又酷爱户外骑行。
- 希望体验不同的户外骑行装备，但不想也没必要全买一遍。
- 临时场景需要用车（例如长期在一个城市出差的过程中）。

到这里，至少从现在我们得到的信息来看，不论是经济条件有限，还是为了体验不同装备，抑或是临时场景，共享山地车的市场容量肯定要远远小于共享单车，其需求也远远不及共享单车重要。我们可以把能够想到、调研到的问题，按照上述办法都列出来，然后逐一分析其需求的轻重和市场容量的大小，从而推断出整个这类场景的轻重和容量。

下一步，假设产品经理依然觉得这些用户的场景可以支撑一个产品，那么有没有比前面所述的类似于共享单车的方案更合理的方案呢？共享山地车的服务，是不是一定要用跟共享单车一样，随意停放、扫码解锁、计时付费、用完了锁车的方式呢？其实只要不断地这么思考下去就会发现，可能存在一些比原来的方案更适合这个场景的其他方案。例如，如果在一个特定的地方开一个店铺，用人工的方式提供租车服务，可能上述的很多问题就可以得到解决：

- 根据用户的具体情况（身高、体重等），指导其选车，在座位高度、车闸松紧之类的细分项目上，由专业师傅给出建议，帮助其匹配到最合适的车。
- 根据用户携带的装备，选配行李架等装备。
- 甚至同步出租其他相关装备，例如头灯、指南针之类的，是完全可以多次被不同的人使用的。

继续思考，可能还会发现新的问题。例如，如果开一家店，租赁收入能否覆盖店铺租金以至于盈利。如果不能，有没有其他办法节省店铺租金，例如，是否可以与卖自行车的店铺合作等。至此，我们发现，当使用用户场景的方式表达、思考之后，很多问题被暴露出来，很多思路更加清晰了。这个过程不断迭代，方案会越来越完善。

3. 沟通表达层面的用途

确定需求有价值、方案合理之后，使用用户场景的方式将需求表述给其他环节的同事，往往更加高效。产品经理日常会遇到的一个重要挑战，往往是所谓的"需求的合理性"，但是不同的人出发点不同，对于同一个需求，往往有人认为重要，有人认为不重要，这时因为大家的立场不同，所以很多争论往往是鸡同鸭讲，没有结果。

但是如果使用用户场景的方式来讨论问题，就可以引导各角色从用户的角度出发去思考问题，有利于各方对于需求的理解以及相关进度的推进。

3.1.3 基于用户场景的思维方式

用户场景除可以作为一种有用的工具使用之外，更重要的，它是一种相比于"业务思维"和"功能思维"来说，更加适合产品经理的思维方式。

案例：银行转账

如果用户要给别人转账，做一个互联网产品来支持这个需求，以"业务思维"与"用户场景思维"方式各自做出的产品会是什么样的呢？我们来分别看一下。假设用户收到了如图3-2所示的短信。

在短信中，房东告知了交房租的账号和户名，以及说明了该账户是在招商银行。这时，如果打开某银行的手机应用，进入一个叫作"转账汇款"的入口后，看到的是如图3-3所示的UI（注：该银行对最新版已经做了一些优化，但依然是一大排入口）。

图3-2 示例短信　　图3-3 某银行的"转账汇款"选项

这是一个典型的用业务思维做出来的产品案例。也许在银行内部，其业务的确是按照UI上所罗列的方式划分的，例如："行内转账"和"跨行转账"是两个不同的业务，在线下或许操作方式和流程也有所不同；"手机号转账"和"一键转账"则是银行自认为的创新功能；而"转账明细查询"和"常用收款账户管理"这两个业务也被划分到了转账汇款的大类中，这没有问题。但是用户真的有必要知道这些吗？用户真的有必要从这么多选项里面选出一个吗？答案是否定的，**用户的需求是，告诉银行要转账，以及必要的信息，银行就帮他把钱转过去。**

如果使用另外一家银行的手机应用，在进入一个同样叫作"转账汇款"的入口后，则会看到如图 3-4 所示的 UI。

图 3-4　另外一家银行的"转账汇款"功能

这个 UI 所展示的功能简单明了，就是询问用户几个关键信息，包括转账金额、收款人名称、收款账号、收款银行和其他几个基本上看字面意思就能明白的附加选项，我们发现，其关键项目与房东提供的信息高度吻合。**用户几乎不需要思考，按照短信内容填入信息操作即可完成汇款**，并且在填写过程中，还提供了"从历史收款人中选择""拍摄卡片"等可以更加方便快捷地帮助用户完成任务的支线功能。这就是一个基于用户场景的思维所做出的产品。这个案例的用户场景前半部分可以表述为：用户收到了房东发来的短信，告知下一个月的房租要打到另外一张卡上，并提供了账号、户名和开户银行。而后面的"方案"部分，我们分别接上这两个应用的描述内容看一下：

- 用户打开手机银行 A 应用，进入"转账汇款"，出现了所有可用的汇款方式，然后用户点触"跨行转账"，进入转账 UI，填写相关内容并转账成功。

- 用户打开手机银行 B 应用，进入"转账汇款"，进入转账 UI，填写相关内容并转账成功。

显然，对比之后就会发现，"所有可用的汇款方式"对于用户来说，并没有什么价值，却会增加用户的认知负担和操作步骤。

案例：应用安装流程与权限设置

在这个案例中，我们来体会一下以工程思维与场景思维做出来的产品的差别。如果在 Android 系统中下载某个应用并安装，在安装前，会显示如图 3-5 所示的该应用将会用到的所有权限列表。

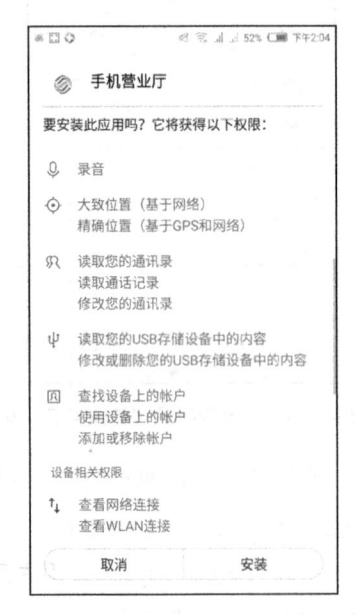

图 3-5 在 Android 系统下安装应用时显示的权限列表

我们可以看到，该应用会使用到系统的很多权限，从图中滚动条的位置来看，足有 2～3 页。Android 操作系统的逻辑是，在应用安装前，列出所有其可能用到的系统权限，供用户权衡，如果用户认为可以接受，就继续安装；如果认为不能接受，就不安装。理论上逻辑很清晰，但这是一种按照程序运行逻辑来展现的流程，如果从用户场景的角度来看，有两个问题：**第一，普通用户懂这些权限究竟意味着什么吗？第二，在用户尚未使用任何功能的时候，列出所有权限，用户很难将其与具体功能和目的联系在一起**，即便能看懂，也难以评估其是否合理。

紧接着，在安装完这个应用之后，打开时，又会连续弹出多个对话框向用户索要权限。其中一个地理位置信息的权限作者点了"拒绝"，因为作者并不觉得一个运营商手机营业厅需要知道用户的地理位置，结果，不给这个权限，应用拒绝运行，出现了如图 3-6 所示的提示。

而当作者按下"去设置"按钮之后，则直接跳转到了如图 3-7 所示的权限设置 UI。

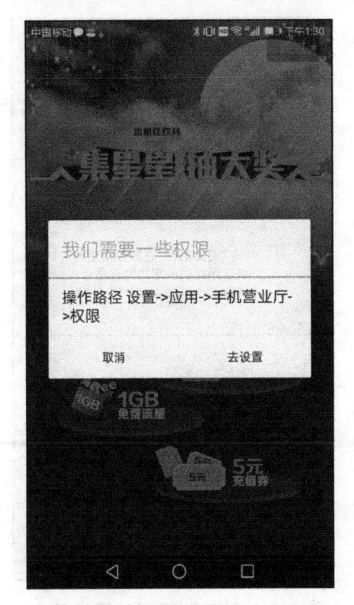

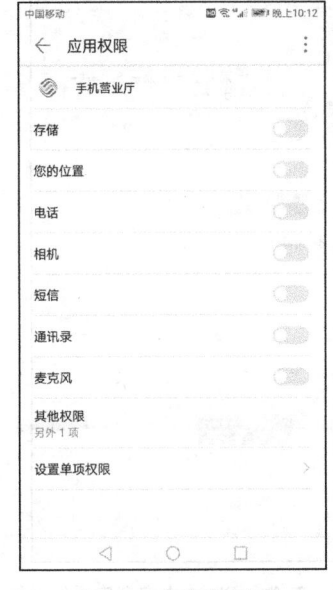

图 3-6　无相应权限时无法继续运行　　图 3-7　权限设置 UI

这个应用的产品经理同样延续了如 Android 操作系统一般的工程思维。程序运行的逻辑是，如果拥有 ABC 三个权限，就正常运行；如果缺少任何一个或多个权限，就拒绝运行，直到获得它们为止，如何获得呢？让用户自行去设置。沿着这个逻辑，所以作者就看到了这个提示框。但是这种做法同样有两个问题：第一，当用户尚不知晓应用需要相应权限要做什么的时候，难以评估其合理性，理论上难以做出选择。第二，即便有一些应用必须要获取到某个权限后才能运行，是否至少也应该在提示中告诉用户，到达权限设置 UI 后，要开启哪几个权限呢？否则用户依然难以正确操作。

同样的场景，在 iOS 系统中是另外一种体验。如果在 App Store 中安装一个应用，只需要按下"获取"按钮，验证 Apple ID 和密码，即可开始下载安装该应用。安装好之后，该应用的图标就会出现在手机屏幕上，**全程没有任何需要做决策的步骤**，如图

3-8 所示。

同样，以滴滴出行这个应用为例，在启动的时候，依然会向用户索要相应的权限，这是系统必要的安全机制。但是其方式与上述运营商的应用不太一样，区别仅仅是，多了一行文字提示："滴滴出行需要获取您的位置信息，以便司机师傅能够准确接您上车"，如图 3-9 所示。

图 3-8　在 App Store 中安装应用的过程　　图 3-9　索要权限时的提示信息

将以上 App Store 的案例和滴滴出行的案例结合在一起，对比 Android 操作系统上的流程，我们会发现 iOS 体系是更加贴近用户场景的实现方式。

首先，在安装应用的过程中，流程一直围绕着"安装"这个核心目标进行。浏览应用截图、浏览应用简介内容、验证 ID、查看安装进度，这些都是安装所对应的用户场景中可能的元素。显然，**一个工程师有可能在安装应用的时候想到"它会需要哪些权限"**，但一个普通用户应该是想不到这一点的——只有在使用具体功能的时候，才可能注意到。

其次，**滴滴出行在向用户索要权限的时候，明确告知了用户"为什么"**。虽然看上去只是多了一段文字提示而已，但非常契合用户场景。这样，用户知道必须授权后，司机才能准确找到他并来接他，用户更有依据去做决策——这个权限给还是不给。

3.2 市场分析工具：SWOT 分析法

大多数时候，当决定做一个产品的时候，我们往往并不是这个市场中的唯一玩家。很有可能已经有几家公司上线了类似的产品，或者其实大家都看到了机会，都在摩拳擦掌准备大干一番。这时，如果盲目入局，做一个跟竞品完全没有差异的产品，往往不是一个最好的办法，我们需要综合市场上主要的玩家和竞品情况，做一个相对全面的市场分析，这样的分析有如下价值：

- 全面了解市场情况和市场潜力。
- 明确所有竞品各自的优势和劣势，结合自身的情况，找到最合适的"核心竞争力"。
- 为之后的产品策划提供大方向上的依据。

而 SWOT 分析法正是做此类市场分析的常用工具。SWOT 是四个英文单词的首字母缩写，它们分别是：S（Strengths，优势）、W（Weaknesses，劣势）、O（Opportunities，机会）、T（Threats，威胁），其中 SW 一般为组织内部因素，而 OT 一般为组织外部因素。最初，SWOT 分析法主要被应用于市场营销领域，其着眼点也往往是整个企业的大局角度，所以在传统的介绍中，SW 和 OT 各自都会有诸多细分的分析维度，例如：财务、专家情况、员工、管理、价格、贷款利率或汇率等。但是，从产品经理的角度看，其实是借用了这个工具，既然是借用，就没必要按照原有的条条框框的规定来执行，而是要针对互联网产品的具体特性，以及产品经理职责范围内的因素来思考。作者常用的维度如下：

SW（优势、劣势）

- 企业品牌
- 独有资源
- 起步时间
- 内部生态

OT（机会、威胁）

- 政策走向
- 需求轻重
- 行业壁垒

- 竞品情况
- 盈利模式

1．企业品牌

如果所在的企业、组织在业界有一定的口碑，或者其属性标签有一定的正向认知，**往往能够为其产品加分，则为优势**。例如，腾讯、阿里这样的企业倡导"互联网+"的概念，传统行业及相关政府机构相对容易接受，因为在后者眼中，这两家公司专业、有活力、有创新能力、有实力。另一种情况是，企业本身没有什么知名度，但是其拥有的标签能够获得正向认知。例如，在 20 世纪 90 年代初，"外企"的身份就是这样的正向认知。**而如果是相反的情况，则为劣势**。例如百度在医疗行业的认知一直不是特别好，所以如果在这个领域与腾讯、阿里两家正面竞争，则"企业品牌"往往是劣势。同样，一般认为国企相比于其他企业组织形式缺乏创新能力，所以在某些创新领域，政府或国企背景的机构在品牌这一项上往往是减分项。

2．独有资源

结合要做的具体的产品方向，如果团队在技术、产品、用户群等方面拥有一定的**独特资源，并且竞品难以获得，则为优势**。例如，百度拥有深厚的搜索技术积累，搜索是一套非常复杂的体系，不是随便一家公司靠砸钱或者请专家就能在短期内做好的。所以如果要做跟搜索相关的产品，百度往往有天然的优势。同样，阿里整个体系都是以电商和金融为核心的，所以在互联网金融这一波，阿里系是 BAT 中做得最成功的。**与此相反，如果在要做的产品方向上竞品有天然的资源和积累，则对于自己的团队来说，就是劣势了**。例如一家创业公司，如果想做的是非垂直领域的普通电商，那么这个定位本身就是劣势，因为阿里、京东等巨头已经做得很好，早就拥有了很多独特的资源。

3．起步时间

做得早，往往会有先发优势，如果先行者与后来者进步速度相同，则前者会一直保持优势。例如，目前国内大多数成功的手机品牌都有相应的高端制造业背景，正因为他们在制造业深耕细作多年，所以当这些厂商决定做手机的时候，能够快速地将原有制造业的优势利用起来。而互联网公司大多没有类似背景，所以不论是百度云、360还是腾讯，其手机项目最后几乎都销声匿迹了。所以对于做手机的制造业部分来说，

BAT 都是劣势的一方。

4．内部生态

一个产品的成功往往不是由于某个单一因素，而是诸多因素综合作用的结果。所以如果公司的内部生态能够与要做的新产品紧密结合，作为彼此的催化剂，共同发展，则是**优势**。例如，红包是一个具有强社交属性、强传播同时又需要一定私密性的产品，而腾讯的产品体系恰恰符合这个定位。所以利用微信的生态，红包大获成功。其他的公司也做红包，但往往并没有微信红包这么成功，例如支付宝，因为缺少关系链，难以高效传播；而微博虽然有关系链，但往往是单向的非私密关系，并不适合红包的传播。

5．政策走向

在很多创新的领域做产品，熟悉政策走向也很重要。**如果要做的产品方向符合政府大的政策方针，则被看作是机会；而如果与其相违背，或者擦边球，则会有很高的风险，或者发展过程会更加艰难，是威胁。** 例如，在中国大陆是禁止赌博的，所以如果要做一个赌博产品，则是违法行为。这就意味着不论这个产品做得多好，有多少用户，有多少现金流，终究会被政府取缔。而如果在一些赌博合法的国家，则可以放心大胆地做。另外，要说明的是，"威胁"不一定要完全消灭和规避，很多时候，创新原本就是有风险的。例如，最初的微信其实影响到了电信运营商的利益，从这个角度看，也是威胁，但微信成功了，运营商不得不做出让步，最终威胁被削弱或消失；再如，曾经网络约车的方式也是不符合一些城市的法规规定的，理论上政府只要下令禁止，就可以将其掐死，但滴滴综合了天时、地利、人和，成功消除了这个威胁，获得了成功。

6．需求轻重

如果要做的产品可以满足目标用户的刚需，则往往会有更好、更多的回报，在其他条件不变的前提下，机会成分更大；而如果只是满足目标用户的一些边缘需求，则很有可能其回报无法支撑研发和运营成本，在其他条件不变的前提下，威胁成分更大。例如，社交、支付、出行等需求都是相对而言的刚需，而类似于私人教练、街景地图、美甲之类的，则是相对边缘的需求。

7. 行业壁垒

从互联网产品经理的角度来讲，这里的行业壁垒指的是当互联网向传统行业渗透时，传统行业的壁垒对互联网公司的阻碍。举例来说，如果对比城市出行和医疗这两个行业，后者的壁垒显然更高。因为前者往往是相对重复性的简单任务，并且高度标准化。开车这项技能是相对简单的，乘车这个需求都是要把人从 A 地运送到 B 地，不同的人对于这个需求是相对标准化的。而医疗则不同，首先医疗体系的各个环节都是一整套复杂的逻辑，把手术做好一般要比把车开好难得多，同时，每一个病人的情况都不同，难以提出大一统的标准化方案。所以，滴滴可以用几年的时间就将前者进行大规模的改造和优化，而互联网医疗虽然已经发展了很多年，但至今依然没有巨头出现。显然，**要渗透的行业壁垒低，是机会；壁垒高，是威胁。**

8. 竞品情况

作为外部因素，肯定要关注竞品的情况。**如果在这个领域大家做得都不怎么样，或者都是刚刚起步，则可能是机会；如果已经有几家公司做得很好了，那么想撼动他们的地位肯定就要更加困难，这样就是威胁。**例如：在摩拜单车刚刚起步的阶段，如果同样发现了共享单车解决最后一公里问题的这个机会点，快速入局与摩拜竞争，可能在当时就是一个不错的机会；但是如今，据说做共享单车的应用在手机上排满整整两屏，再做这个领域的话，就要面临其他公司的威胁了。

9. 盈利模式

由于互联网产品的盈利模式往往比一些传统行业的"生产-销售"模式更加复杂一些，并且更加多样，所以盈利模式这个点也是要分析的重要因素之一。具体来说，要在一开始就对要做的产品用什么方式盈利有预期，**如果盈利模式清晰，已经被其他类似产品证明有效，则为机会；如果盈利模式模糊，或者暂时没有特别合适的盈利模式，则是威胁。**

案例：挂号平台的 SWOT 分析

SWOT 分析的结论一般会用一个四象限图来呈现。下面以作者之前做过的一款小工具——腾讯挂号平台的前期分析为例，来看一下 SWOT 分析工具的实际使用。当时的主要结论如图 3-10 所示。

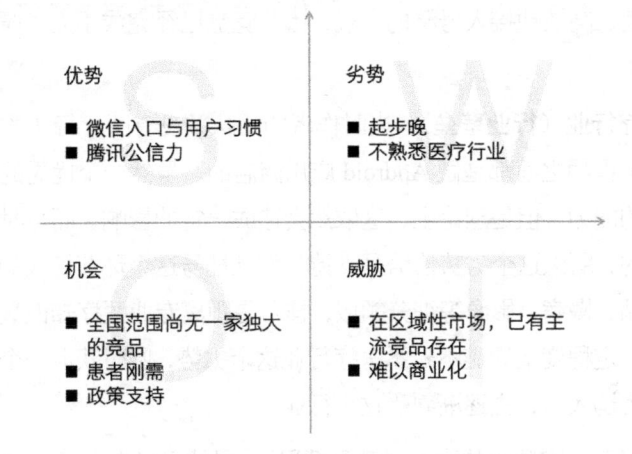

```
        ↑
   优势  │  劣势
        │
■ 微信入口与用户习惯   │  ■ 起步晚
■ 腾讯公信力          │  ■ 不熟悉医疗行业
        │
────────┼────────→
        │
   机会  │  威胁
        │
■ 全国范围尚无一家独大 │  ■ 在区域性市场，已有主
  的竞品              │    流竞品存在
■ 患者刚需            │  ■ 难以商业化
■ 政策支持            │
```

图 3-10　挂号平台 SWOT 分析（简化版）

首先，上述那些维度不一定要在分析过程中全用上，同时，如果发现其他重要维度，也可以随时加上。然后，我们来一一审视这张图上的内容。

微信入口与用户习惯（内部生态）：由于挂号这样的产品在功能上很多是同质化的，而在当时，已经有很多医院在微信上以公众号的形式开通了挂号服务，一些用户已经有这样的印象，就是：微信可以挂号。并且微信作为一款手机应用，其活跃度极高，相比于其他平台，这些是优势。

腾讯公信力（企业品牌）：当时市面上也有不少做挂号的应用，但是号源五花八门，有的可能是来自医生的私自加号，或者其他一些灰色途径之类的，这就造成了有些用户挂号之后，到了医院发现不能用。所以很多用户对网上预约挂号的最大质疑就是，如果医院不认怎么办。如果是腾讯这种大公司提供的服务，印象分是比较高的。所以我们只要做好服务本身严控号源质量就可以了，而其他小机构往往还需要逐步与用户建立信任，相比之下，这也是一个优势。同时，这一条也奠定了这个产品的一个基础原则，就是，我们只跟合法优质的号源方合作。

起步晚（起步时间）：不论是做互联网医疗，还是做挂号这个细分领域，我们起步都是非常晚的。从互联网医疗的角度看，有很多在医院信息化领域耕耘了十几年的系统集成商和软件公司；从挂号平台的角度看，也有很多互联网公司的产品已经在做了。而我们才刚刚准备进入这个领域，这是一个明显的劣势。正是这个劣势提醒了当时作者的团队，必须抛弃像其他平台一样一家一家去接医院的模式，必须找到某种创新的、更加快速、高效地接入号源的方式，因为竞品已经完成了太深厚的积累，我们难以追赶。

不熟悉医疗行业（行业壁垒）：当时作者的团队并没有医疗行业的相关背景，产品经理和开发工程师之前都是做 Android 应用商店的。虽然一个优秀的产品经理必须具备快速学习的能力，但是理论上，这依然会造成一定的影响。而当时部门做医疗这个方向是明确的，所以这个劣势恰恰是支持我们从挂号这个环节切入的理由，因为相比于诊疗、药品、慢病、影像等细分领域，挂号是距离专业医疗知识最远的业务，希望这样能够在一定程度上规避不熟悉医疗行业这个劣势，同时获得一个时间差，让团队有机会以此为切入点，去逐渐熟悉这个行业。

全国范围尚无一家独大的竞品（竞品情况）：虽然已经有很多公司走在了前面，但放眼全国，当时还没有任何一个平台能够一家独大。如果我们可以快速收拢全国的号源，就有可能用微信这个通用入口做一个全国性的挂号平台。如果运营和推广得当，则有机会让用户形成相对稳定的认知。所以这是机会，而这样的机会在一定程度上只适合 BAT 之类大体量的公司去做。

患者刚需（需求轻重）：这个不言而喻，所有去医院看病的患者，必须挂号。对于患者这个群体，挂号是刚需，这个刚需并没有很好地被满足，所以这也是机会。

政策支持（政策走向）：在"外地女子北京看病怒斥黄牛"那个视频传开后，北京即上线了基于实名制的预约挂号平台。国家卫生和计划生育委员会也多次在不同场合表达过对这类形式的支持。所以总的来说，只要号源合法，这就是一个顺应大潮流大趋势的产品。这是机会。

在区域性市场，已有主流竞品存在（竞品情况）：在一些特定区域，例如深圳、上海等城市，当时已经有一些做得不错的挂号平台存在，形成了不错的用户认知和口碑。所以在这些城市，如果想要改变用户既有的习惯是比较难的。这是威胁。

难以商业化（盈利模式）：对于一般的机票、酒店之类的销售来说，其盈利模式比较清晰，就是分成。但是号源是不能够加价售卖的，因为这是违法行为。所以挂号平台这类产品其实没有一种特别好的盈利模式。有一些公司尝试用挂号获取流量，然后把流量导入到其他增值服务上去，但是由于挂号看病这种行为的低频属性，以及用户群体不够大的问题，一般转化情况都不是特别好。这是威胁。

综上所述，当我们在早期讨论一个产品应不应该做的时候，SWOT 分析法加上特定的分析维度能够作为一种相对模式化的市场分析工具使用。读者也可以参考上述方法和维度，尝试分析一下自己的产品。

另外，在使用过程中，也有一些注意事项或者说常见的误区要提示：

第一，SWOT 分析的每一个维度都必须客观、真实地思考和填写，确保优势、劣势、机会、威胁都是真实存在的，千万不要想当然。

第二，SWOT 分析一般建立在产品方向已经相对明确的前提下，如果方向尚未明确，就可能会影响对对应的竞品、政策、行业壁垒等内容的把握，造成分析结论不准确。

第三，理论上，没有任何一个产品或者方向是完美的。所以劣势和威胁不可能完全没有，在 SWOT 分析阶段，一定要尽量多地暴露它们，然后去思考规避、应对的方法。

3.3 功能梳理工具：功能列表与思维导图

经过一系列的分析论证，当团队认为这个产品可以立项之后，就要开始思考具体的功能了。作者的建议是：**先发散，后聚焦。结合需求、场景和团队目标，把产品的功能列表梳理清楚，然后排优先级，再去细化具体的功能逻辑。**

3.3.1 功能列表（Feature List）

在开始规划功能的时候，我们不妨开放一些，把能够想到的，符合需求、场景、目标的所有功能都列出来，不论是核心功能，还是边缘功能。**将所有功能列出来，就形成了功能列表。**

案例：挂号平台的功能列表

如表 3-1 所示为以腾讯挂号平台为例的简化版功能列表。

表 3-1 挂号平台简化版功能列表

编号	模块	功能名称	功能简述
1	找到医生	确定城市	引导用户确定要在哪个城市挂号看病，支持选择和LBS定位
2		确定医院	引导用户选定一个医院
3		确定科室	引导用户选择正确的科室
4		确定医生和号源	引导用户选择要挂号的时间和医生
5		搜索	通过搜索的方式找到医院、科室、医生。也可以支持常见病、症状等关键词匹配相应的医生
6		筛选和排序	按医院级别、距离、类别等维度筛选。也可以结合流行病、特定区域高发病等因素调整排序顺序，或者人工干涉
7		医院特色科室	显示每一个医院的特色科室或者重点科室，对于外地患者，有利于帮助其确定要看病的医院
8		科室常见病信息	将每个科室对应的常见病信息列出，供患者参考，防止挂错号
9		收藏	收藏医院、科室或医生
10	挂号	录入/选择就诊人信息	引导录入就诊人信息以便于挂号
11		记录及编辑就诊人	记录历史就诊人信息，并可编辑、删除
12		号源匹配逻辑	当多个合作方可以完成挂号时，智能匹配最合适的合作方
13		病情描述	事先描述病情，以便于医生事先了解，提升诊疗效率
14		支付	在线支付挂号费及诊费
15	提示和凭证	消息提醒	挂号成功、失败、医生停诊、就诊时间等消息提醒
16		我的挂号	帮患者管理所有挂号订单
17	挂号变更	手动退号	患者手动退号
18		医生停诊	医生临时停诊时的逻辑处理

功能列表并没有严格的所谓模板或者格式，但一般情况下，建议至少要列出编号、模块名称、功能名称和功能描述，在下一步，还要标注优先级。

其中"编号"是为了沟通方便。例如，打电话沟通的时候，可以说"请你看一下编号为 12 的号源匹配逻辑这个需求"，如果功能列表很长，对方就可以快速找到这个需求，然后进行详细的沟通。"模块名称"是为了帮助产品经理组织功能间的逻辑关系，一个产品可以分为多个模块，每个模块又有多个具体的功能。"功能名称"就是给要做的功能起个名字，便于标记。"功能描述"则是简述这个功能是做什么的，毕竟，很多时候仅凭一个名字还是没办法清楚地理解其用途的。

另外，最终的功能列表还应列出每个功能的"优先级"用来表示这个功能的重要程度，确定特定功能是先做还是后做。优先级一般分为 P0、P1、P2、P3 共四个等级，数字越小优先级越高。在后续内容中，还会详细介绍排列优先级的方法和工具。

功能列表有助于产品经理从全局的视角去审视这个即将要做的产品，一一核对产品所提供的功能究竟有没有真正解决用户的需求，是否符合用户的使用场景，有没有形成闭环，是不是有漏掉的部分。相比于下一节要讲的思维导图，**功能列表的优点是可承载的信息较多，优先级标注较为清晰，并且可以在 Excel 中做各种注释和排序；而缺点是，对于功能、模块之间的逻辑关系和从属关系展示得不是那么明确。**

3.3.2 思维导图

在功能规划阶段，**如果希望将功能、模块之间的逻辑和从属关系表达得更清晰一些，则可以使用思维导图**。据说，放射性思考是人类大脑的自然思考方式，思维导图以这种思考方式为基础，从一个中央关键词出发，一层一层地扩展出与之相关的其他关键词，并用连接线来表示层级关系。可以绘制思维导图的软件有很多，例如：XMind、MindManager 等。

案例：挂号平台的思维导图

如图 3-11 所示的是以腾讯挂号平台为例的简化版功能思维导图。

我们发现，这张思维导图的内容与上述的功能列表是差不多的，只是有一些功能的拆分维度不一样（例如：把"搜索"这个功能放到了"找到医生"模块下面的每一个具体的功能中）。但是**它的优势是，逻辑和层级更加清晰，并且理论上可以无限地**

划分层级（在表格中，如果层级太多就会出现很多冗余信息，影响阅读）；更加细致，更加便于从宏观、结构化的视角对整体进行审视和把控。另外，它可以跨层级来标注某几个具体项目之间的关系。而它的缺点则是不利于做注释，以及不利于对某一个特定维度做特定的排序和筛选（例如，难以将所有 P0 优先级的功能聚合在一起展现）。

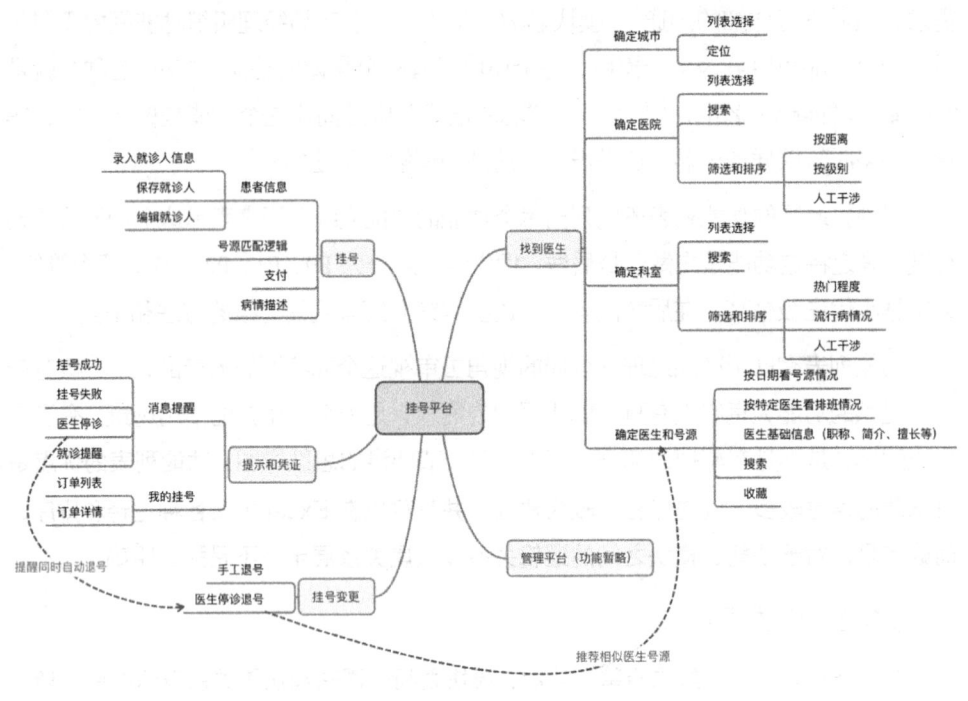

图 3-11 挂号平台功能思维导图（简化版）

在功能梳理阶段，合理地利用功能列表和思维导图这两个工具，往往能够起到事半功倍的效果。

3.4 逻辑梳理工具：流程图

在明确了当前版本要做哪些功能之后，下一步就是要梳理具体功能的逻辑。在这个过程中，产品经理可以使用流程图来做宏观层面的梳理和推导，其具有如下特征和用途：

- 将整个逻辑链条以简单的区块和文字描述的方式呈现，从宏观上对其进行审视，以便于从全局的角度对其中每一个步骤进行思考和设计。
- 完整地描述每一步"发生了什么"，既包括用户能感知到的，也包括在业务层面用户无法感知到的（从产品经理的视角来看，一般到业务层面即可，不需要深入到技术层面）。这将作为"场景"和"功能"的分界线，同时也是"用户视角"和"工程视角"的分界线。从流程图开始，产品经理就不仅仅要关注用户有什么需求，还需要关注具体如何完善地满足他们的需求，特别是对于分支流程的思考和梳理。
- 为交互设计师和开发工程师的下一步工作提供结构化的基础。他们可以以流程图为基础去思考，例如：应该将流程划分为几个具体的 UI，将整个功能分为几个模块编写。

在不同的团队中，流程图可能由产品经理负责梳理，也可能由交互设计师负责梳理。作者的建议是，不论团队中是否有交互设计师，产品经理都应该对自己的产品有详细的功能层面的宏观把控，而**绘制流程图就是建立这种宏观把控的有效方式。**

如图 3-12 所示的是 Axure RP 中绘制流程图的元素工具。但是一般情况下，作为产品经理，不需要将流程图中的内容划分得如此之细。事实上，常用的只有三种元素：

- 矩形方块，里面写字，用来表达在这一步要做什么。
- 菱形方块，里面写字，用来表达"判断条件"。
- 带箭头的线，用来把"做什么"和"判断"连起来。

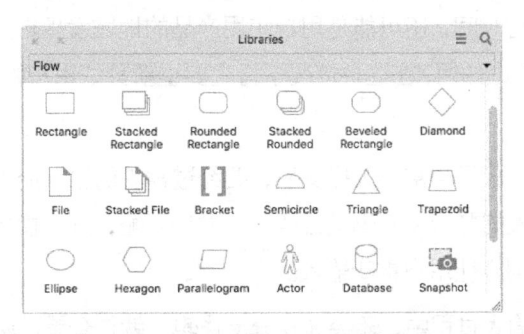

图 3-12　Axure RP 中用来绘制流程图的工具

可以绘制流程图的工具有很多，例如：Axure RP、Visio，以及 Mac 平台上的 OmniGraffle 等。但是在最初，作者还是建议先用手绘的方式，因为在纸上操作最灵活。

案例：进入"个人中心"的流程图

在很多应用中都会有一个"个人中心"功能，用来放置与用户相关的设置选项。在大多数情况下，如果用户进入一个叫作"个人中心"的入口，紧接着就应该看到相关的 UI。但是从流程上看，其背后往往要涉及几步判断，甚至要与登录模块的逻辑打通。如图 3-13 所示的就是这样的一个流程。

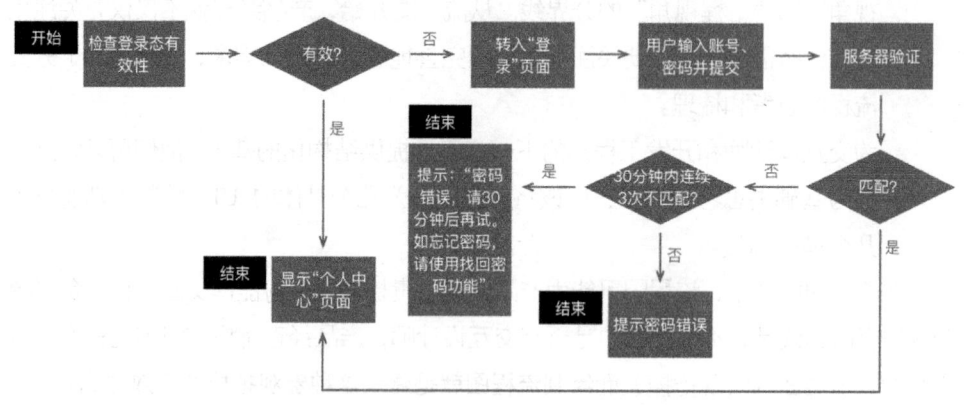

图 3-13 进入"个人中心"的流程图

在上述流程图中，逻辑判断的最短路径即为：点击"个人中心"入口后，判断登录态有效，然后直接显示页面。但是当登录态"无效"的时候，其逻辑却相对比较复杂。

首先，登录态无效的原因有很多，可能是用户在其他终端上修改了密码，也可能是登录态设置了超时时间，还可能是用户使用产品的地域发生重大变更，以至于触发了安全机制等。但无论如何，在这种情况下肯定要重新验证用户的身份，所以转入"登录"页面。

其次，用户输入账号和密码并提交后，要经过常规的验证流程。这时还会有一个分支，即：用户输入的账号和密码是否匹配，如果匹配，则直接转入"个人中心"页面；如果不匹配，则应让用户重新输入。

最后，在重新输入过程中，还会涉及分支逻辑，就是登录模块是否支持用户一直不断地尝试。如果完全没有相关的限制措施，并且用户设置的密码比较简单，那么就有可能被其他人使用穷举法破解。所以一般情况下，这里还需要有一个分支逻辑，就是在一定时间内，只允许用户重试特定的次数，如果超过这个次数，则应阻断用户。

按照这个思路推导下去，有助于产品经理做出更加完善、可靠的产品功能。

案例：挂号的主流程

再来看"挂号平台"这个案例，一般情况下，我们所设想的用户挂号的主流程应该就是选好医院、科室、医生，指定一个时间，提交信息就可以了。事实上，如果通过流程图来呈现，则不但可以发现一些必要的分支流程，还有助于产品经理去思考在每一个步骤中可能的优化点。如图 3-14 所示的是用户挂号的主流程图。

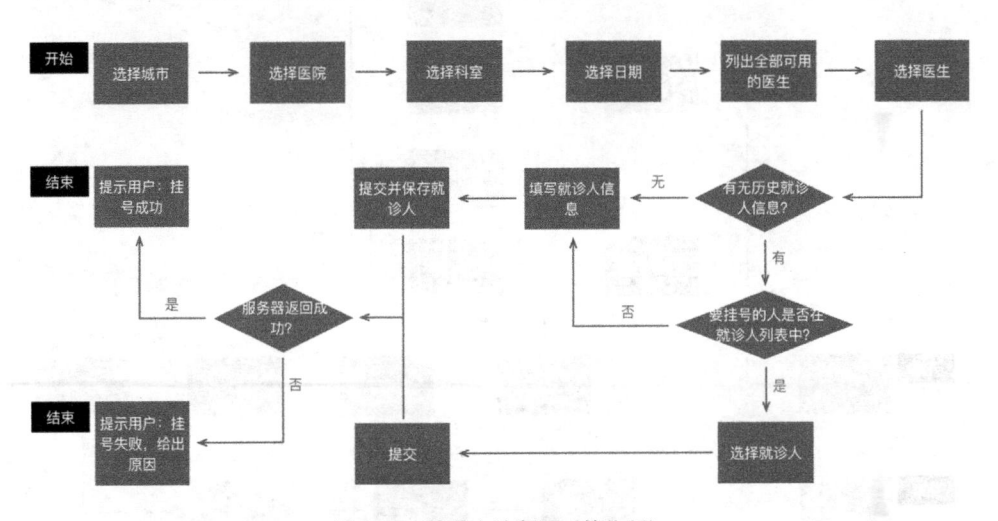

图 3-14 挂号主流程图（简化版）

首先，在上述流程图中，在"就诊人信息"这里会有一个分支，就是如果用户使用过这个平台挂号，则可以提供历史就诊人供其选择，不必重新输入。这个分支流程也同步引出了一个相应的功能——存储历史就诊人信息。而这个功能还可以再往下延展，例如：

- 既然记录了就诊人信息，那么是否应该把相应的敏感信息脱敏显示。例如，将手机号码显示为 13*******12 的形式。这样对于就诊人本人来说，依然可以通过尾号来推断出完整的信息，但对于其他人来说，则起到了加密作用。
- 是否应提供"编辑"和"删除"功能。

其次，在选择医院、科室等过程中，也可以挖掘出很多优化点。例如，我们仅将"选择医院"这一步稍作扩展，就可以得到如图 3-15 所示的流程图。

101

我们以"帮助用户更高效地找到医院"为核心目的去思考，可能想到提供"搜索"和"列表筛选"两个功能。对于列表筛选来说，最常见的就是以距离远近作为条件筛选——帮助用户找到最近的医院。而"搜索"功能则可以根据用户的搜索词，跳过"医院"这一步，直接通过"科室名称"或者"病症名称"来同步完成"医院"和"科室"两个层级的筛选。

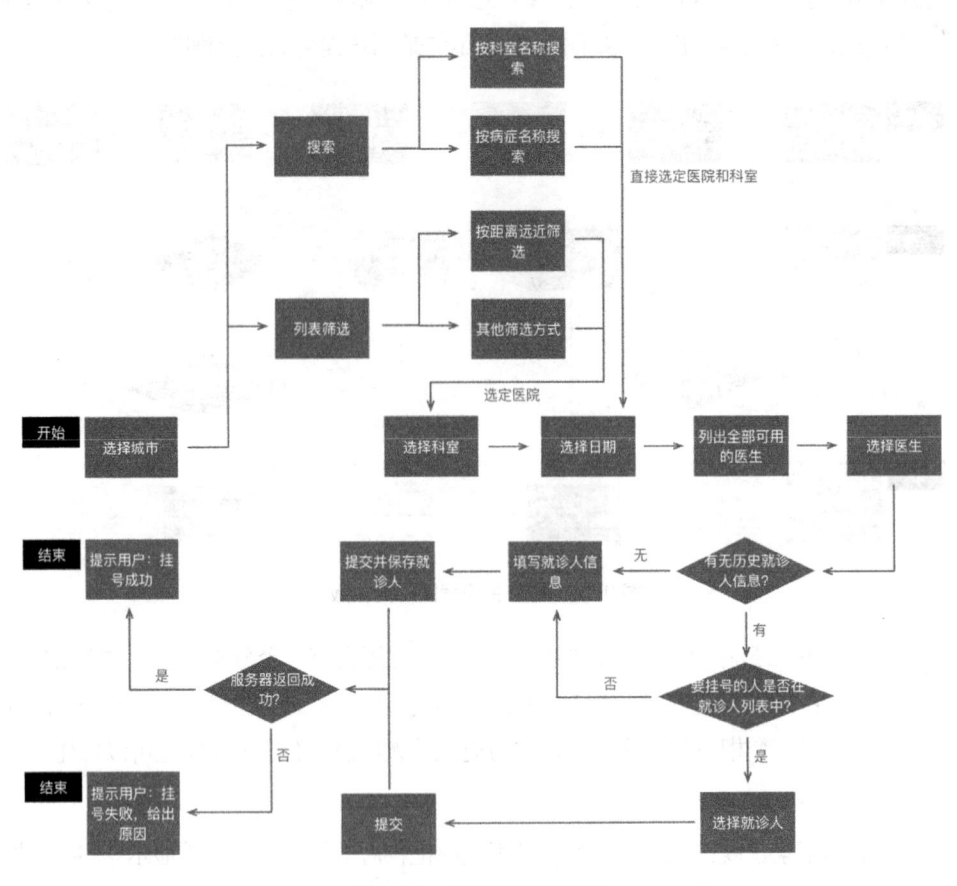

图 3-15　扩展后的流程图

沿着这样的思路一步一步扩展，我们将得到一个最大限度地完善了各类分支流程的流程图。甚至可能会以此为基础，重新拆分、合并功能，更新"功能列表"。这样就可以最大限度地避免漏掉分支的场景和功能。

3.5 优先级及版本规划工具：四象限与 MVP 混搭

功能逻辑梳理得差不多了，现在最重要的工作就是确定它们的优先级。在传统行业，一个产品要规划一次大的版本更新往往需要很长的周期（例如：微软的 Windows 可能每隔一年或几年才会发布一个大的版本；奔驰的一款新车型，可能从设计到上市销售要经历若干年）。在整个周期内部，一般使用**瀑布流（Waterfall）**的方式来工作。其特点是，将各个步骤按固定的顺序排列，分成若干个阶段依次推进。做全、做完上一步之后，才进入下一步。而在互联网行业，当下的大多数公司采用**敏捷开发**的方式，即，使用小步快跑、快速迭代的方式推进产品研发。最初的版本可能只有简单的功能闭环，之后的每一个版本仅完成一小部分优化和新功能，不断重复这个过程，最终迭代出相对全面、完善的产品。如图 3-16 所示的是这两种方式的示意图。

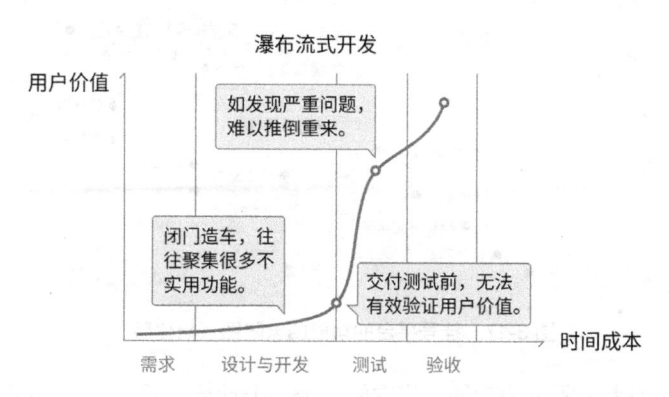

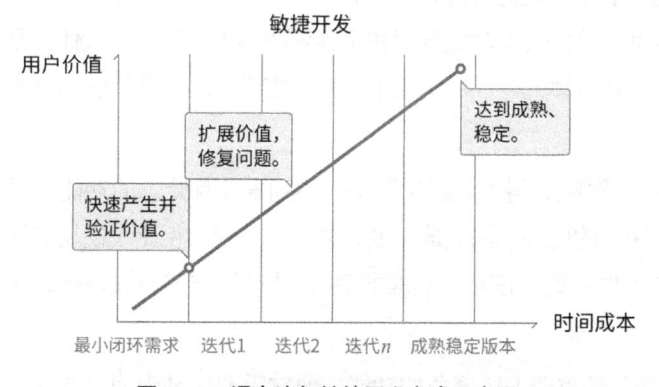

图 3-16 瀑布流与敏捷开发方式示意图

在敏捷开发的方式下，优先级就显得尤为重要了。作为产品经理，可以使用四象限工具和 MVP 的思想来为功能排列优先级。

3.5.1 四象限工具

很多工具都会使用四象限的方式来表现内容，此处的四象限工具指的是**将所有功能按照"重要"和"紧急"两个维度进行分类，从而排列优先级**的方法。

案例：挂号平台的四象限图

如图 3-17 所示为腾讯挂号平台的简化版功能四象限图。

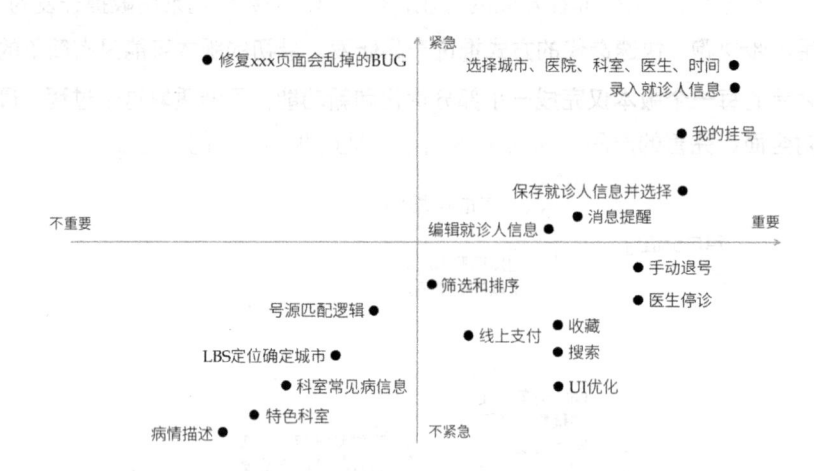

图 3-17　挂号平台的功能四象限图（简化版）

按照功能列表中所列的功能，将它们一个一个地放进四象限中。同样，四象限中的功能拆分维度，可能会与功能列表和思维导图不太一致，但大体上是相同的。具体位置如何，要针对具体的产品所对应的用户、需求、场景和团队目标来综合考虑。举例来说：

"选择城市、医院、科室、医生"是一系列重要且紧急的功能，说其重要，是因为没有它们，用户的任务无法完成。说其紧急，是因为相比于使用其他方式来定位医生（例如筛选、搜索或者按常见病匹配等），选择的方式更加基础，能够覆盖到大多数用户的需求。

"手动退号"是重要但不紧急的功能，说它重要，是因为总是有一些用户挂号之后发现临时有事不能去了，需要退号，不论是对于其个人信用（一般挂号平台为了防止"黄牛"或者号源浪费,会规定爽约 3 次将封账号),还是对于号源的合理利用,这个功能都是有益的。而说其不紧急,是因为,第一,相比于整个用户大盘,需要退号的用户占极少数;第二,退号的流程也可以通过给医院打电话等方式来完成。

"LBS 定位确定城市"是不重要且不紧急的功能,说它不重要,是因为如果没有它,让用户从省、市列表中选择,并不会造成太大的困扰。说它不紧急,是因为选择的方式从功能上可以完全替代它。

而在日常工作过程中,我们还会经常遇到另外一类,就是紧急但不重要的功能。例如:对一些 BUG 的修复,以及为应对一些临时突发事件所上的功能。作为产品经理,要特别注意的是,如果这类功能很多,一定要与其他功能合理搭配优先级进行开发;否则,该产品将一直在打补丁,得不到真正的进步和提升。

总结:按重要和紧急两个维度划分四象限的方法,其优点是,可以帮助产品经理对功能优先级做初步的梳理,并且结果一目了然。但是它也有缺点,就是有时候大家的意见会不统一,对于某一个具体的功能,有人认为它重要且紧急,有人认为它重要但不紧急。这时该如何应对?可以考虑引入 MVP 的思维方式。

3.5.2 MVP

MVP(最简化可实行产品)是指一个只有重要的核心功能,没有其他多余的功能,并可以提供给用户的产品版本。产品经理可以进行验证式学习,根据用户的回馈,进一步了解使用情形,并且继续开发优化此产品。其实从这个描述来看,MVP 还有一层隐含的逻辑,就是"核心功能"应该可以形成**"功能闭环"**。即用户使用这些核心功能即可完整地完成相关的核心任务,不会出现某一步断掉的情况。根据维基百科的解释,MVP 的主要功能如下:

- 可以在使用最少资源的情形下确认和产品相关的假设。
- 加速学习。
- 减少开发设计时间的浪费。
- 尽早让早期用户拿到产品。
- 作为其他产品的基础。

前面章节中提到过一个问题:遇到大家对功能的优先级排列意见不统一的情况时怎么办?其中一个办法是回归用户的视角。结合公司的目标,以用户视角加上 MVP

的思维方式，审视一个功能对于用户来说是不是最核心的功能，是不是最符合公司当下的目标。而在判断"核心"的参考因素中，最重要的就是如果缺少这个功能，功能闭环和商业闭环要打多大的折扣。

还是以上一节中提到的功能为例，我们来对比"保存就诊人信息并选择"和"LBS定位确定城市"这两个功能。从名字和描述上看，它们都不是必需的功能，但是前者的优先级在四象限图中的表现比后者高，那么对于"用户顺利完成任务"这个目标，如果这两个功能缺失，各自会有什么影响呢？

如果"保存就诊人信息并选择"功能缺失，那么就意味着患者每次挂号时都需要重新输入一遍信息。大多数医院要求的信息是姓名、身份证号码、手机号码，有的医院还要求有就诊卡号码。所以该功能缺失的代价是，用户每次都需要连续准确地输入3~4项内容。如果有任何内容输入错误，到了医院就很可能无法取号。而如果"LBS定位确定城市"功能缺失，则意味着用户需要从省、市两个列表中，通过最多两次滑动和最多两次点选来确定城市。操作本身很容易，选错的概率也很小，一旦选错重选即可，不会造成什么问题。对比一下，显然，前者的缺失对"用户顺利完成任务"的影响更大，所以其优先级应该高于后者。

另外，作为一个产品经理，在以 MVP 的思维方式排列优先级的过程中，也应该充分考虑到用户之外的问题。例如：对于一个游戏来说，虽然"支付"这个功能对于大多数玩家来说可能是用不到的，但如果没有支付功能，就意味着没办法卖道具盈利，基础的商业闭环是断的。对于一家商业公司来说，这是绝对不能允许的事情，所以优先级一定是高的。

排好了优先级之后，紧接着我们面临的问题就是如何规划版本，即，哪些功能做完后，可以发布一个版本让用户先用着。这时又要借鉴 MVP 的思维了，一个版本如果上线某个功能，那么必须要保证与该功能相关联的其他主要功能也同步处于可用状态，以保证产品的"功能闭环"。举例来说，"医生停诊"这个功能必须要建立在"消息提醒"功能可用的基础上；否则，如果停诊信息无法及时通知给患者，那么这个功能也就没有意义了，我们总不能期望患者没事就打开应用看看医生是否停诊吧。

对于挂号平台这个产品来说，最终作者给出的 MVP 功能列表如下：

- 选择城市、医院、科室、医生

- 录入就诊人信息
- 我的挂号
- 消息提醒
- 手动退号

为什么"消息提醒"的重要、紧急程度比"保存就诊人信息并选择"低，但是却要在 MVP 中先行开发呢？因为腾讯挂号平台使用微信公众号承载，接入公众号消息工作量很小，顺带做了，并且这个"顺带"的开发其实会带来较大幅度的用户体验的提升，让操作闭环更加完整。为什么"医生停诊"功能的重要程度很高，但是并没有进入 MVP 中呢？除开发量、第三方接口调用和调试的工作量之外，还有两个原因：第一，医生临时停诊是小概率事件，并且即便患者到了医院，一般也会安排其他同级别医生为其看病；第二，与我们合作的平台自身会发短信通知患者。所以即便这个功能在腾讯挂号平台暂时缺失，也并不影响用户使用。

由此也可以看出，由于"迭代"概念的存在，并不一定是优先级高的功能一定会先做。有时候很可能是某个优先级相对较低的功能，由于实现起来很容易，在某个版本开发的过程中顺手就做了。

3.6 原型设计工具：线框图

优先级排好之后，产品经理就已经可以确定在当前版本中应该做哪几个具体的功能了。紧接着，就是对这些功能逻辑的具体设计。由于互联网产品绝大多数是通过 UI 与用户交互的，所以产品经理不妨将脑中所设想的逻辑先梳理成 UI 草图画出来，目的是**以用户的视角去审视功能、流程的完整性及合理性**。在将它们变成真正的 UI 和产品需求之前，我们将其称之为"产品原型"。这里的"UI 草图"又叫"线框图"，因为它往往只用线、框、黑白灰色块和文字等简单元素来表达产品在用户侧的操作流程。

线框图的绘制可以使用纸和笔，也可以使用 Axure RP、Microsoft Visio 等软件，如果是 Mac 平台，则特别推荐 OmniGraffle 这款软件，它的性能比 Axure RP 好很多。

3.6.1　线框图概览

产品经理的线框图和交互设计师所产出的"交互稿"看起来会有一定程度的重合。的确，他们都是用类似于线框、色块的方式来绘制初期的 UI 的，但其出发点不同，以至于具体画出的图形会有不同的特征和倾向性。产品经理以业务逻辑为出发点，其线框图本质上是对业务逻辑的梳理和表达。所以往往只需要关注主要流程和操作，不需要特别细致地表达交互形式、信息展现形式，以及在不同情况下不同 UI 展现的内容。而交互设计师以"信息层的设计"为出发点，需要更多地关注具体的细节。例如：一个 UI 控件在可用和不可用时的展现形式的区别、一个 UI 在一屏范围内具体的信息排布方式、用户对 UI 操作的具体方法和 UI 对用户操作的响应等。当然，在中小型互联网公司，很可能是没有交互设计师这个职位的，所以除视觉元素之外的所有 UI 设计，往往也要产品经理完成。

在线框图的绘制过程中，一般需遵循以下原则：

- **便于修改**。线框图的功能是帮助产品经理以用户的视角审视流程，所以难免要进行多次修改。此时修改的效率往往比图形看起来是否美观更重要。所以并不推荐使用类似于 Photoshop 的专业图像处理软件，同样也不推荐使用 Axure RP 制作可交互原型（维护起来异常烦琐，并且不实用）。
- **便于标注**。为了更加清晰地梳理逻辑，也为了让下一步接口的设计师能够更方便地理解，产品经理往往要在线框图上进行一些逻辑方面的标注，这些标注可多可少，且不可预期。所以类似于 Microsoft PowerPoint 之类的以固定页面尺寸进行设计的工具并不适用。
- **善用标准化组件**。由于 UI 上要用到的常用元素是固定的，不论是列表、按钮还是对话框，所以为了提高效率，可以将这些标准化 UI 元素制作成组件[1]。这样当需要的时候，只要将其拖曳到绘图区，简单编辑即可使用，不需要"重复造轮子"——每次把图形重画一遍。Axure RP、Microsoft Visio 和 OmniGraffle

---

[1] 扫描二维码，关注作者公众号，回复"资料"下载作者整理的移动互联网标准化 UI 元素组件。分 Axure RP 和 OmniGraffle 两个版本。作者公众号二维码：

等软件都自带类似于 Library 的功能，用来存储这些标准化 UI 元素。

案例：挂号平台主要 UI 的线框图

依然以挂号平台为例，如图 3-18 所示的是"选择医院"和"确认就诊人"两个页面的线框图。

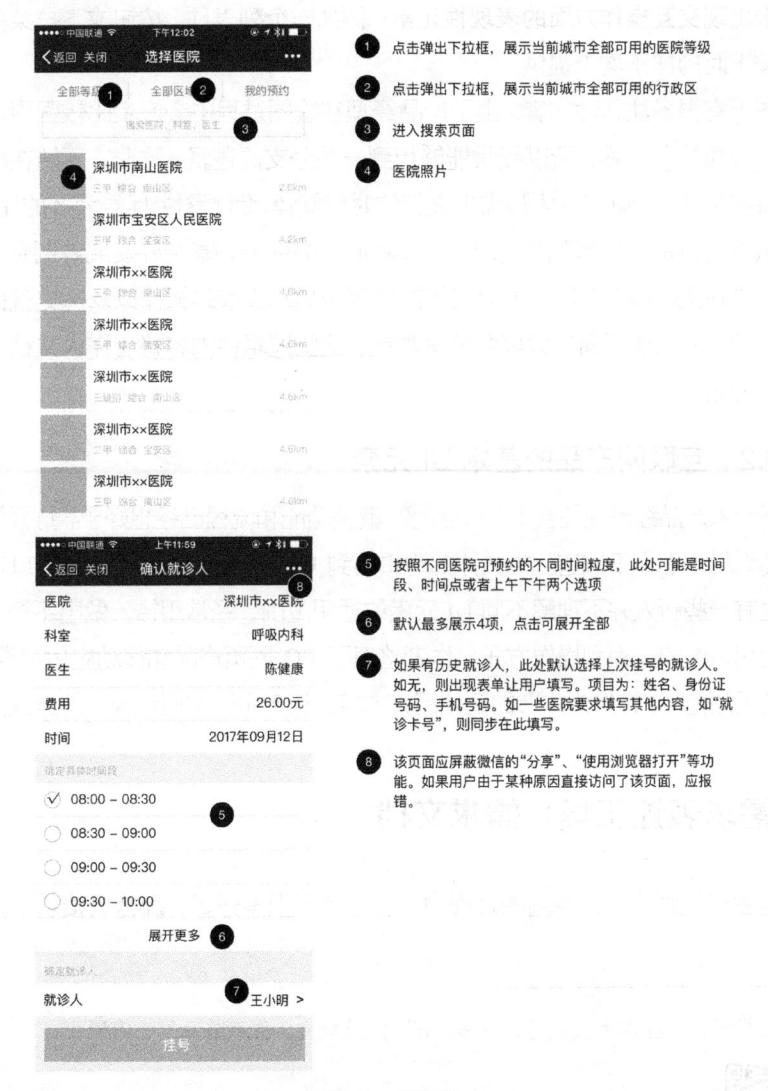

① 点击弹出下拉框，展示当前城市全部可用的医院等级

② 点击弹出下拉框，展示当前城市全部可用的行政区

③ 进入搜索页面

④ 医院照片

⑤ 按照不同医院可预约的不同时间粒度，此处可能是时间段、时间点或者上午下午两个选项

⑥ 默认最多展示4项，点击可展开全部

⑦ 如果有历史就诊人，此处默认选择上次挂号的就诊人。如无，则出现表单让用户填写。项目为：姓名、身份证号码、手机号码。如一些医院要求填写其他内容，如"就诊卡号"，则同步在此填写。

⑧ 该页面应屏蔽微信的"分享"、"使用浏览器打开"等功能。如果用户由于某种原因直接访问了该页面，应报错。

图 3-18　线框图

观察这两个线框图，我们可以发现如下特征：

- **图中表现出的多是逻辑和功能，而在"信息"层面并未做严格的设计**。例如在"选择医院"页面中，列表项的后面都是相同的"深圳市××医院"，用以占位。在实际情况中肯定是不会出现这么多同名的医院的。
- **未出现交互操作方面的表现性元素**。例如一个列表项、按钮或下拉菜单被手指按下时的样子均未提供。
- 图上有很多注释性内容。由于产品经理在绘图过程中会产生比较强烈的基于用户视角的代入感，所以经常能够想到一些分支的逻辑。这时，不妨在线框图上直接标注，以免在具体写需求文档的时候漏掉。例如图中标号为 8 的注释内容，微信是自带"分享"功能的，可以将嵌入的网页分享给好友或者朋友圈。但由于"确认就诊人"这个页面展示的内容与用户之前的操作以及历史就诊人信息有关，所以该页面应该屏蔽分享功能。这些逻辑性内容将在需求文档中做进一步完善。

3.6.2　互联网产品的基本 UI 元素

很多新人产品经理往往会有一个困惑，就是功能和流程已经想好了，打开软件想画线框图却无从下手，不知道脑中具体的逻辑落到 UI 层面应该使用什么样的 UI 元素来承载。也有一些新人并不理解不同 UI 元素的适用范围，经常用错，做出不符合一般用户既有使用习惯的流程和操作方式。作者整理了 PC 网页产品和移动应用中常见的 UI 元素及其适用范围[1]，作为本书的延伸阅读内容，读者可以按照注释中的方式阅读。

3.7　需求表述工具：需求文档

线框图已经画好了，在画图过程中，也思考了很多逻辑，那么紧接着，就要把这

---

[1] 扫描二维码，关注作者公众号，回复"ui"阅读全文。作者公众号二维码：

些逻辑真正完整、清晰地表述出来，变成需求文档，以便于进行开发。在这一节，我们将从需求文档的用途入手，讲述两种不同形式的需求文档的写法。

3.7.1 需求文档的用途

在互联网公司中，需求文档有如下用途。

1. 记录和沉淀需求

记录和沉淀需求，是需求文档最底层的用途。产品经理给出的具体功能逻辑往往会比较复杂，不是一两句话就能说清楚的。所以需要有一份文档用来沉淀这些逻辑。对于开发工程师来说，可以依照文档的描述进行编程实现；对于测试工程师来说，也将以此文档为基础来书写《测试用例文档》，即在测试过程中所应遵循的脚本步骤。

但是要注意的是，**需求文档只适合记录和沉淀需求，并不适合沟通需求**。即，写完文档后，不应该直接扔给开发人员让他们照着上面的描述去做。而是应该采取评审会、讨论会的方式，与相关人员面对面交流、沟通后，将需求文档作为一个"备忘录"来参考使用。

另外，在评审结束后，在开发和测试过程中，**当团队成员对于某个具体的功能逻辑有争议时，可以以需求文档为准进行回溯**。根据文档中的描述来判断合理的预期应该是怎样的。

2. 跨团队、跨部门协作

有时候，产品的某些环节需要涉及跨团队、跨部门的协作。这时往往需求文档会充当第一轮的沟通工具。具体做法是，将相应的需求文档先行发送给对方，请对方简单阅读，了解产品后，再开会详细讨论合作的点。当然，有些合作涉及保密性，所以作为第一轮沟通工具的，也可能是线框图或者交互稿。

3. 辅助传承和交接

互联网产品的生命周期往往很长，需要经过长期的迭代和优化。很多时候，产品经理自身也不一定能够清晰地记得其一年前写的需求细节。这时，需求文档可以方便地帮助相关人员回溯"当时这里是怎么做的"之类的问题。当团队中有产品经理要离职，或者招聘了新的产品经理，需要其熟悉原有的产品逻辑时，需求文档也是一个交接工作的有用工具。

3.7.2 图文形式的需求文档

文字描述辅助图片说明，是需求文档的最常见形式。对于这类需求文档来说，一般应考虑以下关键元素。

1. 文档标题和变更记录

文档的标题（以及文件名）用来概括该文档的内容，便于检索。而需求文档自身往往也会不停地迭代，比如产品经理刚刚写完的需求文档，版本为 1.0；与上级简单讨论后，发现有一些细节不合理，做了一些修改，版本变成 1.1；然后以此为基础，拉上开发工程师和测试工程师等同事进行需求评审，在评审过程中，基于效率、排期、开发难度等因素，可能还会有细节的调整，这时其版本变成了1.2。

所有的这些变更都应该同步体现在需求文档上。下面是一个例子。

×××产品需求文档

V1.2

变更记录

文档版本号	修订时间	修订内容	产品经理
V1.0	2017年8月2日	第一个版本	刘涵宇
V1.1	2017年8月5日	与 Leader 讨论后，修改了"下载管理"批量操作的逻辑，增加了"对 Wi-Fi"网络的判断逻辑	刘涵宇
V1.2	2017年8月6日	需求评审后，由于"自动空间清理"功能涉及跨部门合作，移至下期实现，本期砍掉该需求，同时补充为弥补该功能缺失所做的其他逻辑	刘涵宇

同时，版本号还可以起到方便沟通的作用。有了版本号，产品经理就可以在群里使用类似于这样的方式沟通："请各位注意，最新的需求文档为 1.2 版本，请按此开发。如发现自己手中的版本较低，请前往×××更新。"

2. 背景介绍（可选）

在正式书写需求逻辑之前，可以对文档所要描述的功能做简单的背景介绍，背景介绍中的内容也应在评审会上同步说明。它的功能是，让整个团队从产品经理的角度了解，为什么要做这个功能。在开工前向所有合作的同事介绍清楚背景和原因，获得他们的认同，往往可以更加顺利地推进开发。举例如下：

> **背景介绍：**
>
> 为了完成下半年日均下载量×××的 KPI，同时为了对不同的用户做更加精细化的运营，所以计划做下面几个功能。其中×××为下载功能优化，有利于提升用户下载的成功率；×××是为之后的精细化推送做准备；×××是……

3. 用户角色描述（可选）

如果产品需求涉及多个用户角色，则需在最开始就定义每一个角色的特征，因为这些角色名称在具体的产品需求文档中可能出现，并且其行为、目标和操作流程，包括使用的具体平台和功能都可能不同。例如：对于一个广告平台产品来说，可能涉及的角色有用户、广告主、操作员、竞争广告主、代理商等，如表 3-2 所示。

表 3-2　用户角色描述

用户角色	描　　述
用户	使用搜索引擎搜索信息的人，他们在合适的情况下可能会看到广告
广告主（客户）	广告的投放者（法人或自然人）
操作员	在广告主公司，具体操作投放平台，投放广告的人
竞争广告主	在同一领域，与某广告主竞争同一广告位的其他广告主
代理商	代理广告主操作并投放广告的机构，如奥美公关

4. 流程图、结构图（可选，建议提供）

理论上，流程图与具体的文字描述叙述的是同一套内容，但是会提供不同的视角。如果其他条件允许，建议在需求文档中同步提供二者。另外，有时候也需要在需求文档中提供产品的结构图（类似于"思维导图"的形式）来表现各模块之间的关系。

5. 功能名称、优先级和详细描述

将某个迭代要做的每一个功能命名并注明优先级，然后使用文字配合 UI 草图的形式详细阐述其逻辑。这其中又可以分为常见的 4 个部分。

- 业务流程描述：需要详细的用例。即从用户的视角如何操作，将发生什么（包括用户看到的，也包括系统内部用户看不到的）。
- UI 原型：相应操作引起的 UI 层面的表现描述。交互稿、视觉稿均可。
- 数据要求：如果需要做相应的数据统计，则需同步注明数据要求。例如，记录某按钮被按下的次数、用户的操作流等。
- 性能要求：有时候，产品经理也会在需求文档中注明性能要求。例如，该列表的加载时间在 4G 网络环境下平均应小于 300ms；如果超过该值，需弹出 toast 告知用户"正在加载"。

另外，详细描述的书写可以参考下述建议：

- 尽量不要使用大段的文字描述，善用项目符号将大段逻辑分解成步骤。这样开发工程师看起来会更加清晰。
- 尽量描述业务逻辑，不要直接描述技术实现方案（如果产品经理懂技术）。
- 需要对多项内容进行对比时，优先使用表格。
- 可以在 UI 草图上做适当的标注。

案例：应用商店下载模块

在这个案例中，我们按照"定义互联网产品经理"一节中提到的"业务逻辑"和"分支逻辑"来演示产品需求文档的书写。请注意：案例仅供演示，实际上一个 Android 应用商店的下载模块会比下述演示版文档逻辑复杂得多。

×××安卓应用商店"下载"模块产品需求文档

V1.0

变更记录

文档版本号	修订时间	修订内容	产品经理
V1.0	2014 年 5 月 11 日	第一个版本	刘涵宇

第 3 章 解构基础工具

功能 1：触发下载

整体流程图如图 3-19 所示。

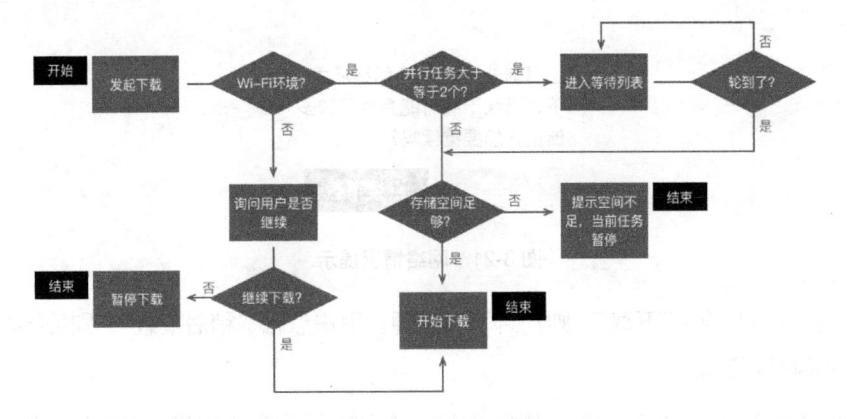

图 3-19 整体流程图

（1）在应用商店中，每个应用列表项后面都提供了"下载"按钮，如图 3-20 所示。

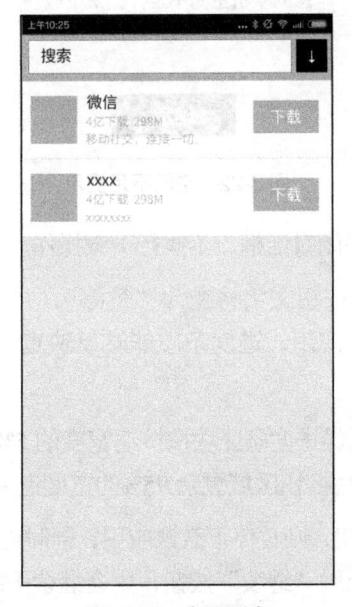

图 3-20 应用列表

115

（2）点触某应用后面的"下载"按钮，先检测用户网络情况。如果为 Wi-Fi 环境，则判断下载空间（第 3 步）；如果为非 Wi-Fi 环境，则弹出提示，如图 3-21 所示。

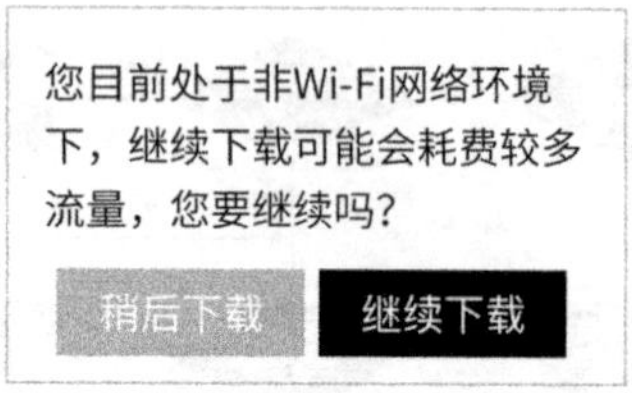

图 3-21　网络情况提示

用户点触"继续下载"，则判断下载空间。用户点触"稍后下载"，则关闭对话框，不执行操作。

（3）判断下载空间：获取用户手机默认存储区域的剩余空间，与当前下载任务所需要的空间进行对比。如果空间足够，则执行下载操作；如果不足，则显示如图 3-22 所示的提示（注：自动清理空间功能下期做）。

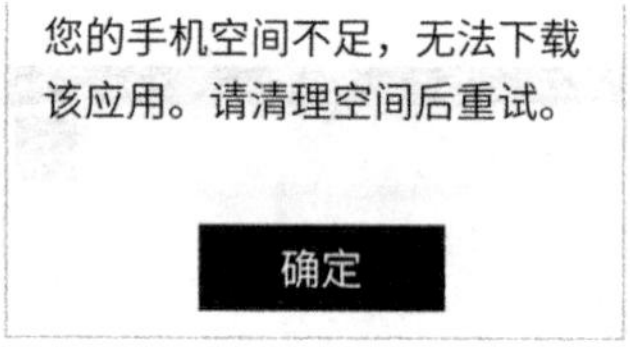

图 3-22　空间不足提示

用户点触"确定"，关闭对话框，不执行下载操作。

（4）一旦下载开始，按钮文字将变为"暂停"，并且在按钮区域开始填充不同颜色的色块作为进度条使用，进度条应能够反映真实的下载进度，如图 3-23 所示。

另外，进度为 0% 的时候进度条区块按按钮宽度的 5% 显示，以便于用户能够看到下载正在进行。即，使用按钮区域剩余 95% 的宽度走完 0%～100% 的进度。

（5）点触"暂停"按钮，则暂停下载该应用，同时进度条位置不再变化、按钮文字变为"继续"。如果点触"继续"按钮，则会继续下载。

（6）在商店范围内，可以支持同时下载最多两个应用。如果有多个下载进度在同一个 UI 中出现，则显示各自的进度条。如果用户发起的下载请求多于两个，则其余下载任务进入"等待"状态，其按钮部分显示"等待中"，如图 3-24 所示。

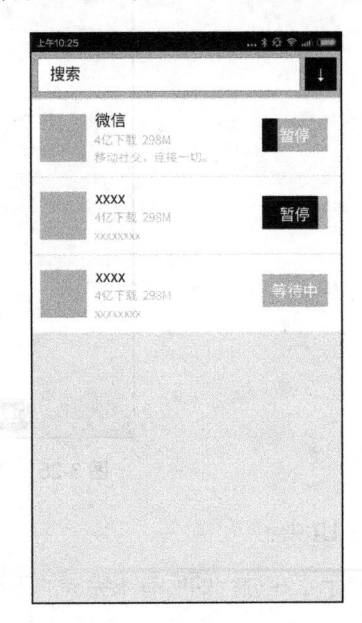

图 3-23　进度条　　　　图 3-24　有下载任务处于"等待"状态

注：对于有 SD 卡的手机，为提升数据存取速度，优先使用手机内存下载。

注：如遇网络问题，客户端在超时后（超时时间由工程师设定，从技术角度合理即可）自动重试 3 次，如仍失败，则自动暂停下载。

功能 2：下载管理

（1）点触右上角的"下载管理"入口（icon 需设计师进行设计），进入"下载管理"功能页面，如图 3-25 所示。

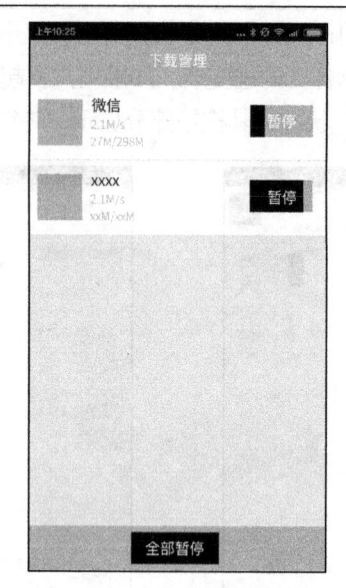

图 3-25 "下载管理"UI

在该 UI 中：

- 显示正在进行的所有未完成的下载任务（包括下载中、暂停、等待中）。

- 每个任务除显示图标、应用名称、"暂停"按钮及进度指示外，还同步显示了当前速度、已下载大小以及应用的总大小。

- 下方工具栏提供了批量操作按钮，当有任务正在进行时，按钮文字为"全部暂停"，点触后可以暂停所有任务；当没有任务正在进行且列表不为空时，按钮文字为"全部继续"，点触后会启动所有任务（只有前两个任务真正下载，其他的处于等待中状态）；当列表为空时，下方工具栏消失。

（2）按下物理返回键，返回进入"下载管理"前的 UI。

3.7.3　带 UI 的流程图形式的需求文档

图文形式的需求文档可以将逻辑描述得很细，但是缺乏整体的视角。很多时候，开发工程师需要仔细阅读数遍，才能在脑海中勾勒出一套完整的全局逻辑。在一些团队中，产品经理也可能会使用带 UI 的流程图的形式来输出需求文档。这样的形式在流程的表述上往往更加清晰，如图 3-26 所示的是使用这种形式来描述挂号平台的"确定就诊人"这个步骤的示意图。

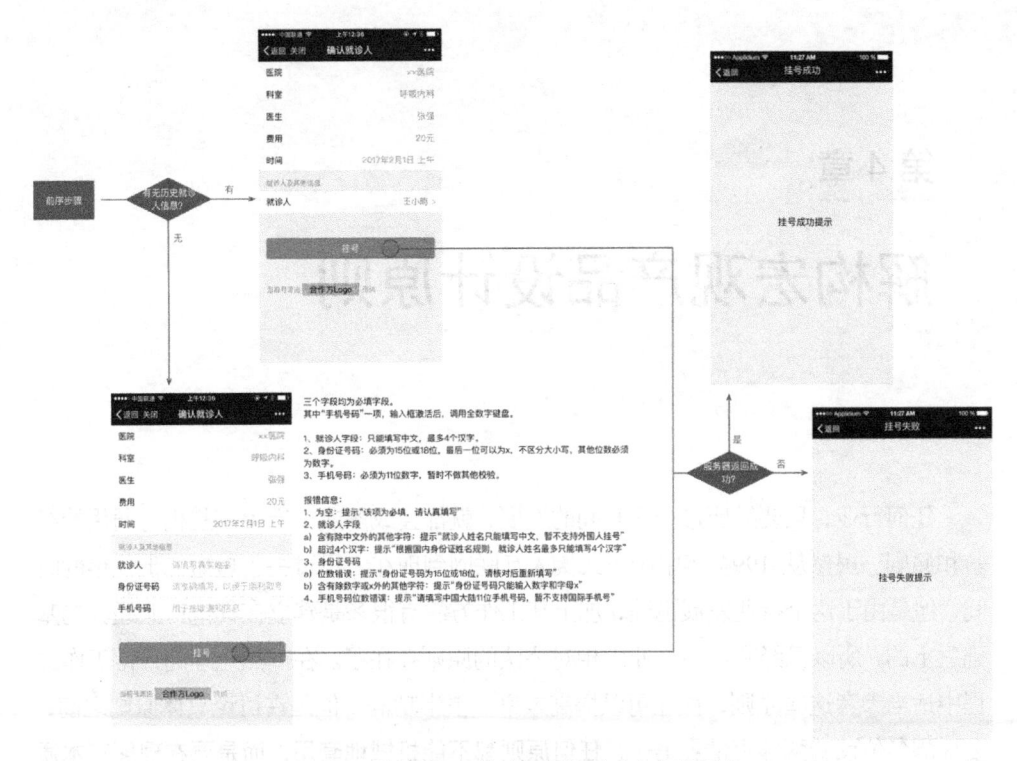

图 3-26　使用带 UI 的流程图的形式来表述需求

但是，这种形式也有缺点，主要是维护比较麻烦，以及稍微复杂一些的需求，所生成的可能是很大的一张图，并不方便阅读，有时候还容易漏掉某些文字描述。

总体上讲，**需求文档是产品需求的表述方式，并不应该有"模板"之类的限制**。只要能够清晰、准确地表述需求，就是好的方式。

第 4 章

解构宏观产品设计原则

任何行业，只要经历过一段时间的发展，就都会或多或少产生一些相对通用的经验和原则。虽然从 1994 年中国正式接入互联网到现在，只过去了短短二十几年的时间，但是由于这个行业发展迅速，加上其工作方法有很多是建立在其他行业经验的基础之上的，所以已经有不少行业内相对公认的原则存在了。在产品经理的日常工作过程中适当参考这些原则，往往可以提高效率，事半功倍。但是在讨论具体原则之前，要提醒各位读者两件事情：第一，**任何原则都不能机械地套用，而是要在理解其本质和适用范围的基础上，针对具体的用户、场景进行具体的运用。**第二，本章标题中提到的"设计"是指本书前面章节中定义过的"广义的设计"，阅读这一章的时候，请不要陷入表现层（交互、视觉、排版等）的纠结中。

4.1 基于用户心理模型来思考

心理模型是指人们遵循生活中某些习惯或经验而建立的对世界的认知。在设计产品的过程中，我们应该从用户的心理模型出发，提供符合用户所想、符合用户预期的设计。但是在日常工作中，不论是产品经理还是其他职能，经常会不自觉地背离用户的心理模型，而陷入以"业务模型"或"工程模型"来设计产品的误区中。

案例：电话客服转人工

以业务模型设计的产品，常常会显得生硬，不够"智能"。举例来说，大多数电话客服的语音系统都会提供"转人工"服务，而由于人工坐席数量有限，转人工服务的过程往往需要用户排队。在排队等待过程中，基于业务上的种种原因（例如成本方面的考量），一般会让用户每等待一段时间，就要按某个键，确认一下是否要继续等待。如果用户按键，则继续排队，否则会离开等待队列。如图4-1所示的是北京某政府部门的客服电话转人工服务的主流程。

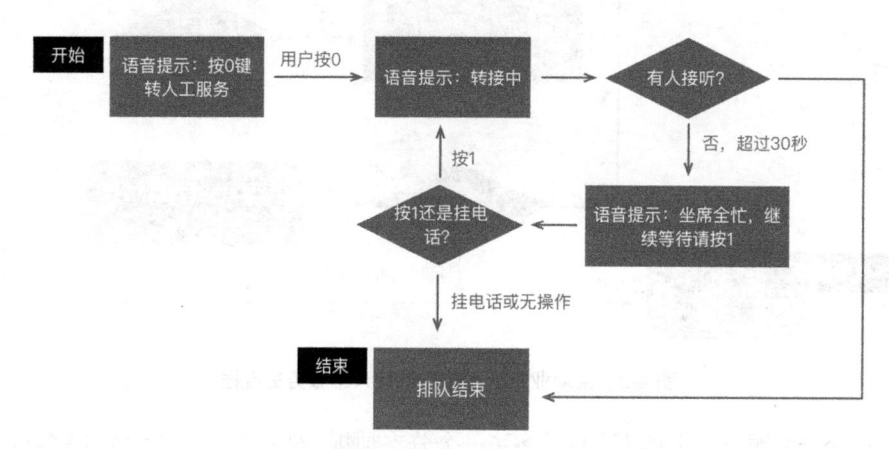

图4-1　某政府部门客服电话转人工服务主流程

这是一个标准的基于上述"业务模型"所设计的方案，即，因为"种种原因"，需要让用户不断按1键以便于继续排队。但是，对于用户来说，他的预期是这样的吗？显然不是的，用户的预期很简单，就是他明确告知系统要转人工服务，系统反馈需要等待，然后等待一段时间，就可以接通人工客服。而不断地按1键，是用户预期之外的操作，即用户"心理模型"之外的认知。关键是，这个流程实际跑起来，等待时间往往很长，最长的一次，作者连续按了20次1键。这样的设计会让用户非常烦躁。另外，根据作者的经历，上述流程图还有一个分支流程没有表现，就是如果连续按20次1键，依然没有接通，系统会强制中断排队，告诉已经很抓狂的用户"稍后再拨"——不但接不通电话得不到服务，而且之前的等待也白费了。

作为电话客服系统的设计者，是否可以兼顾用户体验和成本这两个因素呢？答案是肯定的，如图4-2所示的就是某商业银行的客服电话转人工服务的主流程。

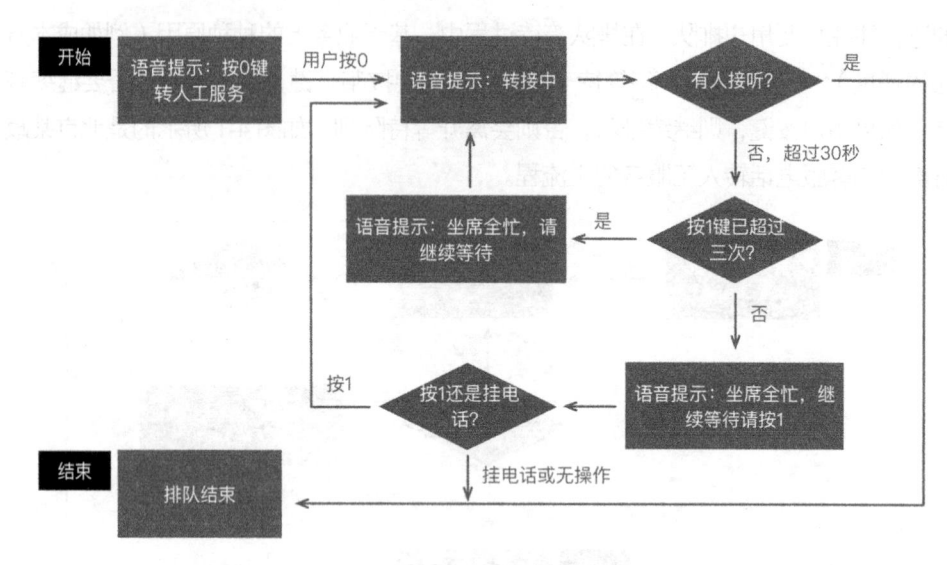

图 4-2　某商业银行客服电话转人工服务主流程

这个流程跟上一个相比，只是多了一个分支判断，即：当用户连续按 1 键超过三次之后，就不再提示用户按键，而是一直保持队列。这是一个较好地兼顾了成本和用户体验的设计，如果一个用户连续三次决定继续等待，他的行为告诉系统，他很坚决，一定是遇到了某种必须人工才可能解决的问题。**这个时候，不应该再机械地执行业务逻辑，而是要从用户"心理模型"出发，帮助用户更高效地完成任务。**

案例：每日签到

在这个案例中，我们来聊一聊作者之前负责过的一个产品——腾讯微云。这是腾讯面向个人用户的网盘产品，在 2013 年的时候，作者曾负责过它的一次重大改版过程中的交互设计工作。那一次，整个团队通力合作，在功能、交互设计、视觉设计和性能优化等多个方面做了很多重大的改进，如图 4-3 所示的是改版前的主要 UI 展示。

这个版本其实是存在不少问题的。例如，在主 UI（左图）简单地罗列了微云的三大核心功能入口，这是典型的按照业务模型做出的设计；在微云网盘（中间图）和微云相册（右图）两个功能模块中，提供了完全不同的底部导航栏，一些功能的表意也并不清晰（例如：「手动模式」是什么意思）。当时团队发现了这些问题，于是开发了如图 4-4 所示的微云 2.0 版本。

第 4 章　解构宏观产品设计原则

图 4-3　微云 1.6 的主要 UI

图 4-4　微云 2.0 的主要 UI

在新版本中，团队更多地从用户场景出发，以用户存储在网盘中的内容为核心优化了相关功能和用户体验。例如：摒弃"网盘""相册"这样的功能性概念，而是采用不同的视图来组织内容；对于新增内容、传输文件的过程等，表意也更加明确。新

123

版本上线之后,获得了不少用户的好评。

但是,这并不是故事的结局。当团队试图去各个应用商店查阅用户评论的时候,发现了一个问题,就是给差评的用户所反馈的问题高度一致。即:为什么把"每日签到"这个功能去掉了?很多用户为此大为恼怒,甚至在百度贴吧上开始流传旧版本的安装包用于"降级"。

每日签到是一个常规的运营功能,用来拉活跃度的。用户每天打开应用并登录,然后在特定的地方点一下,就可以获得一些额外的存储空间,多则512MB,少则16MB(如图4-5所示)。这个新版本发布的时候,正值国内网盘大战的末期,百度网盘、360云盘等主流网盘产品都为用户免费提供了很大的空间来吸引用户使用。微云自然也不能袖手旁观,当时的运营活动只要用户做几个简单的操作,就可以获得10TB的容量。按照当时技术团队的计算,并且考虑到国内的网速,10TB是很大的空间,绝大多数用户很难用得完。基于这个结论,产品团队决定把用来送空间的每日签到功能暂时下线,逻辑是,既然空间用不完,那么每天获得这么一点点空间自然也是没有意义的。

图 4-5 每日签到功能

而结合这一节所述的原则来看,当时团队的做法是一种典型的业务模型思维,即认为用户有用不完的空间,就不会再需要额外的空间。但是如果从用户的心理模型出发，就会发现，**用户需要的并不是额外的空间，而是每天获得空间的快感。**

后来，团队恢复了这个功能，还好这个功能是使用 HTML 5 的形式呈现的，不需要发客户端版本，以此平息了用户的愤怒。

案例：滚屏操作

在不同的场景、平台下，用户可能会形成不同的心理模型。所以在做具体产品的过程中，需要结合具体情况来给出方案。对于滚动屏幕这个操作来说，智能手机、Windows 与 macOS 的相应操作方法和设置是不同的。

在智能手机上，不论是 iOS 系统还是 Android 系统，其操作方式是，手指按住屏幕，向下滑动则屏幕内容会向上滚动；相反，如果向上滑动，屏幕内容则会向下滚动。这是一种自然的操作方式，由于智能手机大多数时候是用手指操作的，所以当手指向某个方向滑动时，就像将一个物体向滑动的方向拖曳一样，自然，原来位于相反方向的隐藏内容就被"拽出来"了，符合人们在日常生活中形成的认知。

而在 Windows 操作系统下，大多数电脑屏幕是不可响应触控操作的，这时我们使用鼠标滚轮来进行滚动屏幕操作。鼠标滚轮的操作方式与智能手机正好相反，滚轮向下滚动时，屏幕内容也会同步向下滚动；向上同理。为什么同样的滚屏操作，在 Windows 系统和智能手机上截然相反呢？如果我们回顾一下 Windows 操作系统乃至个人电脑的发展史，就可以找到答案。

最初，大多数个人电脑的鼠标是没有滚轮这个设备的，如果需要做屏幕滚动操作，是通过鼠标拖曳滚动条来实现的。如图 4-6 所示，滚动条是一种位置指示控件，它的位置在哪里，屏幕显示的就是哪部分内容。所以，如果向下滚动屏幕，就要把滚动条向下拖曳，反之亦然。

而正是在早期为用户形成了这样的认知，所以**当滚轮这种设备出现时，大多数原来使用 Windows 操作系统的用户依然保留了原有的习惯，即滚动（拖动）方向与内容移动方向一致，这是符合用户心理模型的操作。**

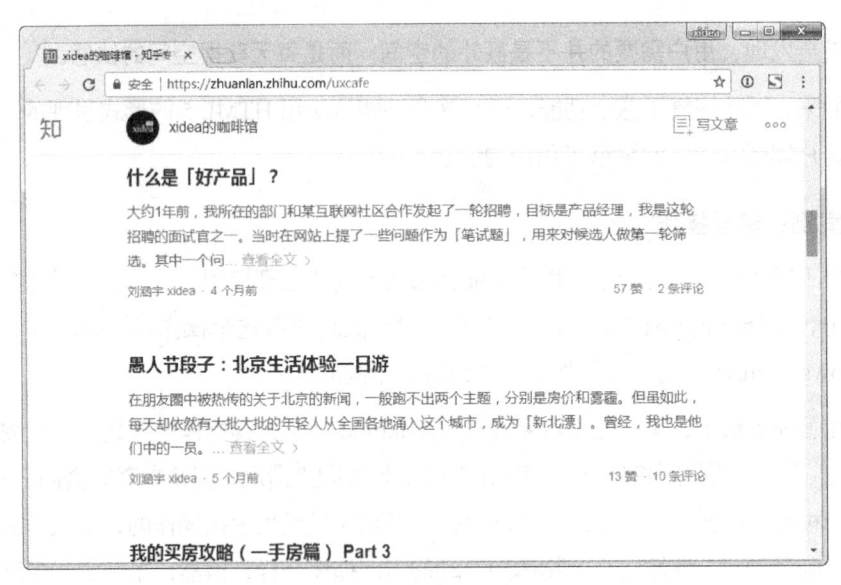

图 4-6　页面滚动条

然而，如果打开 macOS 的"系统偏好设置"，在"鼠标"一项中会发现一个额外的设置项，叫作"滚动方向：自然"，如图 4-7 所示。

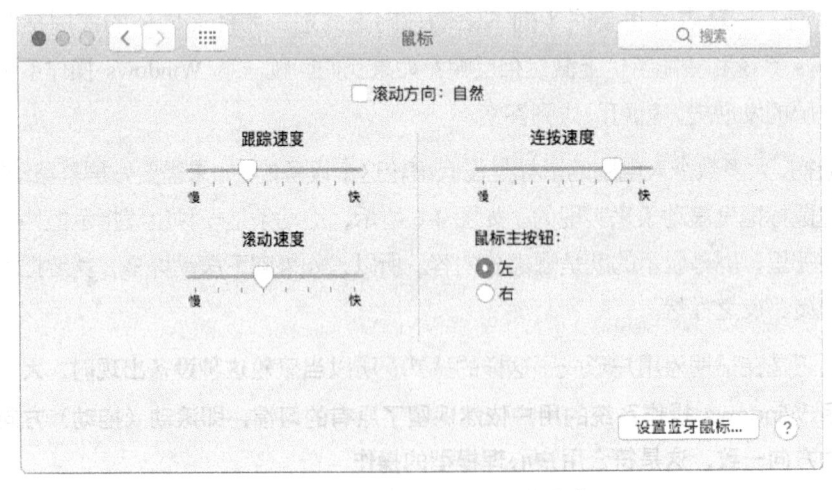

图 4-7　macOS 系统下的鼠标设置选项

如果用户勾选这个选项，则不论是滚轮鼠标还是触控板，均会执行类似于智能手机的滚屏方式；而如果不勾选，则会执行类似于 Windows 系统的滚屏方式。其实 macOS

并不是一开始就提供了这个选项,而是从 Lion 这个版本开始提供的。据说这个选项是因为 Apple 要统一 iPhone、iPad 与 Macbook 的操作体验而设置的。macOS 早期的屏幕滚动体验和操作方法基本上与 PC 的 Windows 系统是一致的,但是因为前面的原因,以及 Magic Mouse 这款鼠标的特殊设计(并没有提供滚轮,而是可以响应类似于触控板上的手指滑动操作),Apple 的用户对于滚动屏幕这个操作可能有两种不同的认知,这样的话,提供一个选项用来切换,是最稳妥的做法。

案例:iOS 和 Android 的数据内容组织形式

我们知道,在早期,电脑上的数据内容——不论是可以运行的程序,还是用户写的文档、画的图,都是由"文件"的形式来组织的。在那个时代或许并没有明确的产品经理、用户场景、用户体验之类的概念,但"文件"这种数据内容组织形式是一种在当时更加接近于用户心理模型的设计。**早期的计算机大多用于商业和科研领域,用户无须理解复杂的数据存储和传输机制,而是把这些数据内容当作办公桌上的文件,拿起来就能阅读使用。**文件的形式配合磁盘分区、文件夹等概念,组成了 PC 时代的整个数据内容组织体系。在电脑上,不论是 Windows 还是 macOS,抑或是其他流行的操作系统,至今大多都还保留着这种形式(如图 4-8 所示)。

图 4-8　磁盘—文件夹—文件的内容组织形式

Android 系统沿用了文件这样的形式，但是在智能手机上，磁盘和分区的概念已经不那么明显，除早期使用存储卡扩展存储空间之外，现在很多基于 Android 平台的智能手机只有"内部存储"这一个面向用户的存储空间，而这个存储空间在对外展现层面是用户和程序公用的。**这是一种典型的基于"工程模式"的底层设计，事实上这对于用户来说是一场灾难。**如图 4-9 所示，Android 平台手机的文件结构相当混乱，每一个应用都可能自动生成一个或者多个文件夹，用户寻找和管理自己的内容相对艰难。

图 4-9　Android 系统手机的文件结构

在 Android 系统上，虽然很多第三方应用正在试图优化这种组织形式，例如，很多文件管理器都提供了按"分类"查看文件的功能（如图 4-10 所示）；与各种云存储服务结合也是一种可行的方式（如图 4-11 所示）；包括 Android 自身其实也在一些应用和场景下提供了更好的解决方案，如打开"图库"应用就可以查看用户拍摄的所有照片。但是由于系统底层的设计因素，Android 系统的数据内容组织形式依然不如 iOS 那般自然。

第 4 章　解构宏观产品设计原则

图 4-10　按"分类"组织文件的功能　　图 4-11　在 Word 应用中推荐使用的几种云存储服务

事实上，智能手机是一种全新的设备，它的用户群体、用户需求、使用场景等相比于个人电脑都发生了巨大的变化，真的有必要直接沿用 PC 时代的设计吗？Apple 给出的答案是否定的，在 iOS 中，文件的概念几乎消失了，程序和用户自身产生的内容被区隔开。程序被定义为从 App Store 下载的应用，而用户自身的数据内容则与具体场景和应用完全绑定在一起，并且提供了相应的开放能力，使得在 iOS 系统上运行的应用在很大程度上也遵循了这样的组织形式。例如，不论是系统原生的信息、照片、录音这些应用，还是来自于第三方的微信、QQ 音乐、Evernote 等应用，都已经没有了"文件"的影子。但是用户对于内容的提取效率不但没有降低，反而提高了，因为**用户不需要先记起相应的内容存储在设备上的哪个位置、哪个路径中，而是根据场景——记笔记打开 Evernote，听音乐打开 QQ 音乐即可**（如图 4-12 所示）。

同时，iOS 平台的搜索功能非常强大，用户可以直接通过关键词找到分散在各个地方不同类型的内容（如图 4-13 所示）。相比于建立不同类型的内容并存储在不同类型的文件中，不同的文件放在不同的地方这一套认知来说，以 iOS 为代表的与具体场景和应用绑定的数据内容组织形式，显然更适应一般用户固有的心理模型。

129

图 4-12　在 QQ 音乐中管理歌曲　　图 4-13　iOS 系统下的全局搜索

但是，这里面有个分支，结合前几章多次提到的"用户"的概念，对于"非一般用户"，例如懂技术的用户或者程序员，结论可能会不太一样。或许对于他们来说，Android 的组织形式更灵活，可以随时提取、使用他们想要的任何数据内容。所以，对于"用户的心理模型"这个说法，还是别忽略了用户到底是谁的问题。

4.2　用适合的方式交流

互联网产品会涉及很多与用户的交互，所以**使用目标用户听得懂的"语言"、看得懂的"方式"就尤为重要**。不论是人与人面对面的交流，还是人机交互，都是一种传递信息的过程。如果信息在传递过程中出现问题，那么很多时候会影响用户对相应功能的使用，甚至导致用户无法完成任务。

案例：浏览器与"蓝色的 e"

我们以一个小故事开始本节的讲述。时间回到 2009 年，在北京东三环的某个写字楼中，作者曾参与过一个讨论，题目是：在外出打工者（如富士康的工人等）群体中，最常用的浏览器是什么？当时，这其实是一个显而易见的问题，答案肯定是 IE，甚至可以精确到版本号——十有八九是 IE 6.0。当时团队的分析是这样的：在 2009 年的时候，Windows XP 在国内尚有大量的装机量，而对于外出打工者来说，他们懂得的电脑技术应该比较有限，很难有什么原因去驱使他们自行安装其他浏览器，所以十有八九使用的应该是系统自带的 IE 浏览器，并且当时国内主流的第三方浏览器也基本是 IE 内核（如图 4-14 所示）。

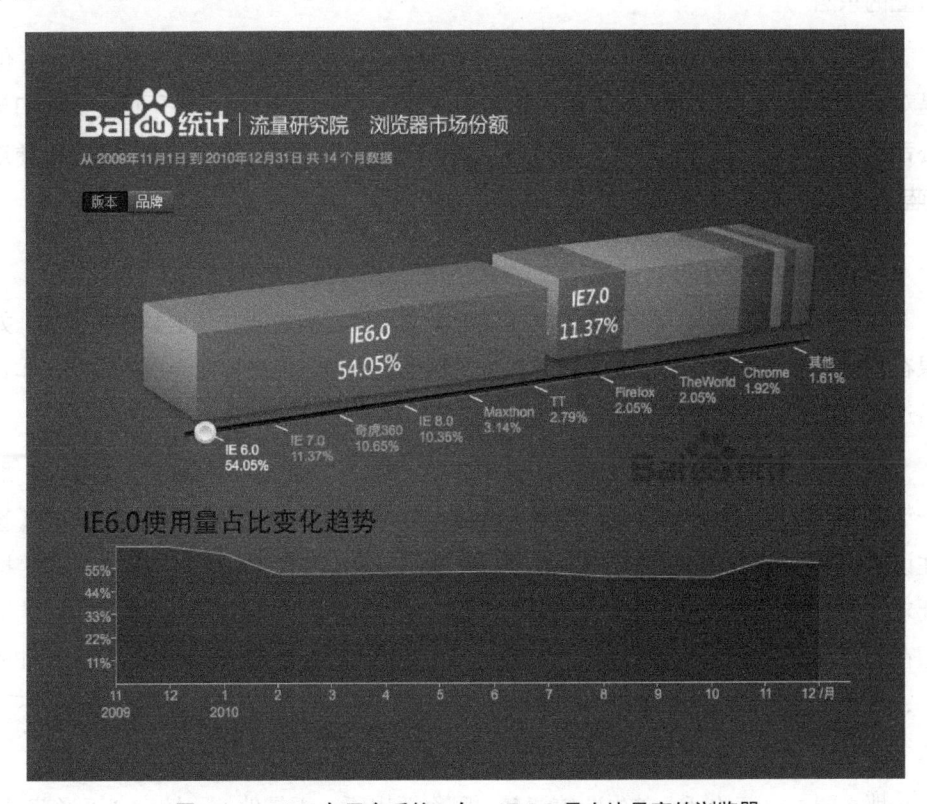

图 4-14　2009 年及之后的一年，IE 6.0 是占比最高的浏览器

为了验证这个结论，当时的团队真的委托深圳的朋友去富士康做了一些用户访谈，答案是，结论正确。但是在访谈过程中，发现了一些有趣的现象。当调研者询问富士康的工人："你平时上网用什么浏览器"的时候，大多数工人的回答并不是调研者期待的"IE"，而是反问："什么是浏览器？"。

事实上，这段对话还有下半部分。

调研者："我的意思是，你平时用什么上网？"

工人："用电脑啊，偶尔用手机，但是流量费太高了。"

调研者：（一脸无奈）"我的意思是，你上网的时候，会点电脑屏幕上的哪个……图标……哦，不对，就是想知道，点屏幕上的哪个东西上网？"

工人："哦，就是那个蓝色的 e。"（有的工人不认识字母 e，他会说"蓝色的那个一圈的东西"）

显然，对于调研者或者互联网行业的从业者来说，浏览器是一个常用的概念。但是对于 2009 年的富士康工人来说，这是一个专业术语，很多人是听不懂的。**我们与公司的同事交流，就应该使用"浏览器"这个表述；而与当时的打工者交流，则使用"蓝色的 e"沟通效率更高。**

案例：在北京办暂住证

在有些情况下，**有一些特殊的表述或者概念其实是被封闭在某个群体内部的。如果在群体外部使用同样的表述方式，对方虽然也能听懂，但是可能会产生误解。**作者将这种现象称为"**概念内化**"。

作者的一个朋友就经历过下面这样的故事。当时，他想要在北京买一套房子，那一年，北京市还没有像今天一样严格的限购政策。外地户口的购房者只需要办一个《暂住证》即可买房，所以，他首先要办理暂住证。在北京办理暂住证的大概流程是：按要求准备一些资料，然后本人前往租住房屋所在地区对应的派出所办理。他租住的房屋在天通苑，这是北京市最大的居住区之一。有多大呢？查询北京地铁线路图就知道了，5 号线在最北端要经过三个站才能穿过天通苑社区，此处为其之后的故事埋下了伏笔。

那么要去办证的话，首先要搞清楚去哪个派出所。于是他上网搜索"天通苑 派出所"，发现有一个派出所的名字就叫"天通苑派出所"（如图 4-15 所示），应该就是它了。

图 4-15 通过百度搜索"天通苑 派出所"得到的结果

于是那天他起了个大早，跟房东借了房产证，去居委会办好了相应的证明，来到了天通苑派出所排队。好不容易轮到他了，他将相关资料递给了办事的民警，民警翻看了一下房产证，然后直接将资料退了回来，并有了下面有趣的对话。

民警：（看着房产证内页）"天通苑北一区，不归天通苑派出所管。"

朋友："啊？什么意思？我就住在天通苑啊。"

民警："对，但是您这个天通苑北一区，归东小口派出所管，所以在这里无法办理。"

这个故事讲述的是一个比较典型的"概念内化"现象。**对于每一个派出所的辖区，在派出所内部民警和办事人员看来肯定是很清晰的，但是这个信息出了派出所之后，在社会上就不一定了。**事实上，由于天通苑社区面积太大了，实际分管的是两个不同的派出所，而其中一个恰巧与天通苑社区同名，这就很容易引起误解。

案例：搞不清的"街道"

我们再来看一个类似的案例。图 4-16 所示为在某电商网站上，用户填写收货地址这一步的页面局部截图。

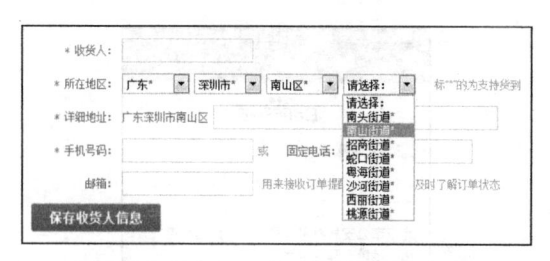

图 4-16 某电商网站的收货地址填写表单

我们注意到，这个地址表单不但要填写省、市、区，还需要让用户选择"街道"这一级的内容。作者询问过在该网站工作的朋友，得到的答复是，填写"街道"这一层级之后，有助于更高效地物流配送。这个出发点是好的，但是，**街道这一行政层级，在我们日常生活中的存在感是比较低的，是内化在政府行政体系内部的概念，没有多少人能够填写准确**。特别是电商网站的目标用户很多是年轻人，大城市中的年轻人，很多是租房居住的，经常搬家，这样就更加拿不准自己所在的地方对应的是哪一个街道办了。

那么，有没有什么方案能够兼顾配送效率和填写表单时的用户体验呢？作者在手机淘宝上找到了答案。在手机淘宝中，同样的表单上也有"街道"这一项，但是可选项不同，如图 4-17 所示。

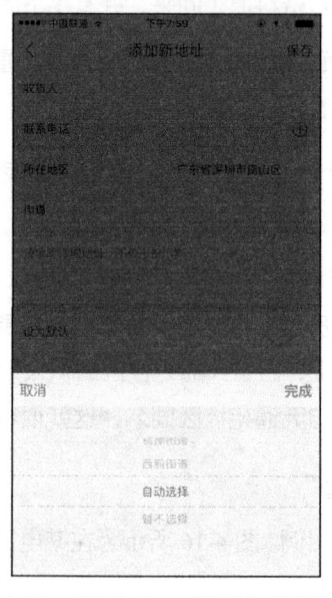

图 4-17 手机淘宝上"街道"的选择项

我们注意到，除列出街道名称外，手机淘宝同步提供了"自动选择"和"暂不选择"两个选项。根据作者的测试，如果选中"暂不选择"，则不需要填写这个项目也可顺利提交；而如果选中"自动选择"，程序将会根据下面填写的详细地址来自动匹配"街道"这一项的内容。最终，这个设计达到的效果如下：

- 知道自己隶属于哪个街道办管理的用户，直接选择，可以提升物流配送效率。
- 不知道的，也总要填写详细地址，可以选中"自动选择"选项，利用淘宝长期以来收集的地址信息来做精确度较高的自动匹配，也可以提升物流配送效率。
- 不知道并且懒得选的，也不至于在这一步卡住。

案例：令人崩溃的安全提示问题

互联网产品的特性决定了它是跨地域的。所以理论上，国外的网站只要上线一个中文版，就可以供中国用户使用。但是，文化是跨国互联网产品难以跨过的一条鸿沟。例如，图 4-18 所示为在 Apple 的官方网站注册 Apple ID 时的安全问题设置区块截图，作为中国人，很崩溃。

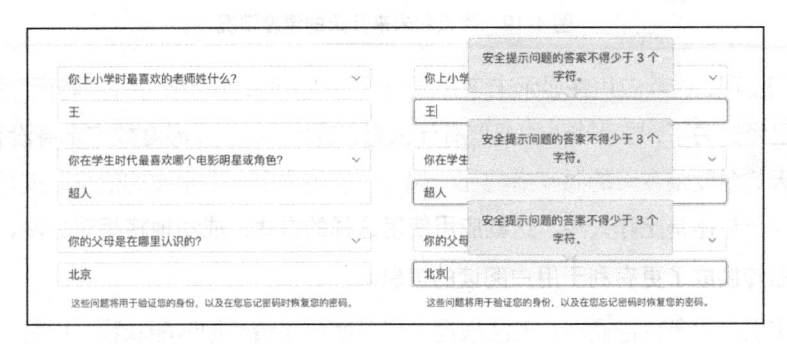

图 4-18　注册 Apple ID 时设置安全问题的页面（部分）

作者猜测，苹果公司并没有针对中国的实际情况做相应的适配机制。如果用户输入的是英文，则不论是"姓""角色"还是"哪里"，或许对应的答案都很难找到 3 个字母以下的词汇，但对中文来说，图中的 3 个回答都是合理的，却没有一个可以通过验证。如果强迫用户输入与其记忆不相符的答案，那么很可能找回密码的时候会受阻。事实上，这同样是一种"概念内化"现象。

案例：昨天的天气

有时候，与用户的交互并不一定是通过自然语言来实现的，还有可能通过其他方式。图 4-19 所示为某款天气类应用的截图。

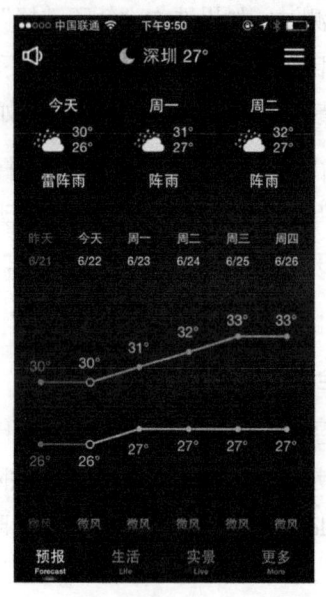

图 4-19　昨天和未来几天的温度情况

我们发现，这款应用在显示未来几天的天气情况时，同步显示了"昨天"的温度。昨天都已经过去了，显示昨天的温度有什么意义呢？事实上，温度数字本身没有意义，但是昨天的温度跟今天的温度搭配在一起，可能传达出一个重要的信息，就是：今天到底比昨天热还是比昨天冷。**这款应用使用这样的方式，成功地将相对冰冷、专业的温度数据转换成了更有利于用户阅读的信息。**

事实上，大多数普通用户无法根据一个温度数字精确地匹配衣物。但是，如果告诉用户，今天比昨天冷 2°，这时用户就可以根据其昨天的衣物、昨天出门的感受，以及 2°这三个信息，相对准确地增减衣物。所以这样的表述方式，要比更丰富的天气信息，或者系统的推荐着装之类靠谱得多。

案例：有效的内容

本节的最后一个案例，**所谓"有效"的交互，并不仅仅是将信息传递出去，用户成功接收就可以了，更重要的是，能够唤起用户有效的认知。**图 4-20 所示为来自于几个不同城市、不同公司的房地产广告海报上的截图。

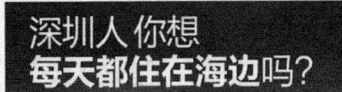

图 4-20 不同的房地产广告词

这些广告词除了会出现在房地产海报上之外，还经常会以 banner 广告的形式出现在房地产网站上。不同的购房者关注的维度可能不一样，有的人对价格敏感，有的人关注面积，还有的人关注环境、配套设施等。事实上，大多数房地产广告都会结合目标受众的痛点，加上自身项目的优势来撰写广告词。但是，图中右下角所示的却是一句有些不知所云的广告词，叫作"180 万平米国际生活体"。事实上，这个楼盘的核心卖点或许是"社区大"及"国际化"，但是相比于前面三个广告中所述的"住在海边""79～142m^2"，以及直接把价格列出来的方式，180 万平米这种表述太虚了，这到底有多大，其实很多普通购房者并没有概念。另外，这么大的社区，究竟有什么好处，其实也并不明确。即，它并没有唤起用户有效的认知。

4.3　形式追随功能

很多经验不足的产品经理经常会犯一个错误，就是**过早、过深地陷入对产品外在形式的纠结中，而忽视了对用户、场景的思考，以及对功能和体验的打磨**。因为互联网产品是给人用的，并不像绘画、雕塑等作品是给人欣赏的，所以**对互联网产品来说，其所有外在的表现形式，都应该为场景和功能服务**。

案例：指示牌上的字体

如图 4-21 所示的是位于深圳街边和香港机场的两个指示牌。

图 4-21 指示牌

我们注意到，深圳路牌上的中文字体选用了某种简明的黑体，英文部分看起来也是横平竖直。而香港机场的指示牌，或许是繁体字笔画太多，用黑体类的字体会聚成一团，所以在这里中文部分使用了相对简洁的 MingLiU 体（类似于宋体，笔画比较细一些）。这些都是在日常生活中很自然的设计，因为指示牌的核心功能是用于指示地点或者方位，其最底层的要求就是让人能够很容易地看清楚上面的文字，包括在距离较远处、雨雾天、在快速行进过程中等特殊场景下。黑体类和宋体类在字形上可能都不是最漂亮的，也没有什么"个性"可言，但是其识别度最高。这是典型的形式追随功能的正面案例。如果尝试换成其他字体，就会是如图 4-22 所示的效果，识别度严重下降（注：香港机场指示牌的案例只更换了最后一项内容）。

图 4-22 更换了字体的指示牌

案例：银行客户端的两种设计逻辑

当面对不同用户群的时候，由于他们的场景和需求不同，往往需要提供相适应的不同表现形式。在招商银行旗下有两款主要的手机应用，分别叫作"招商银行"和"掌上生活"，如图 4-23 所示。其中前者以办理银行业务为主要场景，例如转账汇款、查询账户、购买理财产品等；而后者面向的主要是以信用卡为中心的相关场景，例如查账单、还款,以及众多的为了促进消费的一些运营内容。

图 4-23 左侧为"招商银行",右侧为"掌上生活"

我们发现,这两款应用的外在表现风格,与其各自的目标场景和用户是比较吻合的。前者相对清晰明了,以列表为主,每一个列表项都有明确的功能名称和相关关键词介绍;而后者则活泼得多,要是不仔细看,可能会以为是个电商应用。**不论是推广位,还是大一号显示的数字,抑或是大面积不对称的配图,都是为其核心场景——促进消费服务的。**

案例:加冰块的冰淇淋

在这个案例中,我们再来扩展一下这个原则。**所谓的"形式",并不一定是指一个产品的外观,很多时候我们说一件事情"流于形式",指的是做这件事情的人只注重过程而不在乎结果或效果。**在一些大公司里,会有很多的"流程"存在,但是如果流程变成了形式,往往无法达到预期的效果。

这个案例是一个故事。有一次,作者在公司附近的肯德基点了一个冰淇淋以及其他一些食物,并要求打包。肯德基的服务员发现其中一个汉堡暂时无法提供,于是询问作者是否可以等 5 分钟,作者回答可以。紧接着,作者观察到她将当时可以提供的食物先打包完成，包括冰淇淋，并且在装冰淇淋的袋子里面放了一勺冰。作者觉得，在南方城市的夏天，由于天气炎热，为了延缓冰淇淋融化，向打包的冰淇淋袋子里面加冰块，应该是肯德基的某种标准流程。

这个案例有什么问题呢？问题就在于，这位服务员只是机械地执行了标准流程，并没有从这个流程的本质出发来思考问题。因为在这个案例中，有一个汉堡需要等 5 分钟才能出货，事实上，虽然肯德基餐厅有空调，但是 5 分钟过后，当作者拿到全部食品的时候，虽然加了冰，冰淇淋却已经化掉了不少。

回到本节的主题，这是一个看起来没那么明显的，形式并没有很好地追随功能的案例。服务员只是在形式上遵守了流程，但是她并没有想到，这个流程的功能是为了延缓冰淇淋融化，如果想到了这一层，作者认为她应该等 5 分钟后产品备齐的时候，再打包冰淇淋才对。

最后简单提一下，**有的时候，形式本身就是功能，或者功能的一部分**。例如，很多奢侈品的外观其实相当于一种符号，主观的好看或者不好看并不重要，但是明眼人一眼就能认出来，以至于推断出这个奢侈品主人的社会地位或者财富状况。这时，形式就是功能，而奢侈品作为一个产品，其本身的"功能"有时已经没那么重要了。

4.4　Less is More（少即是多）

Less is More 可能是设计界流传最广的一句话了，它由著名的建筑大师德维希·密斯·凡德罗（Ludwig Mies van der Rohe）提出，是一种**提倡简单，反对过度装饰**的设计理念。中文一般译为"**少即是多**"。这个原则历史悠久，被各行各业所借用，也发展出了很多引申的含义。作者从互联网产品的角度对其有四层解读。

4.4.1　第一层：简化装饰

在一个具体的产品中，其视觉元素往往可以分为两类，一类是功能性的，例如，使用红色文字来代表警示性内容；另一类则是装饰性的，例如墙纸上的花纹。Less is More 的第一层含义就是"**反对过度装饰**"。注意，**它并不是说完全不需要装饰，而是不需要"过度的"装饰**。

案例：不同的建筑风格

在密斯之前，特别是在欧洲，很多建筑、雕塑、艺术风格都是带有大面积的装饰性元素的，例如著名的巴洛克风格建筑、拜占庭风格建筑、哥特式建筑等。而密斯提倡去掉这些过多的装饰性元素，回归建筑本身的功能。如图 4-24 所示，为哈尔滨的圣·索菲亚教堂（整体为拜占庭风格）与密斯的作品"巴塞罗那国际博览会德国馆"之间的对比。

图 4-24 圣·索菲亚教堂（摄影：贾庆彬）与巴塞罗那国际博览会德国馆（来自网络）

我们注意到，圣·索菲亚教堂的外观有大量的装饰性元素，例如"帐篷顶"和"洋葱头"的造型，而巴塞罗那国际博览会德国馆的外观则是按照密斯的理论去除了很多这类的装饰性元素，看起来极其简约，与现代城市中的建筑很相似。

案例：装饰的代价

如果单看建筑的外观，只能让我们感觉是两种不同的风格，没有好坏对错之分，那么下面所讲的就是一个需要为装饰性元素付出成本的案例。作者的一个朋友一年前装修新家，他很喜欢欧式风格，于是当时购买了一款漂亮的吊灯安装在客厅，大概是如图 4-25 所示的样子。

图 4-25 一款漂亮但结构装饰复杂的吊灯

起初，这位朋友很喜欢这一款灯，因为打开它金碧辉煌的样子，真的让人心旷神怡。但是过了大约一年以后，我开始听到了一些抱怨，例如：

- 很容易沾灰，一个月不清理就会布满灰尘。
- 经常在灯盘上发现各种蚊子或小飞虫的尸体，越聚越多。
- 灯泡是一种特殊的形状，一旦其中一个坏了，很难买到一模一样的更换。

这位朋友终于意识到，漂亮是有代价的。而**对一个平时工作很忙的人来说，这种过度的装饰真的不如一个简单的照明功能实用。**

案例：阻碍用户的装饰

有的时候，过度的装饰不但无法起到正向的效果，相反还可能阻碍用户的使用。如图 4-26 所示的是某省高校毕业生就业指导中心网站的一个栏目，这个栏目的作用就是分门别类地将毕业生可能要办理的各种事项列出，并给出相关说明。

图 4-26　网络办事大厅栏目

我们发现，这个栏目使用纯 Flash 的方式制作，网页主体是一个类似于办事大厅前台的样子。这样的栏目，其目标用户是即将毕业或者已经毕业的学生，最核心的场景就是查找并阅读信息，但是**此处整个页面几乎所有元素均为装饰，没有任何有用信息**。

如果点击"网络办事大厅"几个字，会进入如图 4-27 所示的另一个 Flash 网页。这是一排看起来像办事柜台的动画，每一个"柜台"上方都标有分类名称。但是**除名称之外，基本上依然没有任何有用信息**，并且同样的分类选项在页面下方又列了一遍。

图 4-27　办事类别页面

143

点击某个分类，弹出如图 4-28 所示的对话框。到了这一步，才真正显示出该分类下面的各项内容入口，如果要查看相应内容，需要再次点击。

图 4-28　具体分类中的内容入口

以密斯的观点来看，上述看起来形象化的 Flash 动画，就是一种典型的过度装饰。它几乎没有为用户的需求和任务提供任何正向的帮助，并且需要经过多次无意义的点击才能真正看到有用的信息，而且如果用手机访问可能会完全不可用。另外，关键是也没什么美感——虽然美这件事，仁者见仁。

4.4.2　第二层：简化功能

Less is More 的原意虽然说的是"装饰性元素"，但是在该原则提出后的漫长岁月里，其含义不断地被丰富和扩展，至今，Less 的含义已经远远不仅指"装饰"。这个原则的第二层含义是，**把核心功能做好做精，同时简化、去除相对边缘的功能元素**。事实上，这一层意思在 700 多年前曾有一个更加简约的表述，就是著名的"奥卡姆剃刀原理"，8 个字：如无必要，勿增实体。我们常说的"做减法"其实也是类似的意思。

案例：传统行业做减法的成功案例

在传统行业，有很多"Less is More"的成功案例。

1979 年，索尼发现大部分用户对于播放功能的使用率远远大于录音功能，所以尝试去掉了传统录音机的录音功能，同时去掉了复杂的均衡器和各种调节功能，甚至去掉了当时认为必不可少的外置扬声器。然后把剩下的部分做到一个小盒子内，并配以立体声耳机。这就是风靡全球的 Walkman 随身听（如图 4-29 所示）。

图 4-29　在淘宝上找到的 Walkman 随身听

1984 年，IBM 在鼠标和轨迹球的基础上，精简结构，发明了 TrackPoint（小红帽），在移动设备上有效地替代了鼠标的功能，并解决了轨迹球占用空间过大等缺点（如图 4-30 所示）。现在 TrackPoint 已经成为 ThinkPad 笔记本的标志，并且类似的设计被应用在很多其他品牌的笔记本电脑上。

图 4-30　TrackPoint（小红帽）

2007 年，苹果公司精简了手机的按键，甚至砍掉了传统的实体键盘，推出了当时

145

认为不可能的——只有一个按键的手机，这就是各位读者熟悉的 iPhone 了。如今，iPhone 不论是在硬件方面——屏幕、相机、运行速度，还是在软件生态方面——App Store、iCloud、Siri，都已经处于业界领先水平。

我们发现，不论是索尼、IBM 还是苹果公司，无一例外的都是**在做减法的同时做好了产品最核心的功能，满足了用户最核心的场景**——不论是 Walkman 的随身播放，还是 IBM 的鼠标指针控制，抑或是苹果公司的软件生态。

案例：电视遥控器

在这个案例中，我们来对比一下以功能为核心的传统制造业，与以用户场景和体验为核心的互联网行业做出的同类产品，即电视遥控器。

如图 4-31 所示的是两种不同的电视遥控器。左侧为某传统制造业企业所生产的遥控器，而右侧为小米电视的遥控器。我们发现，左侧的遥控器堆满了各种各样的功能按键。它们看似很丰富，厂商貌似也在颜色、大小等方面对常用功能和非常用功能做了区分，但用户具体操作时，往往还是会很糊涂，很多功能用户或许完全用不上。并且由于按键数量多、排布紧密，在光线较暗的环境下，容易引起误操作。而右侧的遥控器一共只有 10 个按键（圆形区域有上、下、左、右 4 个按键），在功能层面，它们对应的是：开关机、移动屏幕上选中项的方向、回首页、回上一层级、呼出菜单及音量调节。但是，这几个简单的功能，与小米电视屏幕上具体的内容相结合的时候，就可以构建一种基于场景的操作方式。**用户不需要记忆遥控器上复杂的功能和用法，只需要使用几种普适的操作加上屏幕提示，即可流畅操作。**

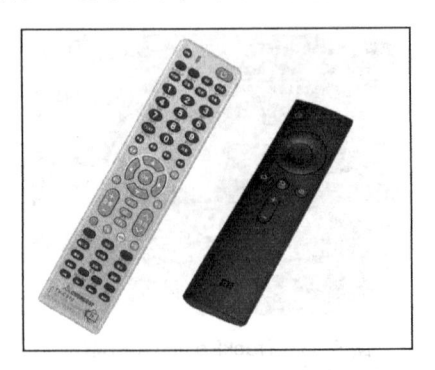

图 4-31　两种电视遥控器（来自网络）

案例：早期 ofo 的地图模式

这个案例说的是 ofo 共享单车的一个功能。最初，ofo 与摩拜单车采用了不同的运营策略，ofo 没有像后者一样为单车安装定位设备，据说只是使用了上一个用户"结束用车"时手机的位置信息进行简单位置记录。所以那时的 ofo 无法像摩拜单车一样，显示附近哪里有可用的单车。这原本只是运营策略的不同，但奇怪的是，ofo 却像摩拜单车一样，使用地图视图作为应用的主 UI，如图 4-32 所示。

图 4-32　摩拜单车（左）与 ofo（右）的主 UI 对比

这就给用户造成了一个误解，因为地图类的应用已经对大多数用户完成了这样的教育：地图上面应该有各种标注——不论是搜索某个关键词出现的定位点，还是查看外卖小哥的位置，或者是查看物流的轨迹，都不应该只是一个空空的地图。所以 ofo 这样的做法，给用户的感觉**很像是在当前位置周边一辆车都没有的样子**。

从 Less is More 的角度看，ofo 的做法其实有些多余，**不但没有做到功能上的精简，还造成了误解**。

4.4.3　第三层：简化认知

在产品和用户体验领域的经典教材 *Don't Make Me Think* 中，曾提到一个以其作者名字命名的"Krug 可用性第二定律",内容为:"点击多少次都没关系,只要每次点击都是无需思考的、明确无误的选择。"在这个定律中,作者 Krug 否定了传统的"重要的功能要放在×次点击之内"的说法,提出了"无需思考"才是可用性的核心。其实不仅仅在可用性层面,在产品层面大多数也是一样的,就是要简化用户的认知,让用户更容易地明白产品是如何用的,让用户在使用产品的过程中不需要承受过重的认知负担。所以,作者将其看作是 Less is More 的第三层含义,即:**只是精简功能和装饰是不够的,更重要的是,要简化用户的认知。**

案例:公交站牌

我们可能会有这样的经历:来到了一个陌生的公交车站,在一大堆站牌前面寻找目的地站名,找到后开始等车。车来了,上了车,过了几站感觉不太对劲,仔细一看,发现坐反了。

为什么会出现这样的现象呢?除我们不够细心之外,可能公交站牌的设计也有一定的问题。图 4-33 所示为国内城市中比较常见的公交站牌示意图。

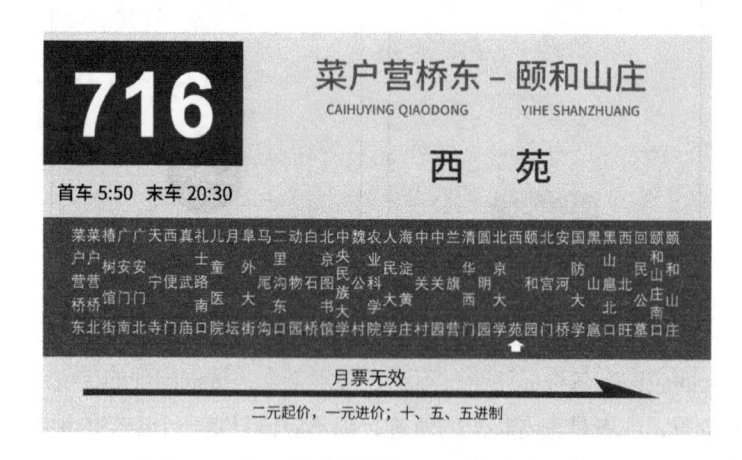

图 4-33 国内城市中常见的公交站牌示意图

我们来尝试以此站牌为例,搞清楚要去的车站应该在哪边坐车这件事情,需要经历怎样的思考和认知过程。

第一步:在站名列表中寻找目标车站,例如"动物园"。

第二步:找到现在所在位置的站名——"西苑"。

第三步：从最下方的箭头指示方向来看，意识到行车方向应该是从图中的左侧往右侧。

第四步：在站名列表中再找到当前站名"西苑"，然后发现"动物园"站在当前站点"西苑"的左侧，所以，应该是反了。

综上所述，**用户需要综合四个因素，并且需要仔细思考分析才能得出正确的结论。** 而在深圳市，这个问题被很容易地解决了，如图 4-34 所示的是深圳常见的公交站牌示意图。

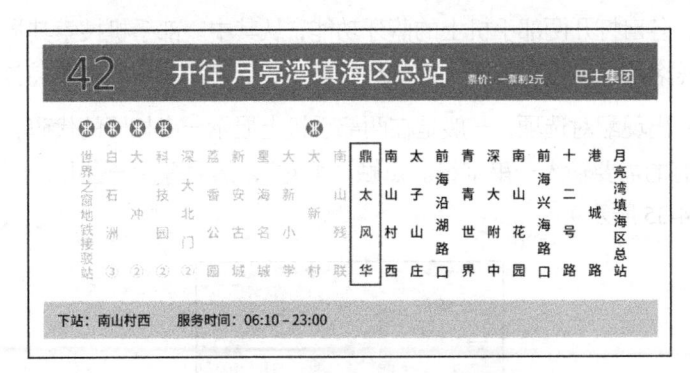

图 4-34　深圳常见的公交站牌示意图

方案很简单，就是把该方向上已经经过的站点标记为灰色。这样，用户的思考过程是：

第一步：在站名列表中寻找目标车站，例如"深大北门"。

第二步：发现字体是灰色的。哦，应该是反了。

对比上述两个方案，我们发现，在装饰层面，两者是差不多的，都比较简洁明了；在功能层面，也差不多，有站名列表、首末车时间、当前站名、线路编号等，但是，在用户认知层面，为什么要制造出一个"行车方向"的概念让用户去理解分析呢？**用户的真正需求并不是搞清楚行车方向，而是搞清楚站在这里上车能不能顺利到达目的地。** 深圳的方案让用户形成了一个简单的认知，要去黑色部分的站点，就在这上车；要去灰色部分的站点，则过马路，在对面。

在这个案例的最后简单延伸一下，深圳的方案有没有缺点呢？当然有，比如，会不会有一些用户固有的认知正好相反呢？认为黑色部分是"已完成"的，而灰色部分

149

才是未完成的任务主线，要一步一步去走的。肯定有，但仔细看站牌还是能搞清楚对错的，例如，站牌上同步标明了"下一站"这个信息。另外，相比之下，认知成本依然比第一种方式要低，因为**这样的用户在深圳只要犯过一次错误，下次就有了经验**，而在第一种方案中，**用户每次都需要重复一遍上述四个步骤，之前的经验无法复用**。

案例：传输文件

在这个案例中，我们来对比一下蓝牙和 AirDrop 这两种文件传输方式。如果想用蓝牙在两部手机之间传输文件，则需要经过如下步骤。

第一步：各自打开两部手机上的蓝牙功能，从其中一部手机搜索其周边的所有蓝牙设备，根据名称识别出要接收文件的另一部手机，选中该手机，等待连接。

第二步：出现配对选项，一般是在两部手机上显示一串相同的代码，用于确定对方身份。也有的需要输入一串字符。点触"配对"，然后等待一会儿，两部手机进行配对（如图 4-35 所示）。

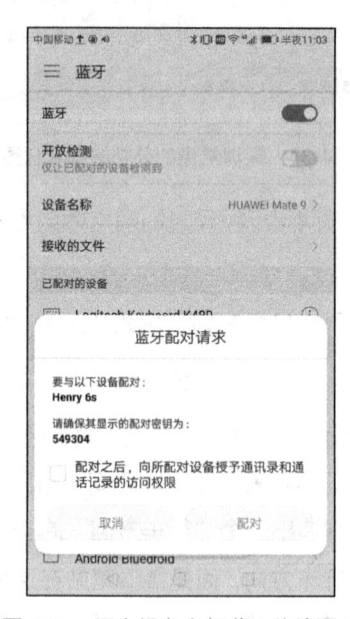

图 4-35　两台设备之间蓝牙传输配对

第三步：保持两部手机蓝牙处于打开状态且配对连接有效，在其中一部手机上找到要传输的文件，选择蓝牙发送，会重新搜索可用的蓝牙设备。从搜索到的结果中选择要接收文件的手机，即可传输。

由于蓝牙传输技术可以用于各种设备、各种场景之间，并不是一个专门用来传输文件的功能，所以其自带的"配对"这一层操作，是为了在具体产品中，在没有其他方式来识别传输双方身份的时候，为确保安全性而设置的操作。在配对过程中，必须通过对比两台设备上的字符串是否一致、输入另一台设备上所显示的字符串等方式来确认连接的对象是正确的。对于传输文件这个操作来说，先配对，后传输，这样在周围有很多台设备的时候，可以确保用户发送文件的目的地不出错，不会一不小心把文件发给了陌生人。当然，对应的缺点就是，用户的认知层面相对复杂一些。

如果拥有其他可识别用户身份的手段，就有可能在产品层面简化认知，跳过类似于配对的过程。苹果公司的一些设备上的 AirDrop 就是这样的产品。在 AirDrop 中，传输文件的步骤如下。

第一步：两台设备均开启 AirDrop（同时开启蓝牙和 Wi-Fi），开启时，会有两个选项，即"对所有人可见"和"仅限联系人"。

第二步：在其中一台设备上找到要传输的文件，选择使用 AirDrop，根据第一步的选项，会自动找到相应的设备，点触后即开始传输。

我们发现，AirDrop 对用户认知的要求比蓝牙更加简单，其中一个原因是，苹果公司的这些设备上一般都有"联系人"功能，开启 AirDrop 时，选择"仅限联系人"，即可保证文件不会不小心发给陌生人。理论上讲，蓝牙也可以在底层设计中把配对操作去掉，但是在安全方面将增加很大的不确定性。

由这个案例我们也可以看出，**虽然简化用户认知是 Less is More 这个原则所提倡的方向，但是在具体产品的设计过程中，还是要受到包括技术、场景等其他因素的影响的。有时候并不是产品本身不想简化认知，而是不能。**

4.4.4　第四层："减法"并不是唯一的选择

最后，虽然 Less is More 是一个非常重要的原则，但是它也并不是金科玉律，**并不是所有时候都要做"简化"的**，关键还是要深入思考用户的需求和场景。有的时候，面对特定的用户和场景，简化往往不是好主意。

案例：扁平化与拟物化

从 iOS 7 开始，扁平化的设计浪潮在全世界被彻底点燃（如图 4-36 所示），很多图标和 UI 一夜之间被拍平，设计师群体为之疯狂，同时作者也曾听到过不少类似这样的观点：

- 拟物化已经过时了！未来是扁平化的世界。
- 你的这个 UI/图标/banner/海报怎么还没拍平？太跟不上时代了。
- 扁平化时代来了，设计是不是谁都能做了？你看这图标要画出来多简单！你看这 UI，我用 Windows 画图就能画。

图 4-36 拟物化与扁平化

在扁平化风格的诸多支持者中，作者比较认同下述观点：

第一，现在是一个信息爆炸的年代，信息越来越多，越来越繁杂。所以对用户来说，应该把注意力集中在有效的信息本身上，而不是 UI 上。**扁平化设计将 UI 弱化，将多余的装饰去掉，将信息突出，更能适应现在及未来世界的发展。**

第二，在智能手机刚刚推出的那个年代，大部分用户还并不太熟悉这种使用手指在屏幕上直接操作的设备。拟物化设计因为更加接近于现实生活中的各种物件，所以在当时有利于简化用户认知，有利于引导用户更加"自然"地使用设备。但现在智能设备已经非常普遍，用户对其基本操作方法已经比较熟悉了，对于现在的大部分用户来说，显示一个矩形框里面写两个字，他就知道这是按钮，能够接受手指点触操作。

所以综合第一点，类似于阴影、渐变、有层次的按下效果等拟物化元素已经没必要存在了。

以上逻辑听起来都是对的，但是否意味着，拟物化会消失呢？显然不是，因为**拟物化依然在很多方面有重要的优势，例如前面提到的"它更加接近于真实世界"，以至于它可以更加容易地引导用户获得"沉浸式体验"**。仅仅基于这一点，拟物化设计就不但不会死，而且在相当长的一段时间内都会活得很好。例如：

对于游戏的设计，十有八九拟物化更加合适（如图 4-37 所示）。理由很简单，因为游戏是一种需要引导用户获得"沉浸式体验"的产品。一个游戏好不好玩，在很大程度上取决于它的"画面逼真程度"。

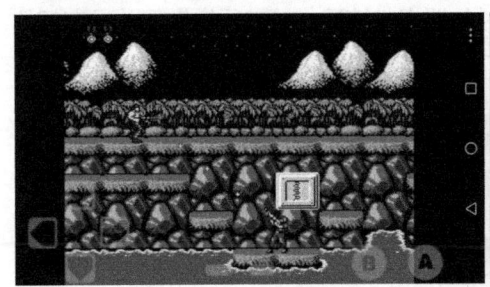

图 4-37　多采用拟物化风格的游戏设计

对于特定的用户，例如老年人，他们可能并不是很熟悉计算机或者触控类设备的操作。所以，如果要设计老人手机，或者给老年人使用的电子设备，那就可以考虑回归拟物化设计。因为它更加接近于现实世界，能够简化这些特定用户的认知。

案例：飞机驾驶舱

在一些特定的产品上，有时需要把所有功能的操作入口依次铺开，哪怕是一些很不重要或者使用频率很低的功能，也不能够像索尼一样被精简。因为在特殊情况下，它们可能会发挥作用。而飞机就是这样的产品。如图 4-38 所示的是空客某款飞机的模拟机驾驶舱局部图，飞行员在真正驾驶飞机上天之前，就是使用这样的设备练习"飞行"的。

图 4-38　某款飞机模拟机的驾驶舱（局部）

像飞机这样复杂的产品，在空中飞行时如遇意外情况，就必须依靠驾驶员高超的技术和应变能力才可能化险为夷。所以，飞机的驾驶舱内部有很多复杂的操作设备，有一些设备在正常飞行过程中几乎用不到，但为了安全以及应对意外情况，必须保留这些设备和功能。

第 5 章

解构微观可用性设计原则

由于产品是要给人用的，并且**互联网产品的盈利往往建立在用户先"使用"的基础之上，所以很多时候可用性显得尤为重要**。本章所述的"可用性"是指 Usability，这个英文单词在中文语境中有时也会被翻译成易用性、好用性等，但作者认为，从产品经理的角度和工作职能来看，"可用性"这个译法更贴切一些。因为产品经理所关注的，首先是用户能否顺利使用一个产品，其次才是用户主观感受中的一个维度——是否容易。

另外，由于目前互联网产品的操作绝大多数是通过 UI 来实现的，所以大多数可用性问题与 UI 的关联比较紧密。虽然在分工相对明确的团队中，UI 会由专门的设计师甚至专门的部门负责设计，但是对于产品经理来说，了解 UI 层面的原则也是很有必要的，具体理由是：

第一，在绝大多数情况下，由于思维方式、职能分工、团队边界等原因，相对来讲设计师更加关注细节，而可用性和 UI 这两个因素中相对宏观以及偏逻辑的部分，必须由产品经理和设计师协同完成，才能达到最好的效果。很多时候，产品经理需要进行最终的把关和决策。

第二，能够把 UI 层面的职能细分到交互、视觉、动效的，往往是少数大公司。在很多中小型互联网公司中，设计师还是会更多地偏向视觉设计方向，而视觉只是 UI 的一部分。在这些公司里，视觉之外的 UI 部分工作往往还是由产品经理来承担。

本章中的案例会更微观、具体和生动，但是请提醒自己，在阅读过程中，依然要从用户、需求、场景的角度出发思考原则本身，避免陷入具体案例细节的纠结中。

5.1 一致性

一致性是可用性设计的基础原则之一，它要求**在一个（或一类）产品内部，在相同或相似的场景、功能上，应尽量使用表现、操作、感受等相一致的设计**。一致性的目的是降低用户的学习成本，降低认知的门槛，降低误操作的概率。

案例：VI（视觉识别系统）

如图 5-1 所示的是某饮料海报的局部图——去掉了该饮料的品牌标志。但是对于很多人来说，这张图一眼看上去就知道是可口可乐的海报。

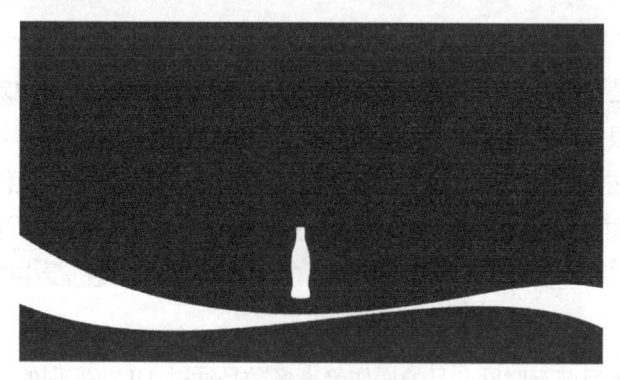

图 5-1 某饮料海报（局部）

为什么图中明明没有出现可口可乐的商标，但我们还是能够猜到是可口可乐呢？这是因为，在可口可乐所有的营销物料背后，**有一套叫作 VI（Visual Identity，视觉识别系统）的体系存在，它定义了对外对内的所有视觉展示标准**。图 5-1 中的瓶型、飘带的角度，以及红色（虽然本书黑白印刷，但是此刻想必你能够想象得到可口可乐的那种标准红色）等，都是在可口可乐 VI 中定义好的标准。事实上，VI 就是通过颜色、形状、组合方式等高度的一致性，不断地刺激受众的感官，以便于帮助受众将某种特别的视觉形式跟品牌建立起联系。

很多中大型企业，甚至其细分的每个产品线，都会有一整套的 VI 系统。我们在日常生活中发现很多连锁机构，其店面的招牌、颜色、布局都是一模一样的，这都是 VI 的功劳。

案例：电梯的操作按钮

如果某个体系缺乏一致性会怎样呢？我们有时会有这样的经历，就是来到一栋陌生的写字楼，进入一部电梯之后，想要按 15 层，但总是要在一大堆按钮中间找一会，才能找到正确的按钮；或者，发现门没关，找关门键，十有八九还会迟疑一下才能正确地按到。所有的电梯，其功能都是将人和货物送到指定的楼层；其操作方式都是进入电梯，按下要去的楼层按钮，最多再加上一个开门关门的操作。但为什么换了一部新的电梯时，我们还是没办法高效便捷地完成这些操作呢？理由很简单，**因为不同品牌、不同型号的电梯的操作面板（按钮）缺乏一致性**（如图 5-2 所示）。

图 5-2 几部不同电梯的按钮排布

不同电梯按钮的排布顺序、大小、样式可能完全不同，所以每次遇到新的电梯时，我们都要学习后才能使用，虽然这种学习很快就能完成，但从可用性角度来看，依然是一个因缺乏一致性而产生的问题。

继续延伸一致性，可以突破单个的产品，**在某一类产品、某行业中形成更大范围内的一致，并得到大家的承认**。这时，一致性就变成了"标准"。

案例：播放按钮

在很多电子产品上，都会使用一个向右的箭头来代表播放功能，从录音机到后来的录像机、DVD 播放机，再到电脑上的播放器。这个向右的箭头一脉相承，已然形成了行业标准，大多数用户看到这个符号的时候，特别是在跟"进度"相结合的场景中，都能够自然地产生"播放""开始""继续"这类的认知。所以在当下的 UI 设计中，代表类似功能的按钮或者入口，可以直接沿用这个符号，几乎不需要再写文字。

如图 5-3 和图 5-4 所示，在腾讯视频、微云和 VMware 中，分别代表"播放""继续下载"和"启动虚拟机"的功能按钮都使用了这个符号。

图 5-3　腾讯视频的播放按钮、微云的继续下载按钮都使用了向右的箭头

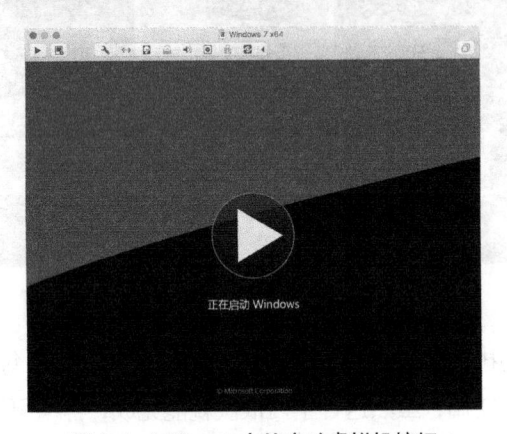

图 5-4　VMware 中的启动虚拟机按钮

案例：手动挡汽车的操作方式

几乎全世界在市场上销售的手动挡汽车都是离合器在左脚边，刹车和油门在右脚边（如图 5-5 所示）。一般不会有厂商为了"创新"调换这三者的位置。理由很简单，**有了这个标准，任何人只要会驾驶汽车，理论上就可以驾驶全世界任何一辆汽车，不需要重新学习适应。**所以如果哪个厂商轻易地把这个标准打破，估计其生产的汽车就很难卖出去了。

图 5-5　从左到右分别是：离合器、刹车和油门

同样，红绿灯、交通规则、法律，甚至语言，本质上都是**通过高度的一致性而形成的标准**。遵守的人越多，整个社会的协作效率就越高。

案例：设计规范

在互联网产品的设计中，一致性和标准也很重要。例如，目前手机上最流行的两种操作系统——Android 和 iOS，它们在 UI 层面都有各自的设计规范（如图 5-6 所示的是 iOS 的设计规范网页），这些规范规定了在相应的系统下标准的控件、布局、动效，甚至颜色的使用方式。它们的存在使得在同一个操作系统中，完成相似功能的操作基本一致，特别是在智能手机问世的最初几年，**为降低用户的学习和使用门槛起到了积极作用**。

图 5-6　iOS 的设计规范网页

案例：路牌上的英文

就像是其他原则一样，**一致性原则也并不是万能的。我们在使用它的时候，要时刻记得它的出发点——降低学习成本和认知门槛，降低误操作概率。**但是，并不是相似的东西都应该一股脑地被统一。

如图 5-7 所示的是城市中两种常见的路牌。我们发现，其非中文部分是不一样的，其中一种显示的是英文翻译，而另一种则是拼音。要不要本着一致性原则，将二者统一呢？

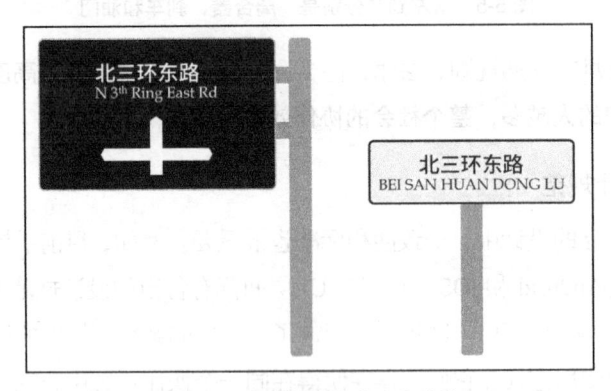

图 5-7　城市中两种常见的路牌

其实，这两种路牌的用户场景是不同的。图中左侧的路牌一般竖立在机动车道上，它对应的用户是开车的司机，主要功能是"导航"。其非中文部分，对应的用户则是外国司机。所以，重点在于让司机能看懂。那么，应该写英文还是拼音呢？显然是英文。例如，如果这位外国司机要去往的地方在北三环东路，他看懂了 N 3th Ring East Rd 之后，他就知道应该开车直行。

而图中右侧的路牌一般竖立在道路旁边，它对应的用户是行人。行人的场景多种多样，但是其中比较重要的一个场景是"问路"。在这个场景下，对于外国人来说，虽然看不懂拼音，但是他可以根据字母组合将其读出来。这样，哪怕他去问一个完全不懂英文的中国人："How can I get to BEI SAN HUAN DONG LU？"中国人也至少能够隐约听懂 BEI SAN HUAN DONG LU 这段发音，以至于不论是帮外国朋友画个图，还是打个车，都可以帮他解决实际的问题。

所以，两种路牌的非中文部分应该"一致"吗？答案是，不应该，因为**用户场景**

不同。

同理，在产品经理的日常工作中，不论是其自身还是设计师，都可能会有类似这样的倾向性："这两个地方的按钮怎么不一样啊？我们把它们统一了吧。""为什么这个操作的超时时间是 10 秒，另一个是 20 秒呢？统一吧。""同样是错误提示，为什么这里使用了对话框，而那里是 toast 呢？应该统一。"面对这样的问题，无谓的争执是没意义的，只有**从需求和场景出发，运用合理的方案，才是解决问题的方式**。

5.2 及时且有效的反馈和解释

你是否遇到过这样的场景：

在餐厅吃饭，叫服务员，叫了 5 声，依然没人搭理你。好不容易揪到一个，跟她说："麻烦加一套餐具。"人家理都没理你，就走了，你都不知道对方听没听清，更不知道这一套餐具究竟什么时候能拿过来。

打客服电话，转人工服务，好不容易打通了，叙述清楚了自己遇到的问题。但是你发现客服除按照他们标准的《操作手册》说很多非常礼貌的废话之外，对于稍微复杂一些的问题，或者与手册上案例不符的问题，基本上没什么用。

多数时候，用户是很不耐烦的，如果用户发出指令后，产品在很长的时间内都没有给用户反馈，用户往往会离开。所以，关于可用性的第二个重要原则，就是**反馈和解释，以及必须及时且有效**。

案例：互联网产品常见的操作反馈

在我们常用的互联网产品中，有很多类似的案例。例如，如图 5-8 所示，当用户按下 "5" 这个按钮后，其背景和文字颜色会发生改变，以便于提醒用户 "已经按到了"。在一些手机上面，还会同步给出声音或者振动提示。

当用户进行了某个操作，但是该操作的结果需要在一定的时间之后才能够反馈给用户的时候，一般也需要使用相应的方式提醒用户 "程序正在运行中"；否则，用户可能会以为刚才操作有问题，会试图重新操作一次。如图 5-9 所示的是拉取数据过程中给出的提示。

图 5-8 iPhone 拨号 UI 上的触控反馈　　图 5-9 "正在加载"的提示

如果一项任务需要较长的时间才能完成，则可以使用进度条等方式来告知用户精确的时间。如图 5-10 所示的是 QQ 音乐在下载歌曲时给出的进度提示，这样，用户就会对何时能够完成任务有预期，会自觉有掌控感。

图 5-10 QQ 音乐的下载进度条

案例：无效的反馈

如果做到了相对的及时，但是反馈给用户的信息缺乏有效性，依然会引起各种各样的问题。如图 5-11 所示的是其中一次作者与某电信运营商客服的部分对话，这就是一个典型的"无效的反馈"。

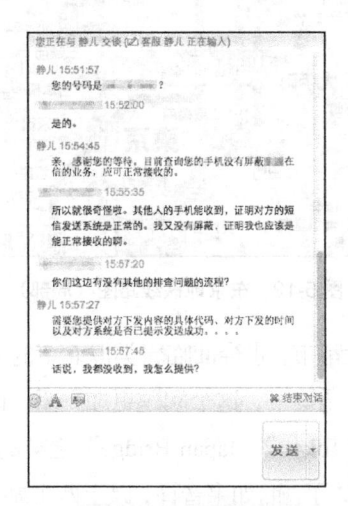

图 5-11　无效的反馈

这个故事是这样的：有一段时间作者的手机收不到一些验证码短信，但是别人的手机能收到，并且作者把手机卡换到别人的手机上，依然收不到，甚至去营业厅换了 SIM 卡也无法解决（这证明短信网关、手机和 SIM 卡都没问题，只能是电信运营商服务的问题），接连几个月都是如此。

于是作者找到运营商的客服，反馈了这个问题。但是说了半天，对方居然让提供"下发内容的具体代码、对方下发的时间，以及对系统是否已提示发送成功"这些信息，才能进一步排查问题。这样的反馈是完全无效的，是个死循环，问题本身就是短信收不到，但客服却要让用户提供关于具体短信的信息才能排查问题，简直荒唐。

案例：东京地铁的车站编号

如果要向用户解释的内容不是那么容易就能解释清楚的，该怎么办呢？这时往往要从解释的方式入手。如图 5-12 所示的是日本东京地铁的线路图（局部）。

图 5-12　东京地铁线路图（局部）

东京作为一个国际化大都市，也会面临着类似北京的路牌非中文部分如何翻译的问题。而在地铁路线图这个场景下，这个问题更加严重。像图中的"东京""日本桥"等站名，尚且可以意译为"Tokyo""Japan Bridge"之类的；但类似于"浅草桥""新御茶水"等站名，就很难意译了。而如果音译，以上两个站名会被译为"Asakusabashi"和"Shin-ochanomizu"。虽然字面上变成了英文，但是对于不懂日语又看不懂汉字的外国人来说，这一堆字母简直是天书。

但是，我们观察之后会发现，东京地铁其实有另外一套用来标识站名的体系，就是车站编号。每一条线路都会赋予一个字母来表示，然后这条线路上的每一个车站都会对应一个数字。例如图中的东京站，编号为 M17；新御茶水站由于是换乘车站，有 3 条路线交汇，所以有 3 个编号，分别是 C12、S07 和 M19。

事实上，东京地铁的这一套编号体系是与站名高度绑定的，不但会在线路图上出现，在地铁站内、换乘出口、车厢内部显示屏等地方，只要出现站名的时候，一般编号都会同步出现（如图 5-13 所示）。

有了这套体系，来东京旅行的外国人就不需要记忆复杂的站名了。假设居住的酒店位于新御茶水站附近，**外国人只需记住 C12 号车站**，这样不论他走到东京什么地方，都可以通过地铁线路图快速找到乘车方案，顺利回到酒店。事实上，很多本地语言翻译成英文比较晦涩难懂的国家，其城市轨道交通系统都使用了这种站名与编号相结合的方式，包括：东京、首尔、曼谷等。

图 5-13　新御茶水站出站闸机，上面有 C12 标记

5.3　信噪比

不论是功能，还是信息，抑或是装饰性元素，如果在恰当的场景下出现，往往可以博得用户的赞许；而如果不恰当地出现，或者影响了用户的主任务，就会像噪声一样让人讨厌。很多时候，相对经验不足的产品经理习惯**把各种各样的元素一股脑地塞给用户，表面上看起来大而全，实际上对于用户来说可能是噪声。**

"信噪比"这个词原意是指一个电子设备或者电子系统中信号与噪声的比例。而其被互联网行业借用，指的是在一个产品或者一个 UI 上面，对用户有用的元素与对其无用的元素的比例。**在可用性设计和 UI 设计中，我们应该尽量放大信号，减少噪声。**

案例：招聘网站的推广位

如图 5-14 所示的是某传统招聘网站的首页。

我们发现，这个首页上面密密麻麻地布满了各种各样的招聘启事，就像是报纸上的小广告一样。虽然显得内容丰富，行业、城市覆盖很全面，但是从用户场景的角度看，没有任何一个求职者能够用得上页面上的全部信息。相反，或许所有求职者都需要一点一点地从中寻找适合自己的职位，不但效率较低，而且费时费力。对于求职者来说，这个页面上的很多信息都是噪声。

图 5-14 某传统招聘网站的首页（局部）

图 5-15 所示为具有互联网背景的求职网站拉勾网的首页。

图 5-15 拉勾网的首页（局部）

我们发现，拉勾网已经摒弃了类似于传统报纸版面多而杂的排版形式，而是将整个页面以互联网产品的形式，自然地分为导航栏、分类区、搜索及推广区，以及职位推荐区四个区域。求职者可以根据自己的需求，从分类列表中相对高效地找到对应的招聘入口。并且在登录后，根据求职者的设置及历史行为，还会自动为其推送相关度较高的职位。从信噪比的角度看，这个页面上的噪声会少很多，更加有利于求职者找到合适的职位。

案例：Booking.com 的功能分类

在很多行业中都有类似于"2/8 原则"的说法，在互联网行业，该原则认为 **20%的核心功能应该可以满足 80%的用户需求**。当然，我们不必过分纠结 20 和 80 这两个数字，就当作这个原则说的是"**少数核心功能应该可以满足多数用户的需求**"即可。

如图 5-16 所示的是酒店预订平台 Booking.com 的手机客户端页面。

图 5-16 Booking.com 的 2/8 分类

它提取了预订酒店这个核心场景中最重要的三个功能——搜索、订单和个人资料，作为该应用底部的主导航前三项，而把其他功能都放入了"更多信息"中。而在三个最重要的功能中，又将"搜索"作为主要功能，放在了用户打开应用后看到的第一屏。

这样做的好处是，用户打开应用首先看到的就是其最常用，同时也是可以为平台带去最直接收入的核心功能——搜索并预订酒店，把该主线之外的几乎所有噪声元素都挡在了用户的视线范围之外。

案例：户外广告牌

在不同的场景下，用户对于"噪声"的接受程度是不一样的。 我们平时经常会看到一些户外广告牌，仔细观察会发现一个问题，就是：**在不同场景下广告牌上的内容多少是不一样的。** 高速公路上的广告牌内容往往最少，一般只有一两句话；公交站的广告牌内容往往会稍微多一些；而小区公告栏里面的内容往往会更加丰富，这个逻辑其实与信噪比有关。

如图 5-17 所示的是竖立在高速公路旁边的广告牌。这类广告的内容往往最简明扼要，甚至只出现企业的标志。结合信噪比原则，这是因为在高速公路上，行车速度一般都会比较快，在经过广告牌的一瞬间，受众很难看清楚特别多的信息。所以这类广告必须将信噪比做到极致，只提供最有用的信息，把相对边缘、无用的信息全部删除，才能给受众留下有效的印象。

图 5-17 高速公路旁的广告牌（来自网络）

而对于城市道路上的公交站台广告，则可以放置相对多一些的内容。如图 5-18 所示的是深圳的某个公交站台广告。

第 5 章 解构微观可用性设计原则

图 5-18 公交站台广告

我们发现，其展现的信息量要比高速公路上的广告大得多。因为公交站台广告的受众是乘坐或等待公交车的乘客，以及路过的行人，他们的行进速度一般都不会太快，有更多的时间和可能性去注意更多的内容。所以上面的内容只要贴切，能吸引用户，就不会成为噪声。而如图 5-19 所示的是某工厂门口公告栏中张贴的招聘广告。

图 5-19 工厂门口公告栏中的招聘广告

我们发现，这一则招聘广告中的内容更多，不但有对用工单位的详细介绍，还有待遇、要求、奖励信息等。这是因为公告栏的场景往往是受众会停下来，站在其前方

169

仔细阅读。同时，应聘的工人往往也需要对工厂有相对比较多的了解，所以即便有很多信息，也不会产生太多的噪声。

案例：图表优化

在 UI 设计层面，很多时候装饰性元素会成为噪声。结合 Less is More 这个原则来看，**对于需要用户重点阅读其内容的 UI，我们可以适当简化装饰性元素，降低噪声**，以便于让用户的注意力更多地留在内容本身上面。如图 5-20 所示的是我们日常使用 Office 生成的图表常见样式。

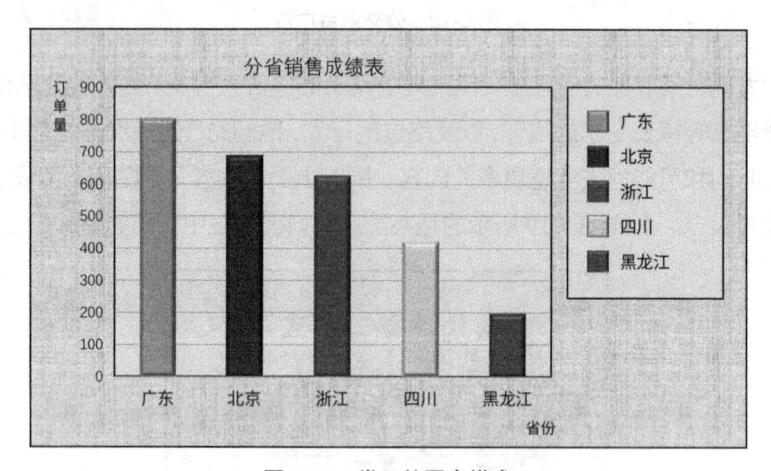

图 5-20　常见的图表样式

这个图表的目的是对比每一个省份的销售成绩，但是从结构和视觉元素上看，该图表中隐藏了很多的噪声。例如：

- 花哨的背景。
- 3D 效果的柱状图。
- 使用颜色来区分省份，同时又在每一个柱状图下面标记了省份名称。
- Y 轴表示订单量，但是在该图表中只能看出省份之间的对比，看不清楚每个省份的具体量值。

如果我们大刀阔斧地将所有装饰性元素全部删除，同时优化表结构，则可以得到如图 5-21 所示的图表。

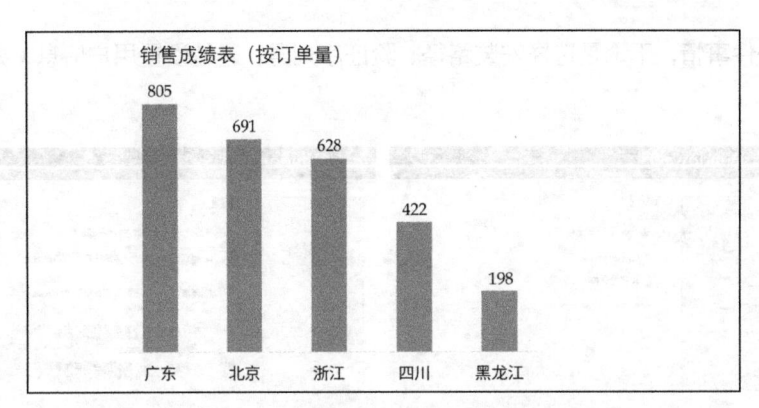

图 5-21　删除全部装饰性元素后的图表

在黑白灰印刷的表现下，这个图表可以更多地引导用户把注意力集中在内容本身，以及数据之间的对比上。不但能够清晰地看到省份之间的量值对比，而且同步标注了数值，所以信息一目了然。

5.4　渐次呈现

当用户需要使用某产品完成一个任务时，作为产品的设计者，往往需要**将任务分步骤，依次引导用户走完流程。**

在 20 世纪初，福特汽车公司的创始人亨利·福特为提高生产效率，发明了大规模工业化生产的流水线。在此之前，制造一辆汽车的流程是将工人分组，每组工人负责制造一辆汽车的全部零配件，并把它们装配起来。而流水线的工作方式则是按照先后顺序，每个环节的工人只进行某种或某几种简单重复性的工作。这样工人很容易就会熟练该环节的操作，以至于可以极大地提高整体生产效率。

流水线的核心思想，其实与本节讲述的原则很相似，即：把一个相对复杂的流程分步骤，在合适的时间完成合适的步骤。**目的是让用户在每一个步骤中只需要思考简单的逻辑，进行简单的操作，以便于更加高效、顺利地完成全流程。**

案例：安装向导

微软在 Windows 95 中推出了安装向导的概念。它把安装 Windows 95 的整个过程切分成一个一个步骤，将每一步依次呈现给用户。用户在安装过程中，**一般每一步只**

需要做一件事情，不论是选择安装路径、验证序列号，还是设置用户信息（如图 5-22 所示）。

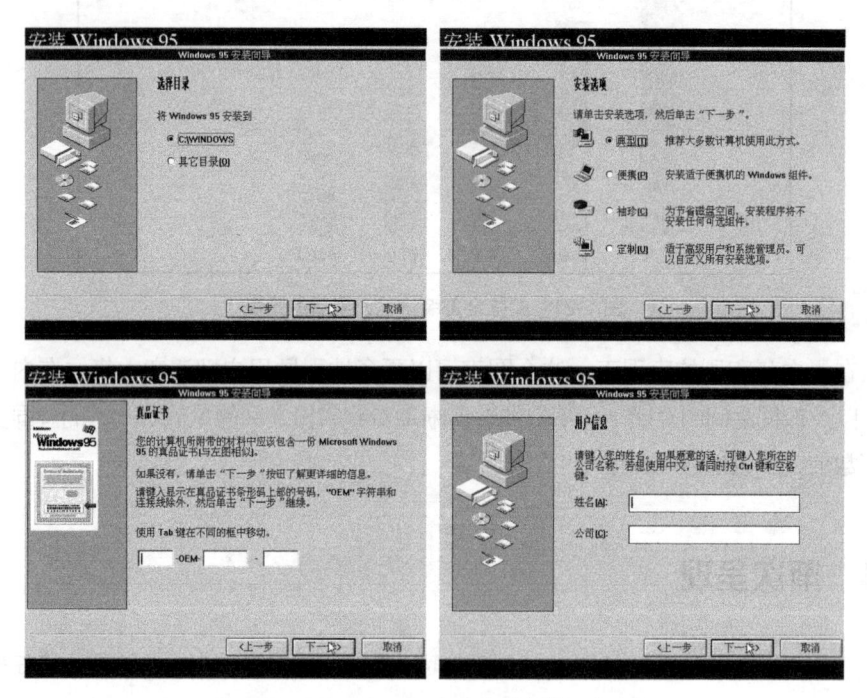

图 5-22　Windows 95 安装向导中的一些步骤

"安装向导"的另一个好处是，因为形成了类似于流水线的方式，所以对于非关键步骤，可以给用户提供默认设置。这样，如果用户不想更改设置，或者不懂得如何设置，只需要点击"下一步"按钮，就可以应用默认设置继续流程。对向导的大量应用，让用户在 Windows 操作系统上安装软件变得特别容易，即便用户看不懂路径设置，看不懂功能模块选项，甚至软件 UI 是阿拉伯语，但是只要不停地点击"下一步"按钮（或者按回车键），也能成功安装。

案例：用 Instagram 发照片

在手机平台上，由于屏幕尺寸相比于电脑要小得多，所以单一任务渐次呈现的设计往往更加重要。例如，著名的图片社区 Instagram 将发布照片的流程分为三步，分别是：获取照片—调整效果—添加说明（如图 5-23 所示）。

图 5-23　Instagram 发布照片的流程

在这样的流程下，**用户在每个步骤中思考同一类事物，完成同一类操作**。例如，第一步，用户关注的是"用哪张照片"，用户可以拍摄一张照片，或者从手机相册中选择一张照片；第二步，用户关注"把照片处理成什么效果"，用户可以对照片进行裁剪、调整亮度和对比度、加滤镜效果等操作；第三步，用户则关注"为这张照片添加哪些注释"，可以写几句话，也可以添加一些其他社交元素，如地理位置信息等。

5.5　防错与容错

在用户操作的过程中，难免会犯错。这时，优秀的产品**应该给予用户能够纠正错误的提示和引导，甚至能够猜到用户的一些小心思，帮助其避免错误，而不是生硬地告诉用户"出错了"**。

案例：微云的危险操作提示

在很多产品中，如果用户试图进行某种危险操作，都会进行一步拦截，让用户再次确认，并且确认操作会标红。这就是一种最简单的防错机制。如图 5-24 所示的是在微云中试图删除一个文件时给出的二次确认，并将危险操作入口标记了红色。

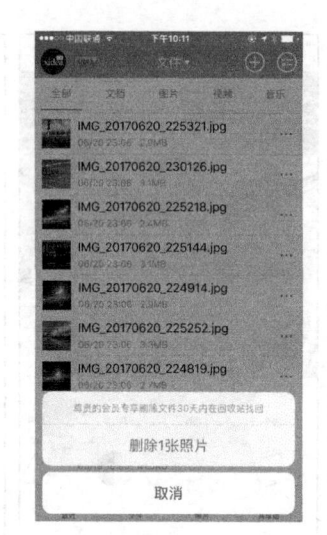

图 5-24 危险操作时，常见的二次确认

案例：Google Drive 的误操作补救

即便有二次确认，有时候用户还是会习惯性地进行确认操作，所以有一些产品则提供了补救措施。例如在 Google Drive 中，如果用户删除了某项内容，则会在页面底部出现一栏提示，除告知用户已删除之外，后面还有一个"撤销"链接。如果用户执行了删除操作后才发现误操作，点触"撤销"链接，即可恢复（如图 5-25 所示）。

图 5-25 Google Drive 中的"撤销"功能

案例：末班车提醒

有时用户的"操作"并没有错误，但是产生的结果可能使得用户面临某种风险，这时也应有相应的机制去提醒用户。

路径规划是地图类应用的基本功能之一。最早的时候，这些应用的路径规划算法主要是在最短路径上下功夫，并没有针对用户的实际使用场景，考虑拥堵、换乘时间、末班车时间等因素。例如，如果在晚上出行，并且涉及交通工具换乘，则有可能用户到达换乘车站时，后一段行程的末班车已经发车，导致用户最终无法顺利到达目的地。

基于此，现在的很多地图软件在规划路径时，都会以具体的用户场景为基础，综合很多因素进行计算。如图 5-26 所示的是某地图类应用给出的路径规划建议。我们发现，在第三段路径，即"地铁 3 号线（龙岗线）"上面有一行警告标注："可能错过末班车"。这样，用户就不至于到换乘站之后不知所措了。

图 5-26　地图应用中的末班车提醒

案例：尴尬的 USB 接口

如果容错性做得不好，则会给用户带来很多麻烦。我们经常用到的 USB 接口就是这样一个案例。USB 接口的结构决定了其插入的时候是要分正反的，如果反了会无法插入。但是从外观上看，USB 接口是完全无法分辨正反的，同时设备上母头的安装方向也没有特别的标准。所以我们在日常使用过程中会遇到类似这样的问题：尝试插入，发现插不进去；旋转 180°，再次尝试，发现依然插不进去；再次旋转 180°（与最开始一致），并调整力度，终于插进去了。特别是，如果要插入的是一台台式机，前置接口供电不足，需要使用后置接口时；或者要插入的是一台挂在墙上的电视，可以操作的空间很狭小时，这个问题会更加严重。

基于 USB 接口的这个问题，在它之后出现的很多接口形式都或多或少地增强了容错性设计。

如图 5-27 所示，从左到右依次是：ThinkPad 的电源接口、MacBook Air 的电源接口、华为 Mate 9 手机的充电接口，以及 iPhone 6S 的充电接口。它们虽然外观各不相同，但有一个共同的特点：**插入的时候不区分正反，跟 USB 接口相比，容错性更好。**

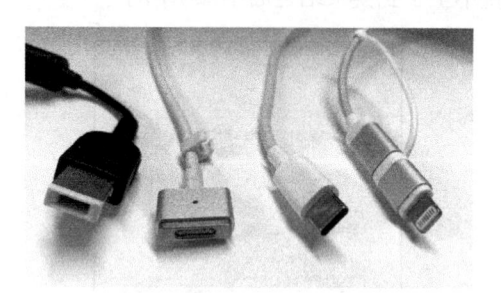

图 5-27　多种不区分正反的接口

第6章

横向拓展：用户研究与运营分析初步

在这一章，我们对之前的知识做一个"横向"拓展——讨论另外两个与互联网产品相关的重要环节，分别是用户研究和运营（数据）分析。说是横向拓展，是因为从流水线上看，这两个环节在互联网公司中经常会由其他的职能同事负责。但这两个环节的知识与产品经理的日常工作息息相关，作为"第一负责人"，必须有所涉猎。另外，对于一些中小型互联网公司来说，这两个环节的一些工作也可能需要产品经理来主导完成。

6.1 以产品经理的视角看待用户研究

与"用户体验""设计"等概念一样，在作者眼中，"用户研究"这个词也有广义和狭义之分。广义的用户研究泛指一切试图了解用户的行为，在前面章节中，在我们思考"用户是谁""有怎样的需求""会用什么方式实现"这些问题的过程中，就已经穿插了很多用户研究方面的工作。理论上，**只要能够帮助我们更多、更深入地了解用户的工作，都可以看作是用户研究范畴**。而狭义的用户研究，在互联网公司中则是指在专门的"用户研究工程师"主导下，使用特定的科学方法所进行的一系列研究性工作。

本章主要叙述的是狭义的用户研究部分。一般情况下，只有大公司或者设计咨询类公司才会有专门的用户研究工程师职位。在中小型互联网公司中，在必要的时候用户研究部分可能是直接由产品经理主导完成的。所以作为产品经理，不论是在大公司，还是中小型公司，不论是向用户研究工程师提需求，还是自己动手做，掌握用户研究的基本知识和方法都是有必要的。

或许你已经注意到，用户研究这个职能，后面跟随的是"工程师"三个字，并不是"经理""设计师"之类的。这其实隐约地告诉我们，在当下，互联网行业对于用户研究工作的定位是一种"工程"，并不是一种广义的"设计"（参考前面章节中设计与工程的概念）。所以，作为一种工程，用户研究所产出的往往只是一些结论和描述，并不是直接可用的方案。对于产品经理来说，**用户研究的结论往往不是终点，如何把它们运用到具体产品中，变成"方案"才是关键。**

另外，狭义的用户研究所使用的"科学方法"看起来很专业，但实际在操作层面会有很多问题，会受到很多因素的影响。例如：抽样的随机性、用户表述的准确性、用户主观想法与其真实需求之间天然的差距等。所以作为产品经理，不能对用户研究结论盲从，而是要本着大胆假设、小心求证的精神去综合思考。**用户研究的结论不应左右产品决策，只能供产品经理参考。**

由于这是一本产品经理视角的书，所以在本章，作者只跟各位读者简单介绍最常用、最易于跟产品经理的工作相结合的 3 种用户研究方法，以及一些注意事项。包括：深度访谈、问卷和可用性测试。而对于更加专业的焦点小组、故事板、卡片分类等方法，读者如有兴趣，可以参考专门的用户研究相关书籍。

6.2 深度访谈

深度访谈是用户访谈的一种，通常是由专业的访谈者对受访者进行一对一的自由式访谈，以便于深入挖掘用户的需求、产品使用场景、主观观点等内容。深度访谈一般只有一个确定的主题和范围，但没有固定的提纲（非结构式），或者只有相对模糊的提纲（半结构式）。深度访谈主要用来发现用户的需求，一般被看作是定性研究的常用方法。如表 6-1 所示的是深度访谈这种形式的优势和劣势。

表 6-1 深度访谈的优势和劣势

	深度访谈
优势	• 可以深入、细致地讨论一个话题,对用户的态度、动机、需求、行为等进行深入发掘 • 获得的信息量大,内容丰富 • 灵活性强
劣势	• 成本高(时间、金钱) • 对访谈技巧和逻辑性有一定要求 • 难以量化分析

6.2.1 前期准备

在进行深度访谈之前,要做好前期准备,主要包括确定访谈目的、选择访谈对象、列简单的提纲等。

1. 确定访谈目的

首先,要确定这次访谈的目的是什么。是在产品规划的初期对于目标用户需求的探索;还是在产品快速发展时期对于提升用户体验的研究;抑或是仅仅想跟用户聊聊天,看看能不能发现些什么。

从访谈的目的出发,可以推断出主题和范围。如果是探索性访谈,则应该重点聊用户的需求和场景;如果是优化性访谈,则应该询问用户在使用产品过程中的感受和遇到的问题。

2. 选择访谈对象

既然是深度访谈,一般应选择相对"有代表性"一些的用户。可以考虑下述条件:

- 某领域内的深度用户(例如:要进行某健康类应用的深度访谈,可以去健身房、运动场等地方寻找用户)
- 自身产品有代表性的用户(例如:近期登录次数较多的用户)
- 竞品用户(例如:要针对腾讯微云这个产品进行深度访谈,可以去寻找百度云、360 云盘的用户)

另外,用户的表达能力、所在地域、语言等,也是重要的因素。

3. 列提纲

深度访谈一般没有固定的访谈提纲，但依然可以事先将自己想了解的问题列出来，以备在访谈过程中参考。深度访谈应尽量选择一些相对开放式的问题，因为在一对一的面谈中，开放式问题对受访者的思维空间限制最小，并且由于可以追问，我们并不担心因问题过于开放而得到一些笼统、模糊的答案。

4. 选择访谈场所

深度访谈一般应选择在相对安静、不易受外界干扰的公共场所进行。例如咖啡馆、会议室等。

6.2.2 问题设计

深度访谈的关键在于访谈本身，从产品经理的角度来看，在访谈过程中，有以下常见的注意事项。

1. 避免专业术语

在我们的日常工作中，经常会用到很多专业术语，这些术语由于天天都在用，所以很多时候随口就会说出来。但是在用户访谈过程中，应尽量避免使用这些术语，而改为用户能准确理解的语言。举例：

> 【误】
>
> 访谈者：你注意到上方这个轮播的大 banner 区域了吗？
>
> 受访者：啊？
>
> 【正】
>
> 访谈者：你有没有看到这里（用手指着），有几个不断变化的像是广告一样图片？
>
> 受访者：注意到了。

2. 避免引导性问题

很多时候，我们的问题会带有自己的主观倾向性，这种倾向性对于访谈者来说可能是无意识的，但是往往会对受访者产生某种暗示。在用户访谈过程中，应仔细斟酌，避免出现引导性问题。举例：

> 【误】
>
> 访谈者：（语气急切、面带笑容）我们最近上线了一个"收藏"功能，可以帮助管理你喜欢的内容，你觉得有用吗？
>
> 受访者：（心想：你都这么兴奋了，我说没用是不是不太好…）呃…还行吧，挺有用的。
>
> 【正】
>
> 访谈者：你有用过"收藏"这个功能吗？
>
> 受访者：用过，但是不太常用。这个功能入口有点儿深，收藏之后经常就忘了。

3. 避免过于模糊、过大的问题

深度访谈是一种聊天性质的交流，并不是考试或者论述。在聊天过程中，提出的问题应尽量清楚明白，不宜过大。对于相对较大的问题，可以考虑拆分来问。举例：

> 【误】
>
> 访谈者：你认为什么是"好产品"？
>
> 受访者：呃…这个…维度还蛮多的。
>
> 【正】
>
> 访谈者：你理想中的网盘产品最重要的功能是什么？
>
> 受访者：容量足够大。

4. 追问

深度访谈最大的优势就是支持访谈者和受访者之间的多次交互。所以，在访谈过程中，如果受访者在一些问题上面表述不明确，或者访谈者发现了一些更加深入的提问点，则应该抓住机会追问。

> 【误】
>
> 访谈者：你一般会向网盘中上传哪些内容？

> 受访者：一般只传照片。
>
> 访谈者：哦。
>
> 【正】
>
> 访谈者：你一般会向网盘中上传哪些内容？
>
> 受访者：一般只传照片。
>
> 访谈者：为什么只传照片呢？
>
> 受访者：因为×××。
>
> 访谈者：那你平时有没有需要在手机上使用其他格式文件的需求？
>
> 受访者：有啊。
>
> 访谈者：那一般是如何实现的呢？
>
> 受访者：是×××。

5. 避免打断

在受访者回答问题的过程中，如果访谈者有疑问，或者需要追问，一般应等待受访者把话说完再问，避免打断对方。

> 【误】
>
> 访谈者：你最常用的几个功能是什么？
>
> 受访者：上传文件、云播放、分享……。
>
> 访谈者：哎，等一下。你一般会分享什么文件？给谁？
>
> 【正】
>
> 访谈者：你最常用的几个功能是什么？
>
> 受访者：上传文件、云播放、分享、收藏，还有这个笔记功能。
>
> 访谈者：还有其他的吗？
>
> 受访者：常用的就这些了。

第6章 横向拓展：用户研究与运营分析初步

6. 给足时间，不要提醒

如果遇到思维不太连贯，或者表达能力比较差的受访者，一般也应该尽量听完他们的叙述，不要轻易给出提醒。因为这时候给出提醒的效果就像是引导性问题一样，会让受访者的思维产生偏差。

【误】

访谈者：在使用×××这个功能的时候，你遇到过什么问题吗？

受访者：啊…就是…你看这里，它一直在这…转啊转的…。

访谈者：是说上传的速度比较慢是吧？

受访者：对，太慢了。我们家的那个…宽带，也是比较慢…好像只有512K…上次还说去电信换一个新的…。

【正】

访谈者：在使用×××这个功能的时候，你遇到过什么问题吗？

受访者：啊…就是…你看这里，它一直在这…转啊转的…，它一直转…，但是，我不知道它要转到什么时候…，就是…没有一个明确的…呃…进度之类的…。

访谈者：所以你的需求是希望明确地知道进度是吗？

---

7. 用问题回答问题

有的时候，受访者也会反问一些问题。这时，如果是一些跟访谈目标相关的问题，不妨不要直接给出答案，而是先问问受访者的想法。

【误】

受访者：（指着一个图标）这个是什么意思？

访谈者：这是分享的意思，在iOS下面这是一个通用的图标。你觉得"分享"这个功能怎么样？

【正】

受访者：（指着一个图标）这个是什么意思？

访谈者：你觉得可能是什么意思呢？

> 受访者：这是"不想要了"的意思吗？
>
> 访谈者：为什么你会觉得这是不想要了的意思呢？
>
> 受访者：你看，这里是一个框，然后有个箭头指向框的外面，感觉好像什么东西被扔出去了。
>
> 访谈者：哦，那看样子这个图标设计有问题，其实这是一个"分享"功能。你用过分享功能吗？

6.3 问卷调查

问卷调查是用户研究的常用方法，我们**将所希望了解的问题列成清单，供受访者一一作答，从而了解受访者对这些问题的看法和意见**。如表 6-2 所示的是问卷调查这种方式的优势和劣势。

表 6-2 问卷调查的优势和劣势

	问卷调查
优势	• 在短时间内，快速收集大量样本信息 • 丰富的传播渠道 • 可匿名，对于敏感性问题的收集优于其他形式 • 易量化，易统计分析
劣势	• 无法深入追问，无法了解受访者在答案背后的思考逻辑 • 不易精确选择样本

6.3.1 问卷设计

要使用问卷调查，首先要对问卷进行设计。问卷的结构一般可以分为开头、正文和结尾三部分。

1. 问卷开头

在问卷的开头，我们要向受访者解释清楚这次调查的目的、主要内容和保密措施。如果是有奖调查，还需一并写清楚奖励情况。这些内容并不是像八股文一样的客套话，而是可以引起受访者的兴趣和重视，激励他完成问卷的必要条件。下面是一个问卷开头的例子。

> 为了给您提供更好的服务，希望您能够抽出几分钟时间，将您在使用"腾讯微云"过程中的感受和建议告诉我们。您在本问卷中所提供的任何个人信息，我们都将严格保密，不会泄露或者用于非研究用途。
>
> 本问卷共 12 道选择题，1 道问答题，您只需大约 3 分钟的时间即可完成。我们将在完成调查的用户中随机抽取认真填写的用户，赠送【20Q 币】作为奖励。

在这段内容中，含有"产品名称""保密措施声明"等常规性介绍内容；同时告知受访者一共有 13 个问题，预计 3 分钟可以完成，减轻受访者的负担；最后，将 20Q 币的奖励措施，以及获得该奖励的方法也明确地阐述给受访者，有利于进一步唤起受访者的兴趣。

2. 问卷正文

问卷的正文是调查问卷的最核心部分，需要结合自身产品的特点和想要了解的内容来提出问题，让受访者作答。问卷正文设计的核心，是对于问题的设计。除遵循深度访谈里面"避免专业术语""避免引导性问题"和"避免过于模糊、过大的问题"这几个原则之外，建议同步考虑下述几个原则。

（1）以封闭式问题为主

所谓封闭式问题，一般是指有固定选项的问题。例如：

> 关于"网盘类产品"，下述选项中你最看重的是：
> - 容量大
> - 传输速度快
> - 管理内容方便
> - 可以直接打开、播放存储的内容
> - 易于分享

而同样的问题，如果是无预设选项，可以根据自己的理解作答的形式，则称之为开放式问题。例如：

> 请谈谈你认为的"网盘类产品"最重要的功能。

大多数情况下，在受访者填写问卷的过程中并不会有工作人员跟随，所以问卷中的开放式问题会成为极大的不可控因素。另外，大多数受访者都只是抽时间来填写问卷，太过于复杂或开放的问题，往往会浪费受访者过多的时间，以至于无法收到有效的答案。

所以一般情况下，为确保答案的质量，问卷应该以封闭式问题为主。在某些非核心问题上，可以考虑设置少量的开放式问题，并且要做好回收率低、答案质量低的心理准备。

（2）注意问题顺序

问题的排列顺序有时会影响到受访者顺利作答，一般情况下，可以参考如下排序方案：

- 容易回答的问题放在前面，比较难的问题放在后面。
- 封闭式问题放在前面，开放式问题放在后面。
- 必填问题放在前面，选填问题放在后面。
- 问题排列要有逻辑性，例如，先问有没有，再问程度。
- 为避免选项内容对用户的暗示，最好使用可以随机排列问题选项的问卷平台。

（3）注意措辞

由于问卷调查是一次发放，一次回收，无法像访谈一样构建访谈者和受访者之间的多次交互。所以问卷调查的措辞必须简明扼要，避免出现理解偏差。具体可参考下述原则：

- 一个题目只问一个问题。
- 避免使用复杂的句子结构，如双重否定。
- 避免出现模糊性描述，如好像、可能。
- 避免出现在不同群体中可能有不同理解的词汇，特别是一些网络流行语，如"不明觉厉"。

（4）留有出口

对于封闭式问题来说，如果所提供的选项无法覆盖到全部可能性，或者题目本身并不是每一个人都能准确回答，则最好提供一个"我不知道"或者"以上都不对"之类的选项。这样，当受访者认为所有选项都不符合他的实际情况，或者拿不准答案时，

第 6 章　横向拓展：用户研究与运营分析初步

可以选择放弃这道题。对于调研者来说，受访者明确声明放弃作答，要好过其随便选择一个答案，引入噪声。例如：

【误】

你的公司一共有多少名设计师？

- 10 名以下
- 10～50 名
- 50～100 名
- 100 名以上

【正】

- 你的公司一共有多少名设计师？
- 10 名以下
- 10～50 名
- 50～100 名
- 100 名以上
- 我不知道

（5）适当设置测谎题

为了防止受访者为某种目的随意填写问卷，可以适当设置测谎题。当发现受访者有说谎嫌疑的时候，可以考虑将这份问卷作废，以保证最终调查结论的准确性。例如：

请选出你最常用的三个功能：

- 收藏
- 云播放
- 分享
- 云笔记
- 相册备份
- 离线下载

（中间间隔几道题）

你是否经常使用"分享"功能？

187

- 是
- 否

如果用户在前一道题目中选择了"分享",而在后一道题目中选择了"否",则很可能他并没有认真地填写问卷。这样的测谎题需要问卷的设计者注意逻辑性,同时要注意被设置为测谎题的两道题目的答案真的具有统一性或者互斥性。

另外,还有更简单的办法,例如:

请选出你最常用的三个功能:
- 收藏
- 分享
- 云笔记
- 请选此项

3. 问卷结尾

在问卷的结尾,除对受访者表示感谢之外,还可以同步考虑下述事项:

- 注明如果愿意参与更加深入的交流,请留下联系方式。对于所发现的个别典型用户,可以深入交流。
- 对于有奖调研,要说清楚奖励分配方式和领奖方式。
- 如果承诺会公布问卷调研的结论,则需要同步注明获取结论的方式。

6.3.2 问卷投放和回收

问卷设计完成后,就要把它们发出去。对于互联网产品的问卷调查来说,大多数情况下会在网上发放。需要注意的问题如下:

1. 选择问卷平台

一般情况下,自行开发问卷平台的必要性不是很强,可以选用相对成熟可靠的第三方问卷平台来制作和投放问卷。常用的有:

- 腾讯问卷(https://wj.qq.com/)
- 调查派(https://www.diaochapai.com/)
- 金数据(https://jinshuju.net/)

2. 选择投放渠道

对于互联网产品来说，最方便、高效、可靠的调查问卷投放渠道，就是产品自身。我们可以使用产品内部已有的广告位、系统消息等方式向用户推送问卷。如图 6-1 所示的是某应用商店的某次调查问卷填写入口，使用了该产品内部的轮播广告位。

图 6-1　调查问卷投放示意

如果产品自身的运营平台很强大，也可以根据用户的行为数据，进行更加精确的问卷投放。例如，对于一个安卓应用商店来说，如果有每一个用户的下载数据，就可以对这些用户的喜好进行分类。这时，假设有一个与游戏相关的问卷调查，就可以以这些数据为基础，只推送给经常下载游戏的用户。这样获得的结论往往更具代表性。

如果要研究的对象是竞品的用户，则可以去百度贴吧、各种行业论坛寻找用户。也有一些专门的机构可以提供用户样本，但一般是收费的。

除此之外，也可以使用纸质问卷，去街头拦访，或者在一些公共场所寻找目标用户（例如：针对白领的问卷，可以选择去写字楼扫楼等）。

3. 问卷回收

大多数问卷平台都具备对所收集的问卷数据进行简单的分析及导出的功能。需要注意的是，有一些平台如果要使用其导出功能需要另外付费。如果是纸质问卷，就只能人工统计录入了。

6.4 可用性测试

可用性测试是另外一种常用的用户研究方法，**让一群具有代表性的用户对产品的典型任务进行操作，同时用户研究工程师和产品经理在一旁观察、聆听，以便于发现问题。**所使用的"产品"可以是已经完成的产品，也可以是 DEMO（仅能走通流程，数据、结果等可能都是假的），甚至可以是纸面原型。可用性测试一般建立在产品经理对产品已经有相对清晰的规划和设计，甚至已经开发完成的基础上，**用来验证其可用性，并不适用于做需求、场景和功能的探索。**如表 6-3 所示为可用性测试的优势和劣势。

表 6-3 可用性测试的优势和劣势

可用性测试	
优势	• 针对调查人员最关心的功能任务让被测试者实践，目的性和可控性强 • 可以集中发现产品的问题 • 配合访谈和相关研究，可以探求问题背后的原因
劣势	• 成本高（时间、金钱） • 一般需要在方案确定甚至已经开发完成的时候进行，如遇重大问题，难以及时推翻原有方案并做大幅度修改

6.4.1 制定任务

在进行可用性测试之前，首先需要梳理被测试的产品/版本中的关键任务。如表 6-4 所示为腾讯微云 1.6 版本的可用性测试任务列表。

表 6-4 腾讯微云 1.6 可用性测试任务（部分）

模块	编号	任务描述
微云网盘	任务 1	把本地文件存到微云网盘，通过网盘在另外一台电脑上打开这个文件，编辑后，再次上传到网盘
	任务 2	管理微云网盘中的文件（删除、重命名、移动）
	任务 3	用移动设备查看微云网盘中的文件，并用其他阅读类应用打开

续表

模块	编号	任务描述
微云相册	任务4	从电脑和手机等多个设备上传照片到微云相册集中保存并浏览
微云相册	任务5	查看整理微云相册，下载几张照片，并删除不要的照片
微云传输	任务6	把电脑上的文件微云传输给手机
微云传输	任务7	把手机上接收的文件微云传输给另一部手机

在梳理任务的过程中，需要注意以下几点：

（1）从用户的需求和场景出发，找出常用的任务。不要想当然地觉得某些任务操作是业界标准化的，没必要测试了。

（2）任务描述，即在测试过程中要表述给用户的"指令"。所以只说要做什么，不要带操作性内容。很多时候，关于"入口""操作选项"在哪儿的问题，也是重要的可用性测试内容，用户必须能顺利找到才可以，不应在描述中透露。

（3）对于自己感觉没做好的功能，如果是重要任务也需列出，不要怕丢面子。越早发现问题，越容易做优化。

（4）对于之前认为容易出错的操作，要重点关注。

6.4.2 进行测试

在 BAT 这类公司中，一般都配有专业的可用性测试实验室。如图 6-2 所示的是可用性实验室的基本结构。

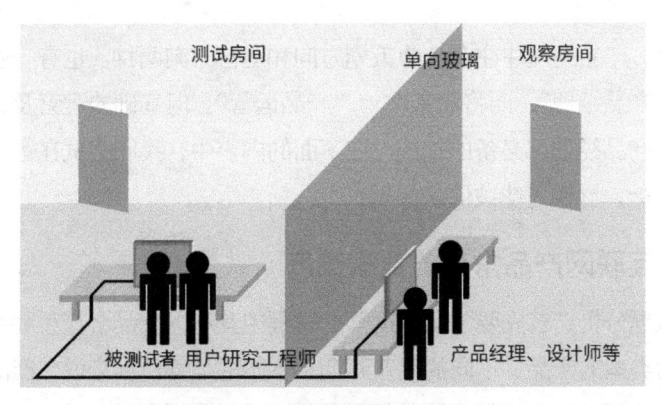

图 6-2 可用性实验室基本结构

两个房间，中间使用单向透明玻璃隔开。在测试房间，被测试者看到的这块单向透明玻璃是一面镜子，理论上他不知道另一个房间的存在；而在观察房间，相关人员看到的则是一面透明玻璃，可以实时观察到被测试者的反应。同时，一般两端的屏幕显示也是同步的。用户研究工程师在测试房间引导被测试者逐条完成任务，并记录其操作过程、遇到的问题。同时配合屏幕录像和录音，甚至对被测试者的表情和肢体动作等因素的记录，以便于事后研究。

在中小型互联网公司中，可能没有这类专业的设备和场所，这时可以考虑由两名研究人员一同测试。其中一名观察并记录被测试者的操作流程，配合屏幕录像和录音；而另一名则负责观察被测试者的表情和肢体动作。

如果是产品经理自行主导测试，则应注意以下细节：

- 不要打断被测试者的操作，给予其充足的时间，即便有迟疑或者卡在某一步，也不要提醒（目的是发现问题，而不是让对方走通流程）。
- 以观察到的事实为主，以被测试者主观的表述为辅。当遇到相冲突时，可以事后追问。
- 任务结束后，配合"深度访谈"一节中提到的访谈技巧与被测试者交流细节，尽量不要在测试过程中交流。

6.5 运营分析初步：常用指标及漏斗模型

在大公司，产品经理往往会分为策划方向和运营方向两种。也有一些公司习惯于将前者称为"产品经理"，而将后者称为"产品运营"。但基础的运营及数据分析却是这两个方向的产品经理都必备的技能。在下面的内容中，我们尝试在运营和数据层面对产品进行分析，寻找可能被优化的点。

6.5.1 互联网产品常见的数据维度

要进行数据分析，首先要了解在运营的过程中互联网产品会产生哪些数据。事实上，对于不同类型的产品、不同的运营时期、不同的运营目标来说，产品经理所关注的数据项可能也不尽相同，但下述数据项是相对基础和通用的部分。

1. PV

PV（Page View）即页面浏览量，是评价一个网站流量的重要指标。一个网页（客户端功能）每次被访问，都记为一个 PV。PV 的计算方法一般只按次数，不区分用户、地域和频次等，即，假设同一个用户连续两次访问了同一个页面，一般会记为两个 PV。

2. UV

UV 是 Unique Visitor 的缩写，直译为"独立访问"。相比于 PV，UV 的含义一般是需要定义的，即，你认为什么样的行为算作"一个独立的访问"。常见的定义方式如下：

- 按独立 IP 地址——如果某一个 IP 地址在一段时间内访问了服务器，则算作一个 UV。
- 按账户数——如果用户使用某网站或者应用的时候进行了登录操作，我们就认为每个账户对应的是一个个体，算作一个 UV。
- 按其他的 id 标识——在移动互联网领域，有时我们可以拿到用户手机的 IMEI（International Mobile Equipment Identity，国际移动设备身份码），或者手机号，这些 id 也可以作为 UV 的标识使用。每出现一个，记为一个 UV。

3. DAU

DAU 即 Daily Active User，翻译成"日活跃用户数量"。一般情况下，用户只要访问一次网站或者打开一次应用，就算作一次"活跃"，那么 DAU 的含义就是，某一天访问过网站或者打开过应用的用户数。

另外，有的产品可能并不以独立的页面或者应用的形式存在。例如一些统计类产品，它们的用户是各类应用的开发者。为了实现功能，需要开发者将特定的 SDK（Software Development Kit，软件开发工具包）嵌入其开发的应用中。这时，这些统计类产品的 DAU 则可能是以"SDK 被调用"这个行为来计算的。

4. MAU

MAU 即 Monthly Active User，与 DAU 同理，它表示的是"月活跃用户量"。不同类型的产品，适合使用不同的活跃数来衡量。例如：有一些高频产品，如微信，很多用户每天都会用，这样的产品更加适合使用 DAU 来衡量其活跃程度；而另外一些

193

产品的使用场景相对低频，如网盘，并不一定每天用户都有存取文件的需求，这类产品则可以使用 MAU 等指标衡量其活跃程度。

5．转化率

转化率是指在一个统计周期内，完成转化行为的次数占推广信息总点击次数的比率。当分子和分母不同时，相应的比值就称之为转化率。例如，应用商店的下载转化率可能定义为：成功下载的 UV/总 UV。

6．留存率、流失率

在一个任务中，某步骤的 UV/上一步的 UV，就是这个步骤的留存率。同样，如果相减后再做除法，即为流失率。

另外，还有一些数据并不是用户产生的，而是产品经理为了进行统计和分析所定义的。主要包括如下数据项。

1．渠道号

渠道号是移动互联网客户端产品常用的标记性数据，它可以帮助产品经理识别流量的来源。举例来说，假设我们开发的应用同时在腾讯应用宝和百度手机助手上线，那么如何来衡量这两个渠道的推广效果谁好谁差呢？可以使用渠道号的方式。在发布之前，确定好渠道号，例如：001 代表腾讯应用宝，002 代表百度手机助手。请工程师将渠道号写入应用的上报机制中，然后分别打包。这样，我们得到了两个安装包，它们唯一的区别就是附带的渠道号不同。

然后，将附带了 001 这个渠道号的安装包上传至应用宝，将 002 渠道号的安装包上传至百度手机助手。当用户下载安装并使用时，程序会通过网络向服务器上报渠道号。根据每一个渠道号的具体数据，就可以衡量不同渠道的推广效果。

2．版本号

不同版本的应用往往意味着不同的功能，如果对一些功能做了改进，那么如何衡量其效果呢？这时可能要依靠版本号来完成。举例来说，在新版本中，产品经理优化了某任务的流程，期待这一套优化可以使用户更加顺利地完成任务。假设之前的版本被命名为 4.1，那么此时可以将新版本命名为 4.2。携带该版本号发布版本，从上报的数据中区分"4.2"版本该任务的留存率和其他版本的留存率,这样就可以对比出新版本和老版本的效果了。

3. 核心指标

核心指标是指能够稳定地反映出产品核心价值,并动态地反映出用户活跃情况的指标。理论上,核心指标应该是唯一的,并且与产品的特性、公司的目标等高度契合。而上面提到的数据项,往往是在间接地影响核心指标。举例来说:

新闻阅读类产品,如今日头条,其"核心指标"可能被定义成用户的"总阅读时长"。这个指标数值越大,证明用户在该应用上阅读花费的时间越多,产品就越有价值。

电商类产品,如京东,其"核心指标"可能被定义为"商品销售额"。这个指标数值越大,证明用户在这个平台上花的钱越多,或者平台的收益越大。当然,在不同的发展时期,核心指标也可能是"利润"或者"订单量"等。

对于双边市场服务,例如 Uber,其"核心指标"可能是"乘客平均候车时长"。如果该时间过长,则证明司机太少;如果该时间过短,则意味着司机过剩。当然,多长算"过长",多短算"过短",应由具体的产品经理甚至公司高层决定。

核心指标一般会受到其他数据维度的影响,例如"商品销售额"可能会受到 UV、PV、流失率、支付金额,甚至物流速度、退换货等因素的影响。所以从产品经理的角度,除关注每一个细节的数据维度之外,还要结合公司(产品)的核心指标来进行宏观的审视和思考。

6.5.2 漏斗模型

运营和数据分析是一门大学问,其中的知识可能用几本书的篇幅都讲不完。而对于互联网产品来说,我们都希望用户能够使用产品顺利完成任务,所以漏斗模型的分析方式在互联网领域算得上一种通用的方法论,值得我们来重点阐述一下。

1. 构建漏斗模型

每一个产品,都会有用户对应的核心任务和流程,而流程的每一个步骤,都可能有用户流失。所以如果**把每一个步骤及其对应的数据(如 UV)拼接起来,就会形成一个上大下小的漏斗形态,这就是漏斗模型**。而我们要做的,就是**尽量让漏斗最终剩**

下的数据更多一些。

如图 6-3 所示的是几种常见的产品形态的漏斗模型。

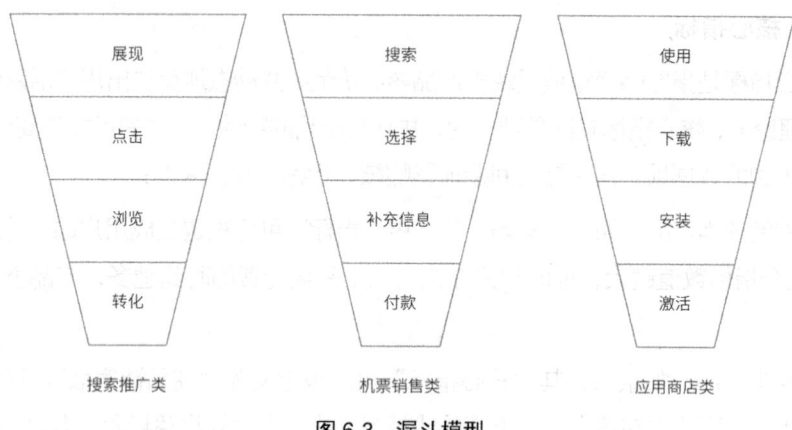

搜索推广类：展现、点击、浏览、转化
机票销售类：搜索、选择、补充信息、付款
应用商店类：使用、下载、安装、激活

图 6-3 漏斗模型

2. 分析漏斗模型，进行优化

不同的产品其漏斗模型是不一样的，下面我们将针对上述三种类型的产品来举例分析。

案例：搜索推广的漏斗模型

对于在搜索引擎上面做广告的商家来说，其漏斗模型是：**展现、点击、浏览、转化**。这四个步骤的每一步都有可以挖掘和优化的点。

（1）展现

对于一个广告来说，首先要让用户看到，才有可能点击购买。对于搜索推广来说，扩大展现量的方法多种多样，例如：购买更多的关键词、投放更大的地域等。

案例：某工业生产企业在百度上投放广告，发现展现量总是很低。经过分析后发现，该企业购买的关键词都是特别专业的零配件名称，这类专业并且细分的关键词本来搜索的人数就很少，所以展现量很低。后来，该企业调整了策略，购买了一些零配件对应的机器名称，以及机器用途方面的关键词，成功提升了展现量。

延伸：既然如此，是否可以购买很多其他的热门关键词来提升展现量呢？答案是不建议这样做，因为虽然能提升展现量，但是到了后面的步骤，用户就会发现打开的网页与搜索的关键词相关度太低，最终还是会流失。

(2) 点击

当一个广告被展现后，还需要努力吸引用户去点击，才有可能最终做成生意。在点击环节，也可以做很多优化，例如：让广告文案与用户搜索的关键词尽量相关。

案例：某外语培训及留学中介机构购买了很多考试名称、国名、大学名称等类别的关键词，例如：雅思、托福、美国留学等，发现展现量虽然比较大，但是点击量很低。经过分析后发现，这个机构所有的搜索词展现的都是同一个广告文案，是一段对该机构的模糊性介绍。后来，该机构优化了广告文案，针对不同的关键词，撰写了相关性更强的文案。例如，用户搜索"雅思"，则展现的内容是类似于"冲刺雅思 6.5 分"之类的广告内容，成功提升了点击率。

(3) 浏览

如果用户对一个广告感兴趣，就可能进行点击操作，然后跳转至商家页面去浏览详细的信息。在这个步骤中，首先，要确保网页能够顺利打开；其次，对应"着陆页"上的内容应该针对用户的搜索词和展现的广告内容来书写。

案例：还是上述培训机构，在优化了点击率之后，又发现了另外一个问题，就是很多用户成功打开了网页，但是并没有进行下一步的咨询或购买操作，而是流失掉了。后来发现，该机构将所有广告都跳转至了其网站的首页。而这个首页是一个类似于门户网站的综合性页面，上面有很多丰富的内容，但是这样的页面是不符合点击广告用户的预期的。例如，用户点击了一个雅思的广告，而进入的页面上充斥着各种各样的四六级、日语、德语、法语之类的培训内容，所以往往是看一眼就走了。后来，该机构针对不同的广告文案类别，设计制作了不同的网页。当用户点击雅思广告的时候，不再直接打开首页，而是转入一个关于该机构雅思培训教学实力介绍的网页，果然咨询和订单数量有明显提升。

(4) 转化

如果用户浏览了网页，觉得有兴趣，这时很可能会产生购买行为或者进一步与商家联系，即产生了实际的转化。在这一步，则要保证购买流程通畅，或者用户可以顺利地找到商家的联系电话等。

案例：某快递行业公司发现其投放的广告的展现量、点击量和浏览量均处于合理水平，但是没有一个用户最终打进电话咨询。后来该公司的一名员工发现，其网页上有一个低级错误，留的电话号码少了一位数。老板痛心疾首，修改后，才开始陆续接到来自于搜索的咨询电话。

案例：机票销售类产品的漏斗模型

对于机票销售类产品来说，其漏斗模型的核心部分跟搜索差不多，但是在具体功能层面，可以优化的点更多。它的典型漏斗模型是：**搜索、选择、补充信息、付款**。

（1）搜索

用户要购买机票，首先要确定航线。这个步骤，大多数用户是通过搜索两个城市的名字来完成的。在这个环节中，我们要做的是为用户提供尽量准确、可靠、丰富的搜索结果。对于机票销售平台来说，要实现这个目的，最核心的工作是要尽量多跟信誉好的订票商合作，抓取他们的票务信息，这是基础。但是除此之外，在产品层面其实也可以做更多的优化。例如：模糊搜索及目的地提醒功能。

如果以纯功能化的角度去看待机票搜索产品，很简单，让用户填写出发城市、降落城市，选择日期，点触搜索按钮就可以了，例如图6-4所示的样子。

这在功能上应该可以满足需求，但是如果从用户场景的角度思考，就有可能发现优化空间。例如：深圳、北京等城市我们很熟悉，直接写名称即可。但是有没有我们不熟悉的城市呢？肯定有的。

例如这样一个场景：作者的一个同事刚刚从沙巴旅行回来，在朋友圈发了很多漂亮的海滩照片。作者看到了这些照片，觉得很美，也想去沙巴旅行。于是打开某机票搜索引擎，在目的地框里面输入"沙巴"两个字，按下搜索按钮，该应用给出了如图6-5所示的提示。

作者尝试切换时间，依然只能看到这个提示。好奇怪，难道香港没有任何飞往沙巴的航线吗？这应该是一个热门的旅行目的地才对啊。熟悉马来西亚的朋友估计想到了，其实是这样的：沙巴是马来西亚的一个州（相当于我们的"省"），而一般我们乘坐飞机要降落的机场是以城市名称来区分的。这就像是，我们可以买一张机票飞去广州，但是不能跟人家说要飞广东，因为广东省的很多城市都有机场，程序很笨，不知道你具体想去哪儿。要去沙巴旅行，常用的机场是"哥打基纳巴卢（BKI）"。这是一个音译的地名，对于大多数中国人来说，想记住很难。

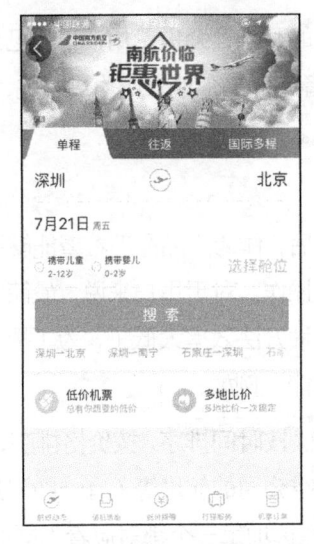

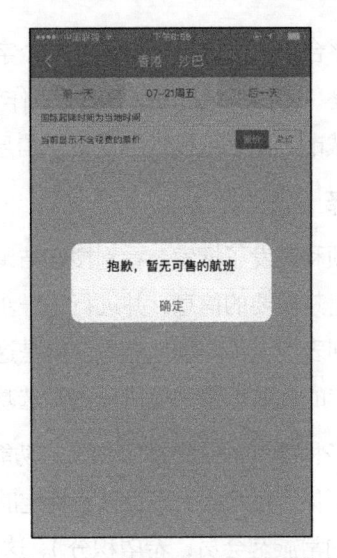

图 6-4　一个典型的机票搜索功能　　图 6-5　未搜索到可售的航班信息

至此，我们发现了"展现"这个环节里面的一个用户场景：很多时候用户可能并不记得机场或者机场所在城市的名称，无法顺利发起搜索，当然也无法展现搜索结果。所以我们可以做一个目的地名称（如沙巴）与其对应城市、机场名称（如哥打基纳巴卢）的对应关系，在搜索时给用户一个提醒，如图 6-6 所示的就是这样一个案例。

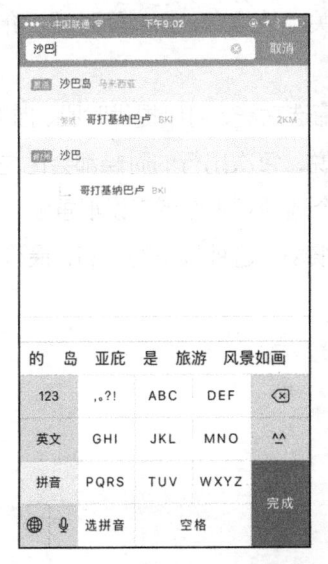

图 6-6　某机票销售平台的目的地提示

199

在这个平台上，当输入"沙巴"两个字的时候，会提示用户，沙巴是一个洲，其常用的机场是"哥打基纳巴卢（BKI）"。作者选择这个地方作为目的地，同一个日期，同一个出发城市，顺利地搜索到了机票信息。

（2）选择

当用户顺利触发了搜索，看到搜索结果后，作为产品经理希望能够引导用户快速有效地筛选出其需要的信息，并进行下一步操作。对于用户来说，最简单的方式就是从搜索出的列表中一项一项地查看。但是这种方法效率太低了，为了提高效率，产品应该针对用户的主要场景来提供一些筛选功能。例如：

- 提供多种维度的结果排序和筛选功能。按时间排序，按价格排序，只看"上午"或"下午"起飞的航班，只看特定航空公司的航班等（有一些用户是特定航空公司的常旅客会员，希望积分）。这些选项每一个都对应着不同的用户场景。
- 推荐相近的航线。如果发现搜索到的航班价格比该航线的历史平均价格贵，则可以适当向用户推荐一些相近的航线。假设从某国家飞往深圳的航班比飞往香港的航班贵 1000 元，这时可以向用户推荐降落在香港。因为香港机场到深圳湾口岸乘坐商务车一般只需要 150 港元而已，对于对价格敏感的用户还是比较有吸引力的。
- 优化搜索结果列表样式。将用户最关心的信息，如起降时间、价格等用更加明显的样式显示。

如图 6-7 所示的是某机票销售平台的筛选功能，可以提供时段、航空公司、机型、仓位等多种维度的筛选条件。对于作者来说，每次出行的时候都会优先选择大飞机，因为空间大、舒服一些。所以"机型"这个选项对于作者来说很重要，使用这样的筛选功能要比在列表上一行一行地看效率高很多。这种效率的提高，最终目的是让用户更快、更顺利地走完全流程。

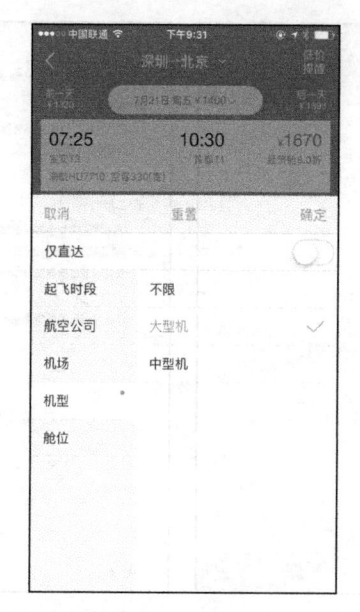

图 6-7 某机票销售平台的筛选功能

（3）补充信息

当用户已经完成了对具体航线、具体订票服务商的选择之后，如果是第三方平台提供服务，此时用户已经离开了机票搜索引擎，去往服务商网页。按理说，这个环节不在我们可控的范围内。但是作为产品经理，还是可以做一些事情的，或者推动合作方去做一些事情。例如，用户可能有如下问题：

- 很多航空公司官方网站的订票流程做得不怎么样，步骤烦琐，信息混乱，有的时候服务还不稳定。用户依然可能流失。
- 很多中小票务代理机构没有能力自己做一套系统来处理订单。
- 用户每次买机票可能选择不同的服务商（如：挑最便宜的），每次都要重新填一遍身份证号码，不但麻烦，万一填错就惨了。

基于上述这些实际问题，如果后面对接的商家没办法在互联网部分做得很好，那么不妨我们帮他们做。比如去哪儿、携程都有为商家开发的一整套订单系统（如图 6-8 所示）。比如用户选择了 A 商家，不需要 A 自己做一套网站或者客户端应用，直接在机票搜索平台的页面上填写信息，然后把订单后台传送给 A 商家就可以了。

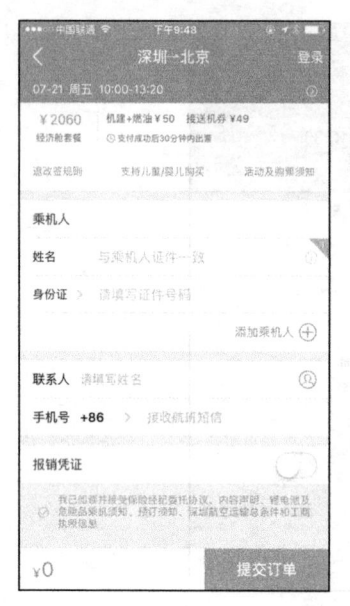

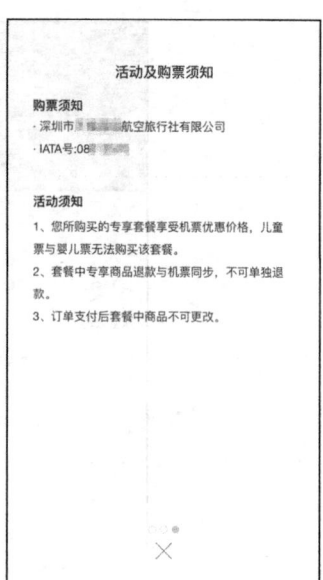

图 6-8 代理商出票，但并未离开平台

（4）付款

如果是非平台自营的业务，在付款这一环节，可控性就更差了。但是该环节是整个流程中最重要的一步。只有用户付了钱，生意才算真正做成。目前各种机票搜索产品，或者订票商都会努力为用户提供多种付款途径，帮助用户顺利完成付款操作。在这个节点上面，作者打算讲述一个反例。

几年前，作者去西藏旅行，在某航空公司官方网站买了两张拉萨飞往深圳的机票。到了最后一步付款，该航空公司提供了多种付款方式，包括信用卡、支付宝、网银等。为了刷积分，作者首选了信用卡付款，跳转到招商银行的一个网页上，按流程操作，到最后一步却看到了如图 6-9 所示的提示信息。

作者打电话给招商银行，对方告诉我，并不是我设置的问题，而是这个合作方被限制，一个订单最多只能支付 500 元……

对于一个航空公司来说，这样的问题不去解决，基本上相当于这个支付渠道就断了。毕竟，从拉萨起飞，不论去往哪个城市，票价在 500 元以下，概率都是很低的。然后作者尝试给航空公司打电话，在作者的印象中，大部分航空公司都可以通过信用卡号、有效期和 CVV2 码（卡背面的 3 位数字）来进行预授权交易。打通电话，排队等待很久，对方用一口不知道是哪里口音的普通话告诉作者，在互联网渠道生成的订单，无法使用信用卡 CVV2 进行付款，建议回到网站尝试其他方式。

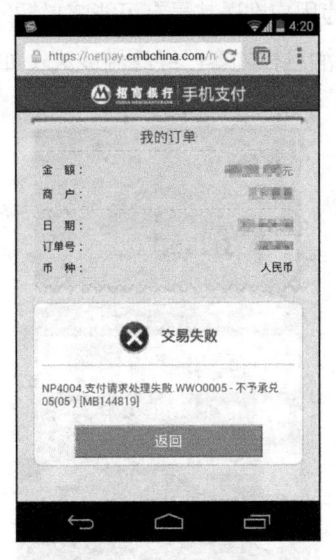

图 6-9 支付失败信息

接下来，作者改用支付宝快捷支付。遇到与招商银行信用卡同样的问题，额度超限。打电话咨询支付宝客服，答案大概意思是，这个航空公司网站的快捷支付请求有上限（具体到这个案例，上限值也是几百元，总之，不够机票总额），对方建议我在淘宝或者天猫购买。可是我实在不想把个人信息交给天猫上的第三方服务商……

最后，作者的解决方案是，先登录支付宝充值，把钱用快捷支付移到支付宝，然后再从航空公司网站通过支付宝余额付款，终于买到了机票。

作者不知道有多少用户有这样的耐心，在 30 分钟订单有效期内尝试多种方式付款。从这个情况来看，这家航空公司在互联网渠道上，在付款这一步流失的用户应该不会少。

案例：应用商店的漏斗模型

对于应用商店类产品来说，其漏斗模型是：**使用、下载、安装、激活**。

（1）使用

应用商店也是一个手机应用，如果用户要在此下载安装其他应用，首先要打开并使用它。除等待用户自行打开之外，各大应用商店常用的方式就是配合各种各样的运营手段。例如最简单的，就是向用户推送消息。如果运营做得足够精细化，我们可以根据用户的历史下载行为，为用户推送其最有可能感兴趣的消息，而不是随意推送——因为在大多数时候，用户的消息栏内容已经泛滥成灾（如图6-10所示）。

图6-10　消息泛滥成灾的安卓消息栏

例如，应用商店肯定能够拿到特定用户的下载行为，只要对其下载行为做简单的统计分类，就可以获得一些逻辑上可行的推送方案。假设我们在后台提取出所有用户近3个月的下载行为数据，挑出那些下载行为中80%以上是游戏的用户。当有优质的游戏在商店发布或者升级的时候，不妨推送一条消息，用户很可能会感兴趣并且打开。而对于几乎不下载游戏的用户，同样的消息最好就别推送了。

再进一步，商店中的每一个应用肯定有其所属的分类。如果觉得分类不够细，也可以在后台将全部应用打上更细的标签，然后对用户的下载行为做更加细化的统计。例如，对于那些经常下载天天爱消除、天天酷跑、飞机大战之类游戏的用户，更适合推送休闲类游戏的消息；但是类似于天龙八部之类的重度网游，如果推送给这些用户，下载转化率可能就没那么高了。另外，也可以引导用户去选择其关注的应用或者应用类型。对于用户自己选择的内容，转化率一定更高一些。

第 6 章 横向拓展：用户研究与运营分析初步

以上所有逻辑，目标只有一个，就是优化"使用"这一环节，将用户拉进商店。只要用户进来了，我们就有机会让他下载。

（2）下载

当用户进入商店之后（不一定是从上一步提到的消息进入的），可能会有一个分支。第一种情况是目标相对明确的用户，他们知道自己想要什么，所以会使用类似于搜索、分类列表等功能来寻找喜欢的应用。对于这类用户，我们要做的是帮助他们更快速、有效地找到应用。例如：

- 人工整理所有应用的分类，保证每个分类列表中的内容的准确性。
- 优化搜索，除让搜索更准确、符合用户预期外，还可以适当将搜索结果前置。例如，当用户在搜索框里面输入内容的时候，下方即时出现简单的结果列表，并不需要一定按下"搜索"按钮之后才出结果。
- 整理在后台打上的那些标签，展现给用户，帮助用户寻找相似的应用。
- 在用户下载某特定应用的时候，向用户推荐相似的或者相关的应用。（例如：下载微信，推荐 QQ，这是相似，如图 6-11 所示；下载安居客，推荐 58 到家，因为租了房子之后很可能要搬家或者做保洁，这是相关。）

图 6-11　相似推荐

第二种情况是目标不明确的闲逛型用户。对于这类用户，我们能做的事情也很多。例如：

- 热榜功能——综合一些数据，如下载量、评分等，为应用排名。当用户没有明确目标时，可能会看看榜单，了解最近流行什么。
- 进一步优化的热榜——如果只是一个普通的排序，那没的说，如 QQ 和微信肯定永远排在最前面。老牌应用，又是刚需，谁的下载量能拼得过它们啊，时间长了，可能整个榜单前 50 名都是基本不变的，榜单会失去意义。这时，可以引入飙升的概念，根据某时间段与上一个时间段环比的增量来排序，这样才能更好地找到"流行"的应用。另外，有很多用户可能重点关注游戏，而另一些用户不玩游戏，把游戏和应用分开排名也可以帮助用户更快地找到其想要的东西。

（3）安装

按理讲，用户下载了应用之后，应该是会安装上的，但是在现实中总是会遇到一些意外，例如：下载后忘了安装、安装的时候手机空间不足、下载的安装包有问题等。

Android 系统安装应用的默认流程需要用户多次点触"下一步"按钮，所有的操作都有用户流失的风险，很多应用商店都会做一些逻辑来简化这些操作。如图 6-12 所示的是应用宝的"省心装"功能，如果用户开启了该功能，则在应用宝下载应用之后会自动安装，不需要用户不停地点触"下一步"按钮。

在作者曾负责的应用宝（厂商合作版）中，根据开发同事统计的数据发现，在安装过程中遇到手机空间不足而造成的安装失败占很高的比例。根据这个结论，作者当时做了空间清理功能（如图 6-13 所示），如果在安装过程中遇到空间不足，则自动唤起该功能，帮助用户清理手机空间。果然，安装转化率有了明显的提升。

（4）激活

激活这个环节已经处于应用商店可控的范围之外了，因为应用成功安装到用户手机上后，用户想什么时候用、怎么用，都是用户自己的事情。但是依然有一些优化的空间，例如，很多应用商店会有"礼包"功能（如图 6-14 所示），即：联合一些应用的开发者，送给用户一些礼品，可能是游戏中的道具，可能是手机话费或者 Q 币，也可能是一些实物礼品，以此促使用户去使用这些应用。

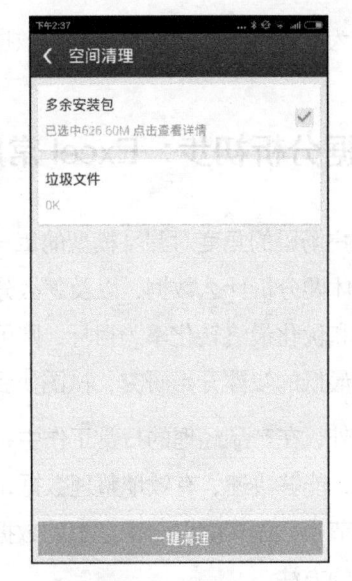

第 6 章 横向拓展：用户研究与运营分析初步

图 6-12 应用宝的"省心装"功能　　　　图 6-13 空间清理功能

图 6-14 通过送礼包，吸引用户安装并打开相应的应用

综上所述，每一个产品都会至少存在一个核心流程的漏斗模型。漏斗的层级数量不一定都是四项，但一般都是一项一项递进的关系。有的产品也可能会存在多个核心漏斗模型。产品经理作为产品的负责人，应该对自身产品的漏斗模型非常熟悉，这样

才可以以此为基础，不断地优化体验和数据。

6.6 数据分析初步：Excel 常用函数简述

除从用户场景的角度对漏斗模型的每一个步骤进行分析外，我们还可以从数据层面入手。具体要分析什么数据，以及怎么分析，要根据产品的实际情况来定夺。如果以寻找问题和优化最终转化率为目标，则可以尝试算出漏斗模型每一步的留存率，然后从留存率最低的步骤开始研究，试图找到优化的方案。

除此之外，在产品经理的日常工作中，难免要关注一些日常的运营数据，做一些报表。这时，能够快速、有效地整理数据，算出想要的结论，就成了产品经理的必备技能。在本节中，作者将以一个虚拟的数据分析任务为例，来简单阐述使用 Excel 进行数据分析的方法。

假设有一天，作者收到了这样一个任务，如图 6-15 所示。

图 6-15 老板布置的任务

看起来，只是算一个转化率而已。所谓转化率，就是订单数/UV，得出一个百分比就行，应该不难吧。于是找到开发同学，帮忙从后台提取出上周一到周日的 UV 数据，作者浏览这些数据，发现了几个问题，如图 6-16 所示。

	A	B	C	D	E	F		A	B	C	D	E	F
1	date	cid	s1uv	s2uv	s3uv	s4uv	1	date	cid	s1uv	s2uv	s3uv	s4uv
397	2017/7/9	1054	27761	11151	6561	199	42	2017/7/3	1041	28107	11983	7086	469
398	2017/7/9	1055	36395	10564	5622	449	43	2017/7/3	1042	27949	11530	6816	515
399	2017/7/9	1056	15205	10022	5461	239	44	2017/7/3	1043	13357	11921	5691	430
400	2017/7/9	1057	22818	11671	6592	286	45	2017/7/3	1044	34392	11028	5559	645
401	2017/7/9	1058	15054	10905	5091	106	46	2017/7/3	1045	30939	10269	5018	799
402	2017/7/9	1059	32802	10382	7200	404	47	2017/7/3	1046	29585	11421	6025	464
403	2017/7/9	1060	22255	10887	5817	378	48	2017/7/3	1047	21176	11098	5767	587
404	2017/7/9	1061	36034	10899	6285	379	49	2017/7/3	1048	18932	11424	6936	438
405	2017/7/9	1062	18118	10088	6972	143	50	2017/7/3	1049	14149	11887	6049	624
406	2017/7/9	1063	36038	11674	5932	152	51	2017/7/3	1050	29569	11752	5275	549
407	2017/7/9	1064	24834	10431	6309	212	52	2017/7/3	1051	34584	12266	5887	798
408	2017/7/9	1065	19204	12230	6373	320	53	2017/7/3	1052	17100	12186	5553	409
409	2017/7/9	1066	21227	10393	6651	171	54	2017/7/3	1053	22119	11491	5052	839
410	2017/7/9	1067	33775	11042	6572	256	55	2017/7/3	1054	18438	10334	6076	665
411	2017/7/9	1068	18972	12440	5212	263	56	2017/7/3	1055	15704	10267	5342	672
412	2017/7/9	1069	19537	11518	5048	230	57	2017/7/4	1001	34259	11593	5016	690
413	2017/7/9	1070	15137	11825	6469	278	58	2017/7/4	1002	29481	10681	6008	616
414	2017/7/9	1071	16515	12083	6679	332	59	2017/7/4	1003	34604	11225	7245	672
415	2017/7/9	1072	27255	12106	5359	107	60	2017/7/4	1004	14165	10647	5773	577

图 6-16 开发同学提供的数据（部分）

第一，A 列是日期，C～F 列是漏斗模型每一步的 UV 数，而 B 列是城市代码——没错，数据库里面存的是代码，并不是城市名称。这意味着，作者提供给老板的表格里面要把这列代码变成城市名称，否则老板看不懂。

第二，第一天（7 月 3 日）的城市代码到 1055 就消失了，共 55 个城市，但最后一天（7 月 9 日）一直到 1072，共 72 个城市。询问了一下商务同学，被告知，从 7 月 7 日起，有一些城市上线开始放量。因为要算一周的转化率，所以肯定要算出一周的平均订单数和平均 UV，但这个平均数的算法并不是每个城市总量都除以 7，有的城市不足 7 天。

第三，开发同学给的表格中没有订单数，询问相关同事才知道，订单数是在实体店面手工统计的，并不在开发的后台。于是辗转找了好几位同事，又要到了另外一份上一周的订单数的表格。同时，向开发同学又要了一份城市名称与代码的对应关系表，如图 6-17 所示。

作者把三张表合并到一个 Excel 文件[①]中，分别命名为"UV""城市代码"和"订

---

① 扫描二维码，关注作者公众号，回复"资料"下载本例中的 Excel 源文件。作者公众号二维码：

单数”，如图 6-18 所示。

	A	B
1	安庆	231
2	包头	189
3	宝鸡	184
4	北京	514
5	沧州	206
6	常州	190
7	成都	253
8	大连	197
9	东莞	210
10	佛山	211
11	福州	216
12	阜阳	218
13	赣州	193
14	广州	234
15	贵阳	216
16	哈尔滨	254

	A	B
1	1001	北京
2	1002	广州
3	1003	深圳
4	1004	上海
5	1005	厦门
6	1006	长沙
7	1007	重庆
8	1008	杭州
9	1009	西安
10	1010	武汉
11	1011	成都
12	1012	合肥
13	1013	佛山
14	1014	昆明
15	1015	宁波
16	1016	苏州

图 6-17　分城市的订单数数据与城市代码数据

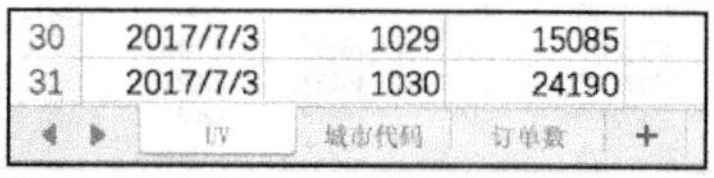

图 6-18　三张原始数据表

1. VLOOKUP 函数

首先，作者需要将 UV 表中 cid 这一列的内容替换成城市名称。一个一个复制、粘贴太麻烦了，还容易出错，于是作者想到了 VLOOKUP 这个函数。VLOOKUP 函数的作用是，在 Excel 表格的某一个区域内搜索特定的值，如果找到，就向特定的单元格中输出某特定的内容。它的语法规则如下：

VLOOKUP(lookup_value,table_array,col_index_num,range_lookup)

- 参数 lookup_value 圈定一个区域，VLOOKUP 会以这个区域的第一列为搜索范围。
- 参数 table_array 代表要寻找的值。
- 参数 col_index_num 代表如果找到，要返回圈定区域中哪一列的内容。
- 参数 range_lookup 是一个选项，写 0 代表“精确匹配”，写 1 代表“模糊匹配”，一般默认写 0。
- 具体书写时，参数之间要用英文逗号隔开。

第一步：在 UV 表中，在 cid 所在的 B 列之后新建一列，并选择这一列中数据内容区域的第一个单元格，即 C2 单元格，如图 6-19 所示。

第 6 章 横向拓展：用户研究与运营分析初步

图 6-19 新建一列，准备输入函数公式

第二步：在 C2 单元格中，点击上方的函数输入框，输入以下函数公式：

=VLOOKUP(B2,城市代码!A:B,2,0)

其中 B2 代表要寻找的是 B2 单元格里面的值；城市代码!A:B 代表要让函数去"城市代码"表中 AB 列所组成的区域的第一列——即 A 列去寻找；2 表示如果找到相应的值，就在当前激活的单元格（C2）内填充圈定区域中第二列单元格对应的值（即"城市代码"表中的 B 列，也就是城市名称内容）；0 代表精确匹配（注：函数的具体参数可以使用鼠标点击、圈选的方式自动填入）。

简单来讲，就是：VLOOKUP 函数去"城市代码"表中找对应的代码，然后把代码后面的城市名填写到 UV 表的激活的单元格中。

第三步：输入完公式后，按回车键，发现 C2 已经被自动填充了"北京"二字，如图 6-20 所示。

图 6-20 函数的第一次运行结果

第四步：回到 C2 单元格，用鼠标左键双击该单元格右下角的小方块，就可以快速在下面的单元格中复制刚才输入的函数内容，并且 B2 这个参数也会非常智能化地

自动改成 B3、B4 等，如图 6-21 所示。至此，我们就完成了将 cid 转换成城市名称的工作。

	A	B	C	D	E	F	G
			fx	=VLOOKUP(B4,城市代码!A:B,2,0)			
1	date	cid		s1uv	s2uv	s3uv	s4uv
2	2017/7/3	1001	北京	35266	11341	7296	633
3	2017/7/3	1002	广州	36673	12208	5014	672
4	2017/7/3	1003	深圳	19358	11903	6904	416
5	2017/7/3	1004	上海	14260	11487	6260	473
6	2017/7/3	1005	厦门	19531	12224	5749	592
7	2017/7/3	1006	长沙	18672	12224	5811	412
8	2017/7/3	1007	重庆	26111	11903	6735	849
9	2017/7/3	1008	杭州	38011	12096	5629	741
10	2017/7/3	1009	西安	31326	12360	6225	471

图 6-21　VLOOKUP 函数的最终结果

2. SUMIF 函数

我们的目标是算转化率，分子已经有了，就是每个城市的订单数，在"订单数"这张表中已经做了汇总，可以直接用。但是分母还没有，老板的要求是算过去一周的平均转化率，所以现在需要算出每一个城市过去一周的 UV 日均值，然后当作分母相除即可。日均值如何计算呢？显然是用每个城市过去一周的总 UV，除以天数。所以，我们要算出分城市的总 UV。

这时，就要轮到 SUMIF 函数上场了。SUMIF 函数的作用是对表格范围内符合指定条件的值求和。它的语法规则如下：

> SUMIF(range,criteria,sum_range)
> - range 为条件区域，函数会在这个区域内匹配 criteria 所定义的条件。
> - criteria 为求和的条件。
> - sum_range 为求和范围，符合条件后，要求哪些数据的和。

第一步：首先把"城市代码"表中的城市名称复制并粘贴到 UV 表中，然后在旁边输入"上周总 UV"，用以明确这些数据的含义，如图 6-22 所示。

图 6-22 准备开始计算总 UV

第二步：选中第一个城市后面的单元格（J2），输入以下函数公式：

```
=SUMIF(C:C,I2,D:D)
```

其中 C:C 代表在 C 列（城市名称）匹配各参数所定义的条件；I2 的意思是直接取 I2 单元格的值作为条件；D:D 的意思是将匹配到的所有项目对应的 D 列的数据加和。

简单来讲，就是：在所有 C 列为"北京"所对应的"行"中，将 D 列单元格的数据加和。最后算出的就是这张表中"北京"的总 UV（s1uv，漏斗模型第一步的 UV，我们定义为网站的原始 UV）。

第三步：输入完公式后，按回车键，发现 J2 已经被自动填充了一串数字，这就是"北京"这个城市过去一周的总 UV，如图 6-23 所示。

图 6-23 SUMIF 函数的计算结果

第四步：同样，复制函数内容，得到所有城市的总 UV，如图 6-24 所示。

213

	C	D	E	F	G	H	I	J
1		s1uv	s2uv	s3uv	s4uv			上周总UV
2	北京	35266	11341	7296	633		北京	192241
3	广州	36673	12208	5014	672		广州	191023
4	深圳	19358	11903	6904	416		深圳	159186
5	上海	14260	11487	6260	473		上海	174046
6	厦门	19531	12224	5749	592		厦门	153960
7	长沙	18672	12224	5811	412		长沙	192158
8	重庆	26111	11903	6735	849		重庆	176805
9	杭州	38011	12096	5629	741		杭州	182232
10	西安	31326	12360	6225	471		西安	218307

图 6-24　SUMIF 函数的最终结果

3. COUNTIF 函数

现在问题又来了，总 UV 除以上线天数是平均 UV，但是有一些城市上线的天数作者并不知道，如果一个一个数的话，太费力了。但是有一点是确定的，就是上线了，才会有 UV 数据，没上线的时候不会有数据。于是作者想到了 COUNTIF 函数。

COUNTIF 函数可以对指定区域中符合指定条件的单元格计数。它的语法规则如下：

> COUNTIF（range,criteria）
> - range 为要计数的区域（非空单元格）。
> - criteria 为条件，符合这个条件，才记作 1 个。

第一步：在"上周总 UV"后面填写"上线天数"，然后选中第一个城市"北京"对应的单元格（K2），输入以下函数公式：

> =COUNTIF(C:C,I2)

这个比较简单，意思就是，在 C 这一列寻找 I2 单元格中的值，每找到一个，计数就加 1。即，每遇到一次"北京"就加 1。

第二步：按回车键，得到"北京"这个城市的上线天数为 7 天，如图 6-25 所示。

第 6 章　横向拓展：用户研究与运营分析初步

K2				fx	=COUNTIF(C:C,I2)				
		C	D	E	F	G	H	I	J	K
1			s1uv	s2uv	s3uv	s4uv			上周总uv	上线天数
2		北京	35266	11341	7296	633		北京	192241	7
3		广州	36673	12208	5014	672		广州	191023	
4		深圳	19358	11903	6904	416		深圳	159186	
5		上海	14260	11487	6260	473		上海	174046	
6		厦门	19531	12224	5749	592		厦门	153960	
7		长沙	18672	12224	5811	412		长沙	192158	
8		重庆	26111	11903	6735	849		重庆	176805	
9		杭州	38011	12096	5629	741		杭州	182232	
10		西安	31326	12360	6225	471		西安	218307	

图 6-25　COUNTIF 函数的计算结果

第三步：复制函数内容，得到所有城市的上线天数，发现大多数城市都是 7 天，最后有几个城市分别上线 2 天或者 1 天，如图 6-26 所示。

M5				fx						
		C	D	E	F	G	H	I	J	K
1			s1uv	s2uv	s3uv	s4uv			上周总uv	上线天数
2		北京	35266	11341	7296	633		北京	192241	7
3		广州	36673	12208	5014	672		广州	191023	7
4		深圳	19358	11903	6904	416		深圳	159186	7
5		上海	14260	11487	6260	473		上海	174046	7
6		厦门	19531	12224	5749	592		厦门	153960	7
7		长沙	18672	12224	5811	412		长沙	192158	7
8		重庆	26111	11903	6735	849		重庆	176805	7
9		杭州	38011	12096	5629	741		杭州	182232	7
10		西安	31326	12360	6225	471		西安	218307	7

图 6-26　COUNTIF 函数的最终结果

第四步：作者在"上线天数"后面再输入"平均 UV"，用每个城市的总 UV 除以上线天数。例如"北京"，公式为：J2/K2，复制公式，就得到了所有城市的平均 UV[①]，如图 6-27 所示。

L2				fx	=J2/K2						
		C	D	E	F	G	H	I	J	K	L
1			s1uv	s2uv	s3uv	s4uv			上周总uv	上线天数	平均UV
2		北京	35266	11341	7296	633		北京	192241	7	27463
3		广州	36673	12208	5014	672		广州	191023	7	27289
4		深圳	19358	11903	6904	416		深圳	159186	7	22740.8571
5		上海	14260	11487	6260	473		上海	174046	7	24863.7143
6		厦门	19531	12224	5749	592		厦门	153960	7	21994.2857
7		长沙	18672	12224	5811	412		长沙	192158	7	27451.1429
8		重庆	26111	11903	6735	849		重庆	176805	7	25257.8571
9		杭州	38011	12096	5629	741		杭州	182232	7	26033.1429
10		西安	31326	12360	6225	471		西安	218307	7	31186.7143

图 6-27　已经算好了每个城市的平均 UV

[①] 其实，本例中的"平均 UV"也可以使用 AVERAGE 等函数算出。

现在，如果用每个城市的订单数除以平均 UV，就可以得到转化率。我们有一张现成的"订单数"表格，但是打开之后发现，这张表中城市的排列顺序跟我们要操作的表格是不一样的——如果一样，只需复制、粘贴即可，如图 6-28 所示。

	A	B
1	安庆	231
2	包头	189
3	宝鸡	184
4	北京	184
5	沧州	206
6	常州	190
7	成都	253
8	大连	197
9	东莞	210
10	佛山	211

图 6-28　"订单数"表格

不一样该如何做呢？就再用一次 VLOOKUP，把数据移过来，然后两个单元格相除即可。

第五步：在"平均 UV"后面的单元格中输入"订单数"，然后选中 M2 单元格，输入以下函数公式：

    =VLOOKUP(I2,订单数!A:B,2,0)

然后复制公式，得到如图 6-29 所示的结果，将"订单数"一列填满。

	H	I	J	K	L	M	N
1			上周总UV	上线天数	平均UV	订单数	
2		北京	192241	7	27463	184	
3		广州	191023	7	27289	234	
4		深圳	159186	7	22740.8571	225	
5		上海	174046	7	24863.7143	184	
6		厦门	153960	7	21994.2857	214	
7		长沙	192158	7	27451.1429	199	
8		重庆	176805	7	25257.8571	232	
9		杭州	182232	7	26033.1429	226	
10		西安	218307	7	31186.7143	209	

图 6-29　再次使用 VLOOKUP，将"订单数"一列填满

第六步：在"订单数"后面的单元格中输入"转化率"，然后选中 N2 单元格，输入公式：

    =M2/L2

按回车键，复制公式，得到如图 6-30 所示的数据。

	H	I	J	K	L	M	N
1			上周总UV	上线天数	平均UV	订单数	转化率
2		北京	192241	7	27463	184	0.00669992
3		广州	191023	7	27289	234	0.00857488
4		深圳	159186	7	22740.8571	225	0.00989409
5		上海	174046	7	24863.7143	184	0.00740034
6		厦门	153960	7	21994.2857	214	0.0097298
7		长沙	192158	7	27451.1429	199	0.00724924
8		重庆	176805	7	25257.8571	232	0.00918526
9		杭州	182232	7	26033.1429	226	0.00868124
10		西安	218307	7	31186.7143	209	0.00670157

图 6-30　转化率原始数据

算出来的数据是小数，不太方便查看。我们选中 N 列，在选中区域的任意处单击鼠标右键，从弹出的快捷菜单中选择"设置单元格格式"，在出现的对话框左侧"类别"一栏中选择"百分比"，如图 6-31 所示。

图 6-31　设置单元格格式

按回车键，得到最终的转化率百分比数据，如图 6-32 所示。

至此，老板布置的任务就完成了。

	H	I	J	K	L	M	N
1			上周总UV	上线天数	平均UV	订单数	转化率
2		北京	192241	7	27463	184	0.67%
3		广州	191023	7	27289	234	0.86%
4		深圳	159186	7	22740.8571	225	0.99%
5		上海	174046	7	24863.7143	184	0.74%
6		厦门	153960	7	21994.2857	214	0.97%
7		长沙	192158	7	27451.1429	199	0.72%
8		重庆	176805	7	25257.8571	232	0.92%
9		杭州	182232	7	26033.1429	226	0.87%
10		西安	218307	7	31186.7143	209	0.67%

图 6-32　最终的转化率数据

4. 重复练习

虽然已经完成了老板交代的任务，但作者发现，开发同学给出的数据中包含了线上每一步的 UV。正好可以顺手算一下每一步的留存率，看看哪一步最低，来试图优化产品。重复使用上述几个函数可以算出每一步的平均 UV（所有城市再取平均数），然后用下一步的数据除以上一步的数据，即可得到分步骤的留存率数据，最终得到如图 6-33 所示的漏斗模型数据。

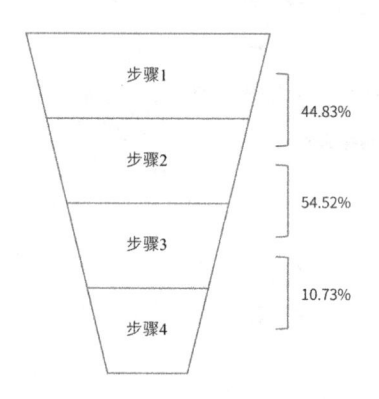

图 6-33　该产品的漏斗模型数据

虽然仅用一周的数据可能并不严谨，但是从这个漏斗模型来看，很明显，从步骤 3 到步骤 4 的留存率远低于其他步骤，所以，赶快去看看这一步有什么可以优化的空间吧。

第 7 章

纵向拓展：互联网产品盈利模式浅析

当作者还是一个文艺青年的时候，曾经有一个愿望，就是找一个安静的城市，抑或繁华都市中某条安静的街道，在那里开一家咖啡店。作者跟一些（特别是经常加班熬夜的）朋友们交流过这个想法，惊讶地发现，似乎每个人心中都有一个类似的"愿望"。只不过，有的是开咖啡店，有的是开书店、奶茶店、玩具店等。

这类愿望的一个共同特点是，基本上都没有实现，大部分时候，只是说说而已。因为作为文艺青年的我们甚至从来没有深入地想过，开一家咖啡店究竟要做什么。要购买哪些设备，雇多少人，缴多少税，花多少钱租房，以及最重要的，要卖出多少杯咖啡才能不赔本。

当下，在互联网上对于产品经理话题的讨论，多数还是集中在需求和用户体验层面，较少涉及商业和盈利模式。对于绝大多数产品经理来说，不论其身居 BAT 还是中小型互联网公司，在日常的工作过程中涉及盈利的思考也并不多。但是，**盈利模式可以对产品经理的知识体系进行有效的"纵向拓展"**——因为它就像一扇窗，只要推开，就能够看到更大的世界，能够帮助我们更加深刻地理解本书前面所叙述的那些知识。**了解了盈利模式之后，我们就能看懂很多业界的现象，这对于产品经理的长远职业发展至关重要。**

关于互联网的盈利模式，有很多种分类方法，多得能分出上百种，但本质上只有几种。在这一章，作者会以自己的分类方法为基础，来简单介绍互联网产品的盈利模式。

7.1 流量变现

关于流量，在日常生活的各种现象中，我们很容易理解其价值。例如，如果想开一家卖鞋的店铺，在租金合理的前提下，一般会选择热闹的商业街；想摆个摊卖鸡蛋灌饼，在城管允许的前提下，一般会选择居民区的大门口、地铁站出口，或者写字楼密集的地区。选择的理由很简单，因为这些地方有很多人经过，而这些人很多是带着需求的，很可能会产生购买行为。

很多超市也会有类似的设计（特别是位于郊区的大型超市），如果超市一共有两层楼，那么其入口一般会在二层；如果有三层楼，那么入口就十有八九在三层；而其出口则一般会设置在一层（或者可以通向地面的那一层）。这种设置的目的显而易见，是为了让顾客多在超市中停留——必须走完全部楼层才能出去。换句话讲，超市的经营者认为，顾客在超市中停留的时间越久，就越有可能买更多的东西。

这些案例都说明了一个基本的事实：**流量是产生消费的重要因素。一般来讲，流量越大，可能产生的消费越多。** 在互联网产品中，将虚拟的流量转化为真实的收入，同样是一种基础的盈利模式。这种模式有下述几种具体常见的落地方案。

7.1.1 普通广告

广告是流量变现的最基本方式，不论是街道上、地铁站，还是电视、报纸、杂志，只要是有很多人经过、很多人关注的地方，就可以投放广告。在互联网上，广告的形式多种多样，与报纸、杂志、户外广告相似的广告形式，作者称之为"普通广告"，使用普通广告盈利的最主要产品形态，应该就是各类门户网站了。

案例：门户网站上的广告

如图 7-1 所示的是著名的门户网站网易首页第一屏，在截图上，我们可以看到多处广告，包括 banner、浮窗和文字链等形式。

一般来讲，**这类广告的点击率会很低，大多数应该在 1%以下**，千分之几的水平。但是由于流量巨大，所以总的点击量依然很可观。另外，很多互联网上的普通广告就像是高速公路上的广告牌，是以品牌展示为目的的，并不一定是为了转化率。

第 7 章　纵向拓展：互联网产品盈利模式浅析

图 7-1　网易首页的广告

除一些特定场景（如买房、买车）之外，大多数时候用户是不想看广告的。在各类门户网站上，如果在同一个位置出现的一直都是广告内容，那么对于经常访问该网站的用户来说，会习惯性地形成"这里是广告位"的印象，久而久之会习惯性地忽略这个位置的内容。基于此，有一些广告位采用了**商业广告与非商业内容交替出现的形式，以便于降低用户对广告位的印象，从而让商业广告获得更多的注意**。如图 7-2 所示的就是这样一个案例。

图 7-2　新闻与广告内容混播

我们发现，在该网站首页的同一个位置（两张图各自的左侧），有时出现的是新闻内容，如女排与安保发生冲突；有时出现的则是广告内容，如装修广告。

案例：feed 流广告

在移动互联网中，由于手机屏幕尺寸较小，大多数页面都是以 feed 流的形式依次排列内容的，所以用户的阅读习惯一般也会遵循从上至下扫描的方式。在这样的前提下，理论上内容中插入的广告会被每一个扫过的用户看到。据相关报道，**移动互联网广告的点击率远高于 PC 互联网**，如图 7-3 所示。

很多做内容阅读的手机应用都会将广告插入内容列表中，如图 7-4 所示的是网易新闻手机客户端中出现的广告内容。

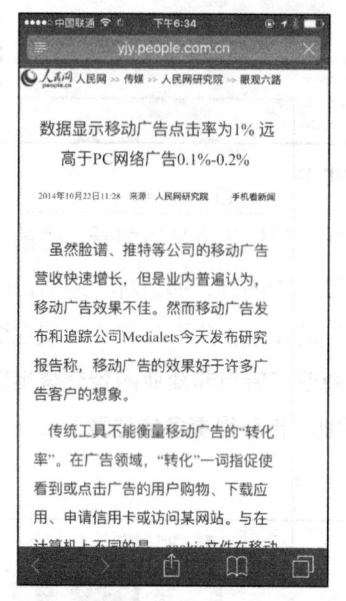

图 7-3 移动互联网的广告点击率整体高于 PC 网页　　图 7-4 网易新闻手机客户端内容列表中的广告

以 banner 等形式出现的普通广告一般是以展现时间的长短来付费的，业内称为 CPT（Cost Per Time），其中的 T 可能是按天，也可能是按周或者月，这也是传统行业广告的基本付费形式。

案例：验证码广告

在普通广告这个分类中，也会有一些创新形式存在，验证码广告就是其中的一种。我们平时在网上进行注册、登录等操作时，常常需要输入验证码。一般情况下，验证码是一串随机出现的无意义字符，一些聪明的广告商将验证码换成了广告内容，用户必须简单阅读广告之后，才知道要输入什么内容，如图 7-5 所示。

图 7-5　验证码广告

一般情况下，验证码广告的内容不会特别复杂，并且会使用颜色、大小、背景色等方式来提示用户所应输入的内容，而这些内容一般与商品有关，例如商品的名称等。对于用户来说，这类验证码比传统扭曲的字符组成的验证码往往更加容易辨认；对于商家来说，则潜移默化地让用户对商品有了印象。

案例：网盟广告

很多中小型网站并不像大型门户网站一样拥有海量的流量，如果它们直接去跟广告主谈广告，则常常是一笔不划算的生意。但是这类网站数量众多，如果把它们的流量集中在一起，往往也是很庞大的数字。基于这样的原因，就诞生了普通广告中的另一种形态，即网盟广告。**所谓网盟，可以看作一个"流量中介"**，它一边连接各种各样的中小型网站广告位，另一边连接数量众多的广告主（大多数是中小型的广告主）。只要网站所有者在其页面上加入一行代码，网盟就可以将广告主的广告投放到网站相应的广告位上。这样，对于网站来说，相当于获得了一个自动推送广告的内容源，不再需要直接跟广告主接触；而对于广告主来说，则可以将广告内容投放到网盟内部各种各样的网站上。最终的费用则通过网盟平台来结算。如图 7-6 所示的是在百度网盟产品中，可以选择将广告内容投放到哪些网站上。

网盟广告可能使用 CPT 的方式来结算，但更多的时候会使用 CPC（Cost Per Click，按点击付费）的方式结算，即，用户每点击一次广告，广告主就需要付给网盟相应的费用。

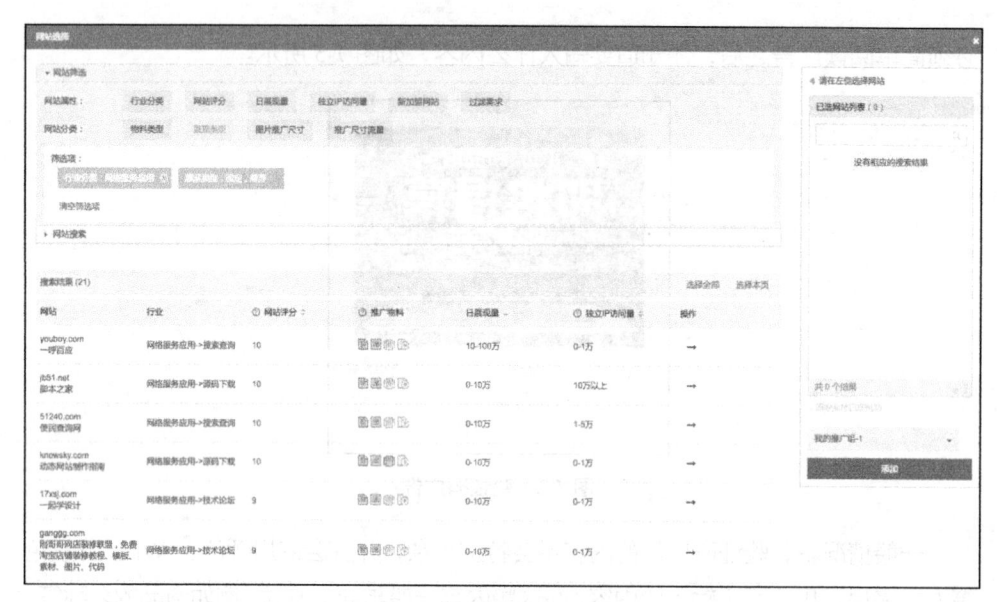

图 7-6　网盟的投放选择

7.1.2　匹配广告

就像传统媒体上的广告一样，互联网上的**普通广告有一个很严重的缺点，就是无法针对受众做更加精细化的投放**。理论上，所有受众看到的是同样的广告内容——不论其是否真的需要广告中的产品。这样的方式决定了普通广告的转化率不可能太高。虽然在网盟上投放广告的时候，可以根据自身产品的属性将广告内容投放到受众属性相对一致的网站上，但依然只能做到"网站"层级的粗略匹配。

但**互联网产品的优势恰恰是可以与用户交互，这就为更加精细化的投放提供了可能**。如果根据用户想要的内容来匹配广告，理论上转化率一定会比普通广告高。

案例：Google 搜索关键词广告

Google、百度的搜索广告就是匹配广告的一种形式，搜索广告同时也是各大搜索引擎的主要收入来源。如图 7-7 所示的是在 Google 搜索一些关键词的时候，页面上展示的广告内容。

第 7 章　纵向拓展：互联网产品盈利模式浅析

图 7-7　Google 搜索结果中展示的广告内容

当用户在 Google 上搜索相应内容时，我们可以认为，其搜索的关键词肯定是其想要、想了解的内容。这时如果出现与搜索关键词相匹配的广告内容，虽然是广告，但也很可能引起用户的兴趣。另外，根据关键词匹配只是匹配广告的一种方式。事实上，搜索引擎还可以同步根据用户的 IP 地址等信息来判断用户的来源，从而给出更加本地化的广告内容，转化率往往会更高。如果用户登录后进行搜索，则有可能根据用户账户的基本信息，甚至历史行为数据做更加精确的匹配。

另外，对于 Google 等搜索引擎来说，其结果页面的广告位数量往往是有限的，当有多个广告竞争同一个广告位的时候，Google 会通过广告本身的一些属性进行排名，用以决定展现的概率。而排名的一个重要依据是广告的出价。即，在同等条件下，愿意花越多价钱的广告，被展现在结果页中的概率越大，从而获得有效点击的概率也就越大。这种机制强有力地放大了搜索广告的盈利能力。

案例：淘宝直通车广告

再进一步，搜索引擎往往是一种相对普世的互联网产品，如果将匹配广告应用在相对垂直的互联网产品上，效果往往更好。

试想，如果用户在 Google 输入"澳大利亚 签证"这个关键词，其目的可能是想

225

查看一些关于申请澳大利亚签证的攻略、注意事项等，看完了之后自己跑大使馆办理。这时如果 Google 给用户推出一系列的旅行社签证服务报价，那么对于一些用户来说，则是无意义的。

但是在淘宝之类的电商网站上，用户使用搜索的目的就要明确得多。如果用户在淘宝上搜索"澳大利亚 签证"这个关键词，则不可能是去找攻略的，一定是想花钱办签证。在这种场景下，提供匹配广告的转化率可能会比普通搜索引擎高。如图 7-8 所示的是在淘宝上搜索相应关键词所得到的结果页面，在页面最右侧有一个"掌柜热卖"区域，此处内容的展现形式与左侧普通的结果内容很不一样，这是"淘宝直通车"服务所提供的广告内容，它也是匹配广告的一种形式。

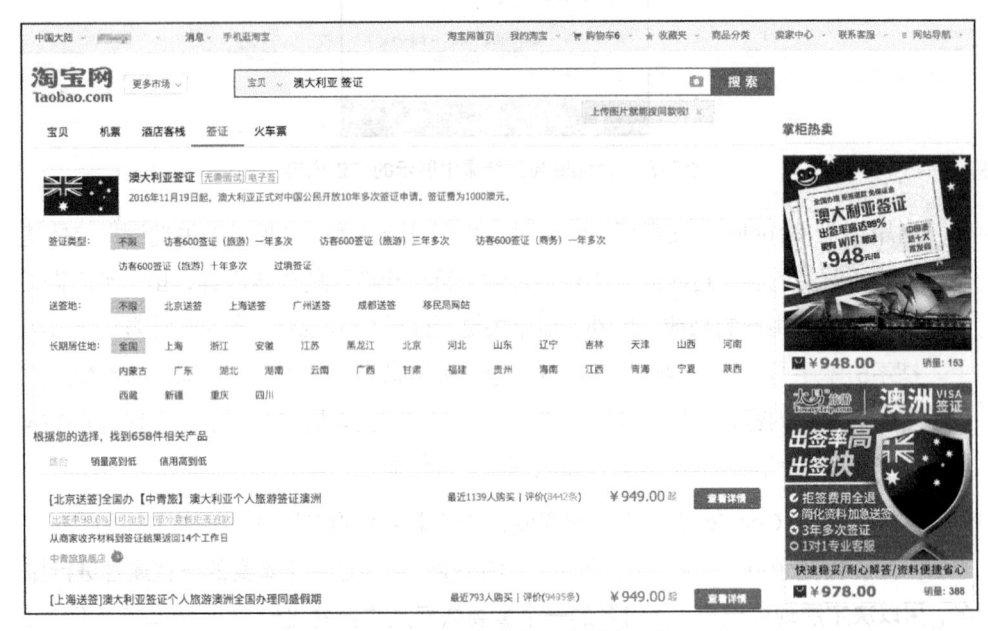

图 7-8　页面右侧的淘宝直通车广告

案例：Facebook 精确匹配广告

搜索广告依然有一个缺点，就是需要等待用户主动发起搜索行为后，才能匹配出现广告内容。而如果是另外一些形态的互联网产品，其拥有更多维度的用户信息，这时就可以做更加精确的交叉匹配，甚至不需要用户主动触发。Facebook 的侧边栏广告就是这样的产品形态。

由于像 Facebook 这样的社交网站拥有大量的用户个人数据，有一些是用户自己填写的，例如性别、年龄、所在城市、公司（学校）等；另外一些是在使用产品过程中产生的，例如点赞、分享等。Facebook 利用这些已有的数据，可以在用户不发起任何操作的前提下，对广告进行更加精准的投放。如图 7-9 所示的是 Facebook 的"广告管理工具"页面。

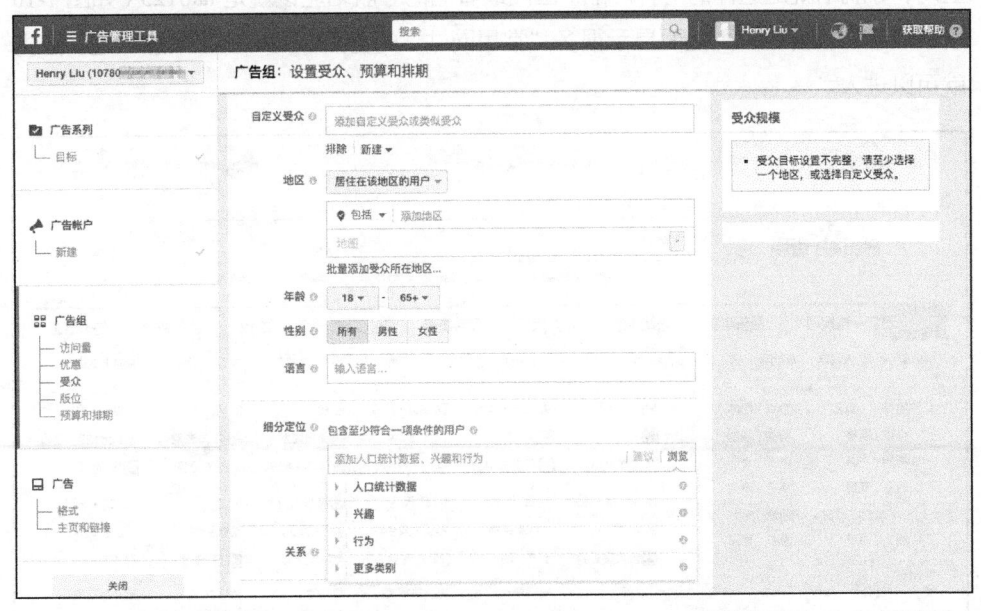

图 7-9　Facebook 的"广告管理工具"页面

我们注意到，Facebook 可以利用多个维度对受众进行精准的广告投放，包括：地区、年龄、性别、语言，还有人口统计数据、兴趣、行为等。这种方式除了可以提高广告投放的精准性，还有一个好处，就是客观上可以支持到很多原来不投广告或者投不起广告的中小型广告主，赚到他们的钱。因为这些商家可以只针对对于他们最重要的目标受众投放广告（例如：针对某个大学的学生）。

大多数匹配广告会按照 CPC 的方式结算，但也有一些会按照 CPM（Cost Per Mille，每千次展现）的方式结算。

7.1.3　导航站

流量是互联网产品生存和发展的基础，所以**除将流量导给广告之外，导给其他互**

联网产品也是一种常见的盈利模式。导航站就是这种盈利模式的典型代表。

案例：hao123

互联网在国内发展的初期，很多人面临着连上网打开浏览器不知道看什么的问题，也有很多人记不住网址。这时候就需要一个类似于电话黄页的服务，来引导用户上网，导航站就是这样的一种产品。国内最著名的导航站应该就是 hao123（如图 7-10 所示）了，它会在首页上面显示很多"常用网站"的链接，用户对哪个感兴趣，点击就可以进入。

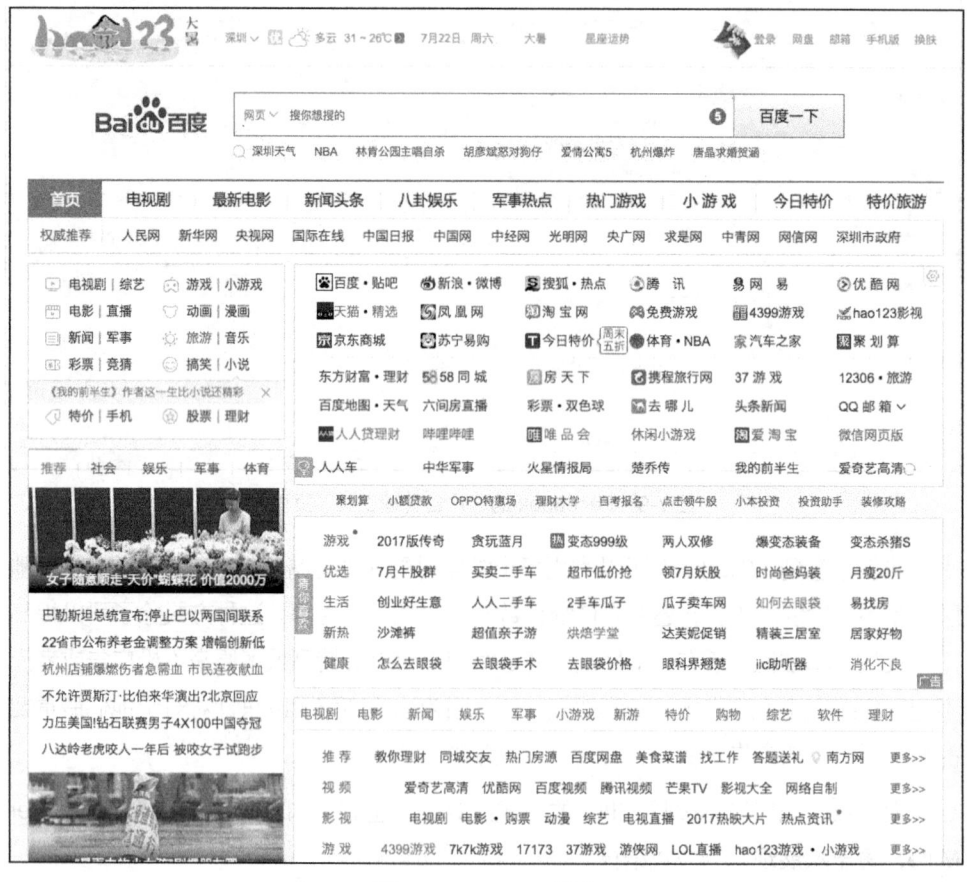

图 7-10　hao123 首页

而导航站的盈利模式很简单，就是卖位置。比如在 hao123 的首页，除知名网站之外，还有一些网站是需要付费才可以出现的，并且价格不菲。

案例：浏览器

同时，**导航站的形式也是各大浏览器产品的基础盈利模式**。不论是 PC 上的浏览器，还是手机浏览器，很多在打开之后都会自动显示一些网址导航内容。这些内容有的是为自己公司的产品导流，还有的则是用来售卖的。

如图 7-11 所示的是 360 手机浏览器启动后的第一屏内容。我们发现有搜狐、易车、京东等网址，它们都不是 360 旗下的产品，但是其入口可以出现在这里，其背后一般是要支付高昂的成本的。

图 7-11　360 浏览器中类似于导航站的栏目

7.1.4　移动应用分发

对于移动互联网来说，用户上网的入口往往并不是浏览器和网址，而是手机应用。所以在移动互联网时代，移动应用分发才是主流的流量分发产品形态。

案例：第三方 Android 应用商店

在 Android 平台上，由于 Google Play 在中国大陆无法正常使用，第三方应用商店如雨后春笋般涌出，各大手机厂商也纷纷推出自己的应用商店。**如果希望自己的应用在应用商店中的优质位置出现，则往往需要付钱或者用流量来换。**如果将应用商店中自然展现的应用看作"内容"，那么付费推广的应用则相当于广告。如图 7-12 所示这样的"应用推荐"栏目，其中可能会夹带付费推广的应用。

图 7-12　应用商店中的应用列表

案例：应用推荐

除应用商店这种产品形态之外，移动应用分发这种盈利模式还有可能以其他形式出现。如图 7-13 所示，在某应用主导航的第五项"我的"里面，有一个"应用推荐"入口，进入后发现有一个应用列表，这其实是**另外一种类似于网盟的移动应用分发的方式**。

第 7 章 纵向拓展：互联网产品盈利模式浅析

图 7-13 某应用中隐藏的移动应用分发模块

案例：分发平台

也有一些大公司会将旗下的各种产品聚合在一起，形成更加强大的可以提供优质流量的网盟。如图 7-14 所示的是"阿里应用分发开发平台"的页面（部分），这个平台可以将应用分发到包括豌豆荚、UC 信息流、UC 应用商店、优酷等众多应用中。

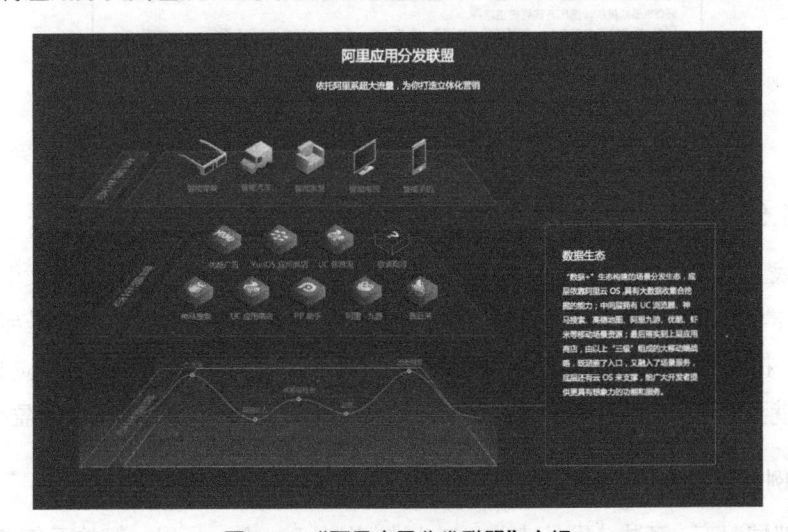

图 7-14 "阿里应用分发联盟"介绍

231

移动应用分发除可以用 CPT、CPC（其实更多的是 CPD，D 是 Download，道理相似）等方式结算之外，**还有一种独有的方式是 CPA（Cost Per Action）**，即"按行为付费"。具体来说，就是按应用的激活或者注册来付费，即，用户必须从某渠道下载并安装了某应用，并且打开该应用联网或者注册该应用之后，应用开发者才会向渠道付费。

案例：换量

除上述方式外，**还有一种常用的非现金结算方式，叫作"换量"**。换量一般会发生在两个不同应用的开发者之间，意思是：A 在 B 的平台上推广应用，但是推广费用并不是以现金结算的，而是以 A 同时帮 B 推广应用的形式来交换的。如图 7-15 所示的是腾讯开放平台"资料库"栏目某网页的截图（部分）。其内容显示，应用的开发者可以通过推广腾讯应用宝的方式换取"换量金"，以此可以在腾讯应用宝上推广自己的应用。

```
2. 为什么要与腾讯进行换量合作？
（1）开发者可通过应用宝优质流量资源，获取优质用户：应用宝聚合腾讯公司旗下所有app分发资源，无论是用户数量还是用户质量，都有突出优势。参与换量合作即可获得应用宝独家资源。
（2）公平、精准、自动化的交易机制：开发者推广腾讯手机客户端，系统将为开发者充值相应金额的换量金。开发者使用换量金在应用宝平台推己方APP。换量金的发放、消耗规则公平、透明。开发者可自助查看收入、消耗数据。后续更将支持现金采买的模式，帮忙开发者快速推广自己的应用。
（3）现金采买能力：后续换量系统将支持现金采买的模式，开发者可直接充值现金，在应用宝平台优质流量上推广自己的应用。
（4）任务式CPA计费模式，不浪费一分广告费：系统允许开发者灵活设置广告目标，当用户达到该目标时系统才计费。任务式CPA计费模式可保证换量金真正用在开发者最关心的点上。开发者也可使用普通CPA模式推广，推广方式可自由选择。
（5）先进的反作弊能力：新系统将依托腾讯大数据优势，全面打击恶意用户和恶意行为。恶意刷量系统不会计费，有效确保开发者推广质量。
（6）小投入，大产出：换量合作试点期间，开发者每帮助应用宝获得一个用户可获得2元换量金；开发者在应用宝平台推广己方APP，每个用户仅收取1元换量金。单投入，双倍收益。
```

图 7-15 腾讯应用宝的换量合作

7.1.5 预装分发

除线上的各类流量分发之外，线下的流量往往也是移动应用重要的分发渠道，也可以算作与互联网相关的一种流量变现的盈利模式。其中最重要的一种就是**与手机厂商合作，将应用预装在未出厂的手机中**。这样，用户打开手机就可以看到相应的应用，很可能就会使用。事实上，接受应用预装已经成为国内手机厂商一种重要的盈利模式。

案例：手机出厂前预装

一般情况下，预装分发是建立在商业谈判的基础上的，所以一般并不存在某种平

第 7 章　纵向拓展：互联网产品盈利模式浅析

台或者网盟之类的产品。而能够跟手机厂商谈预装的，也往往是有一定体量的公司。如图 7-16 所示的是作者购买的某款新手机中"自带"的应用，这些应用都不是手机厂商开发的，而很可能是以收费的方式预装在手机中。

图 7-16　某安卓手机中的预装应用

预装分发的结算方式同样多种多样，有的直接按手机的出货量结算，也有的需要用户激活后才结算（前面章节中提到的"渠道号"就是用来标记分发渠道，以至于决定付多少钱的重要手段）。作者曾经在某线下的大型卖场购买手机，付款后，售货员当即表示要帮忙"激活手机"。显然，安卓手机是不存在什么"激活"操作的，但是其行为勾起了作者的好奇心，于是作者表示同意，并在旁边观摩。这个售货员打开手机后，很快地走完了新手引导流程，把能跳过的步骤都跳过了。然后他连上卖场的 Wi-Fi，并迅速打开了手机中预装的几个应用，包括某浏览器和某地图应用。在确保其联网拉到了数据之后，马上关闭。于是作者开口问道："一个激活给多少钱啊？"售货员被问得一愣，显然他并没有预料到顾客会问这样的问题，支支吾吾了半天之后告诉作者说，10 块钱。作者哦了一声，拿回了手机。所以，这些应用应该是按照激活来结算的，回到家中，作者尝试删除预装的应用，发现都能删掉。显然，这是一个完整的产业链：手机厂商担心用户将应用删除，或者迟迟不打开，拿不到预装费用，所以

233

与卖场合作。在用户拿到手机后即"帮助"用户激活了应用，实际上是帮助手机厂商赚到了预装费用。

案例：手机管理工具

在 Android 手机发展的早期，还有一种很流行的预装分发方式，就是**将相应的应用打包至手机 ROM 中，然后放在各大刷机平台上供用户下载刷机**。这种方式与更早年间流行的盗版 Windows 打包组的盈利模式很像，其本质都是预装分发。打包组将各种各样的手机 ROM 进行修改，有的是"美化"了 UI，有的是进行了一些性能上的优化，也有的其实什么都没做，然后植入相应的应用。如图 7-17 所示的是某 ROM 下载网站的列表页面，作者尝试下载了几个对应机型的 ROM 进行刷机，发现里面或多或少都含有预装的应用。很少存在所谓的"纯净版"。

图 7-17 某 ROM 下载网站的列表页面（部分）

7.2 增值服务

互联网最初的发展就已经奠定了"免费"的方向。直到今天，大多数互联网产品的基本功能都是可以免费使用的。但商业机构需要盈利，所以"增值服务"是互联网产品的另外一种重要的盈利模式，特别是**在工具类产品、内容类产品和游戏中有着广泛的应用**。

7.2.1 基础功能免费，高级功能收费

增值服务的最基础产品形态就是基础功能免费，高级功能收费。其逻辑往往是**使用免费的基础功能来聚集用户黏性，然后将一部分用户转化为付费用户，产生商业价值**。

案例：QQ 会员

就拿我们常用的 QQ 来说，不论是注册 QQ 号码，还是使用 QQ 的基本聊天通信功能，对用户来说都是免费的。但是如果用户想要享受一些"特权"，例如发送超过 1 分钟的语音，建立可以容纳更多人的群，或者云消息同步功能，就需要付费开通 QQ 会员。如图 7-18 所示的是 QQ 会员的特权列表，事实上，QQ 会员体系作为腾讯相对较早的增值服务，至今依然为腾讯贡献着可观的收入。

图 7-18　QQ 会员特权列表

QQ 以即时通信为基础，现在已然发展成为一个庞大的平台，其为会员提供的特权功能也是丰富多彩的。

案例：迅雷高速下载

对于一些功能相对垂直的应用来说，其会员体系往往显得更加实用。例如，著名的下载工具迅雷也提供了相应的会员服务。一旦开通，用户在下载的过程中即可享受"高速下载通道"服务，可以比非会员获得更快的下载速度。如图 7-19 所示，整体的下载速率为 11MB/s，其中"高速通道"为此贡献了 4.3MB/s 的速率。

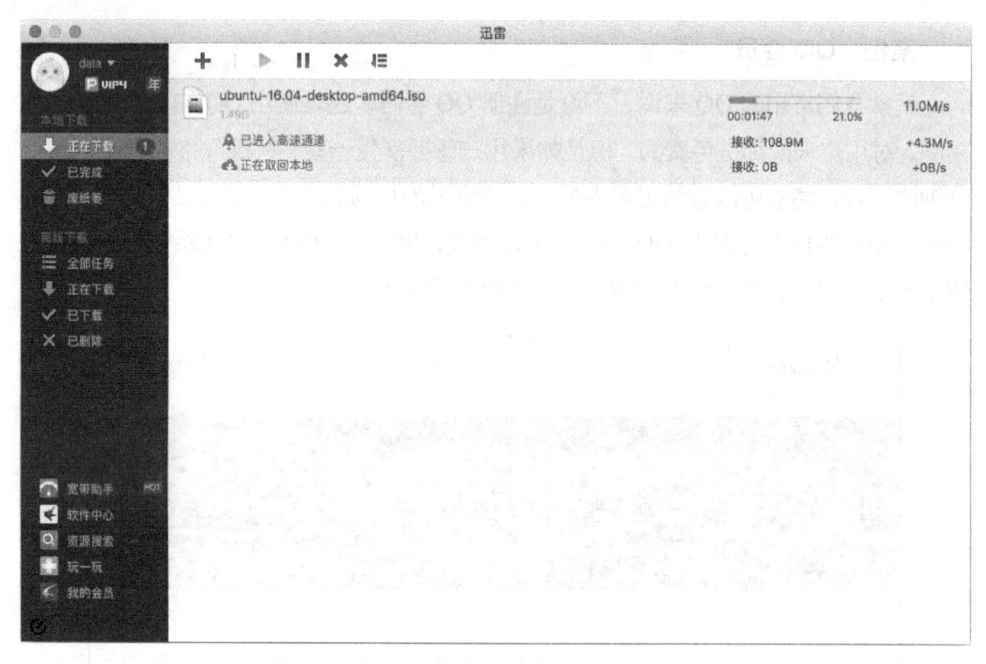

图 7-19 迅雷会员的加速功能

案例：专业版应用

很多软件都提供了有一定期限的"试用"功能，或者分为"标准版"和"专业版"两个版本，这种方式也**可以看作另一种增值服务形式**。如图 7-20 所示的是 Dropbox 的两张截图。

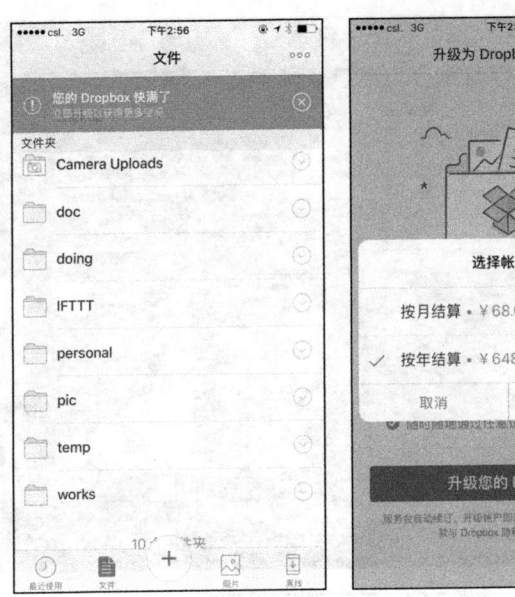

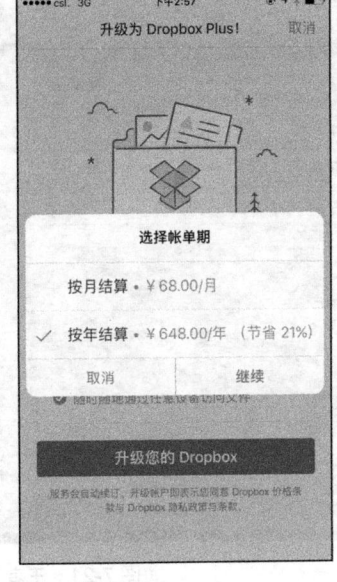

第 7 章　纵向拓展：互联网产品盈利模式浅析

图 7-20　Dropbox 的"升级"提示

当用户的空间快要被占满时，Dropbox 会弹出相应的提醒，如左侧截图所示。点触这个提醒，则会打开"升级为 Dropbox Plus！"功能，而"升级"操作是需要按月或者按年度付费的。

7.2.2　游戏道具

道具的售卖是当今大多数手机游戏的主要盈利模式，其本质就是一种增值服务。一般情况下，玩家不花一分钱也是可以玩市面上大部分的手机游戏的，但是如果想要让自己操纵的角色变得更加强大，或者在战斗中比其他队友更有优势，抑或希望自己的角色外观更加与众不同，一般就需要购买游戏中的各种道具。

案例：王者荣耀中的英雄

有很多手机游戏会内置多套虚拟货币体系，有一些虚拟货币可以在游戏内通过做任务、参加活动、抽奖等方式获得；而另外一些虚拟货币则**必须通过人民币充值才可以获得**。如图 7-21 所示的是王者荣耀的商城截图，其中一些英雄可以使用"金币"或者"点券"购买，而另外有少量的英雄只能使用"点券"购买。若要获得点券，最好的方式就是使用人民币充值。

237

图 7-21 王者荣耀商城截图

案例：直播平台

除游戏之外，在另外一种娱乐形式——直播类产品中，也隐含着一些增值服务的影子。在观看直播的过程中，用户也可以购买一些虚拟礼品送给主播，很多礼品都是以付费的方式购买的（如图 7-22 所示）。一般情况下，除一些付费的直播之外，用户不购买任何礼品，也是可以观看直播的。但购买礼品送给主播的用户往往会得到其他一些好处，例如得到主播的感谢，以及其他观众的敬仰（注：从用户的角度看，直播类产品的盈利模式更像是增值服务；而从主播和平台的角度看，则更像是下文中要提到的"佣金与分成"模式）。

7.2.3 高品质内容

在以做内容为主的产品中，增值服务也是一种常见的盈利模式，它经常会以**向用户提供更高品质**

图 7-22 直播平台上的送礼品功能

内容的形式出现。

案例：QQ 音乐的无损音质

当用户在 QQ 音乐中试图下载一首歌的时候，会弹出"品质选择"浮层，如图 7-23 所示。

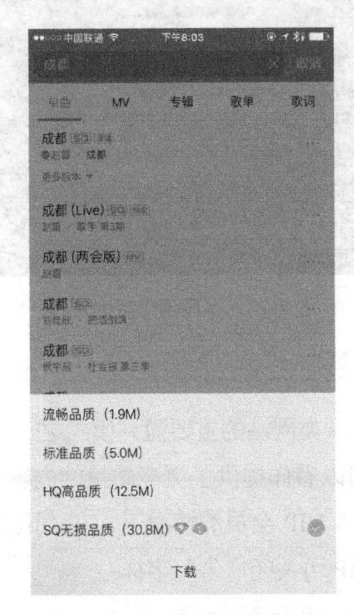

图 7-23　QQ 音乐的品质选择

其中"SQ 无损品质"为这首歌的最高音质，如果希望下载这种音质的歌曲，则需要开通 QQ 音乐的付费会员产品——绿钻。

案例：腾讯视频的清晰度选择

在视频类的应用中，通常会提供不同清晰度的片源。有一些电影可以免费观看，但是如果想看高清版本，则需要开通会员。如图 7-24 所示的是腾讯视频在播放某电影过程中的清晰度选项，其中 1080P 的蓝光品质片源标注了"VIP 尊享"字样，必须付费成为 VIP 会员才能使用。

图 7-24　不同清晰度的片源

案例：视频片头广告

另外，片头广告也是视频类网站的重要盈利模式之一。很多时候，开通会员可以去除片头广告，这其实也可以看作提供了更高质量的内容（没有广告版本的内容）。如图 7-25 所示的是在未开通 VIP 会员的情况下，在腾讯视频播放某电影时的片头广告，在右上角可以看到"VIP 可关闭广告"字样。

图 7-25　片头广告

案例：艾瑞咨询的收费研报

售卖研究报告是很多商业研究机构的盈利模式之一。很多研究机构在发布付费版本的完整报告的同时，都会附带一份"精简版"的免费报告，这其实也可以看作一种增值服务的形式。如果用户不付费，则可以免费下载精简版；但精简版中往往缺失很多重要的信息，如果看了精简版之后感觉报告内容值得参考，希望全面了解报告内容，则需购买完整版。如图 7-26 所示的是艾瑞咨询网站上的研究报告截图。

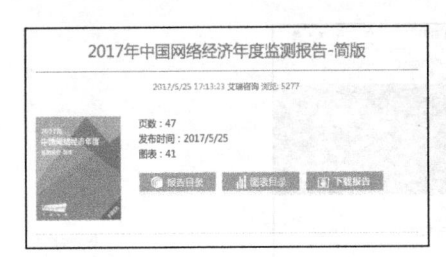

图 7-26　艾瑞咨询的某研究报告

我们发现，这两个报告的名称是相同的，但"简版"只有 47 页，可以免费下载；而"完整版"则有 70 页，需要付费 3 万元才能获得。

7.3　佣金与分成

在传统的商业体系中，佣金与分成就是一种重要的盈利模式。例如，如果要通过中介购买二手房，一般要支付房价 1%～3% 的佣金；如果通过业务员购买保险，则一般业务员可以获得相应的提成；同样，一个工厂生产的产品希望卖到全国甚至全世界，很多时候要依靠一层一层的"代理商"体系，而每一层的代理商都会从售卖的价格中抽取一部分作为分成收入。

在互联网行业，佣金与分成同样是重要的盈利模式，**所有拥有现金流水的产品，均可使用该模式盈利**，例如：电商平台类产品、支付类产品、各种开放平台等。

7.3.1　B2C 平台

B2C 即 Business to Customer，是电商的一种模式，天猫和京东的第三方售卖部分是 B2C 的典型代表。

案例：天猫的软件服务费

以天猫为例，如果一个商家想要在天猫上开店并售卖商品，则需要向天猫缴纳包括店铺保证金、软件服务年费和软件服务费在内的几项费用，其中"软件服务费"即商家给天猫的销售分成。不同的商品类目其费率不同，区间为 0.4%~5%。举例来说，如果用户在天猫购买如图 7-27 所示的 iPhone 手机，则商家需要向天猫缴纳 2%的销售分成，即 123.76 元。

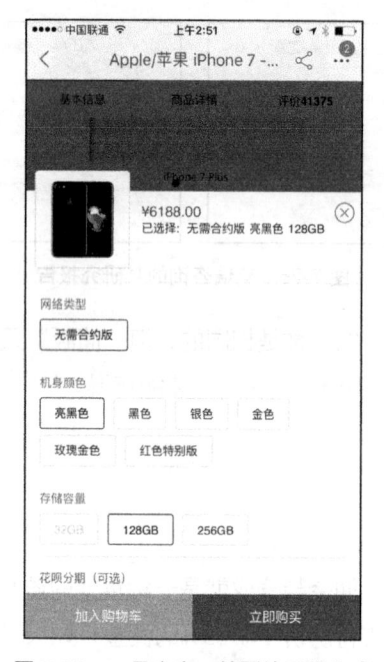

图 7-27　一旦卖出，就要给天猫分成

天猫平台上每天都会产生巨大的交易量，所以每天天猫平台都可以按照约定收到大量的分成利润。同时，由于分成比例的存在，相比于没有分成的淘宝平台，就出现了一个有趣的现象：有些中小型店铺在天猫和淘宝上均有开店，同样的商品，在淘宝上往往卖得更便宜一些。

而在京东平台上，相应的机制比较复杂，根据不同的合作方式可能会对商家收取不同的销售分成。

7.3.2　第三方支付

第三方支付是指具备一定实力和信誉保障的独立机构，采用与各大银行签约的方式，通过与银行支付结算系统的接口对接而促成双方进行交易的网络支付模式。在国内，最著名的第三方支付工具就是支付宝和微信支付（其底层是财付通）。如今，不论是网上购物还是线下购物，第三方支付都已经成为一种重要的支付渠道。而其盈利模式，主要就是来自于每笔支付款的分成。

其实这种模式在传统金融业由来已久。在网络支付出现之前，我们在线下购买商品除可以使用现金之外，刷银行卡也是一种重要的支付方式。而银联在这其中就充当了第三方支付渠道的角色。我们使用任何一张带有银联标识的银行卡，都可以在商家的银联 POS 机上刷卡消费，银联则会根据商家的类别向其收取一定比例的佣金。而对于商家来说，虽然接受刷卡消费需要缴纳佣金，但是在假币防范、财务管理等方面优于现金交易。

遥想当年，网购还是一种新兴事物，大部分用户对于在互联网上敲一段密码，就能把钱转到商家的账户中这件事还是心怀恐惧的。那时淘宝的身份验证也仅仅是上传一张身份证图片而已，稍微懂一些 PS 的商家很容易伪造身份。而支付宝的出现则成功解决了当时人们的恐惧，因为支付宝的原理是，将货款先付给阿里巴巴，等收到货，满意后再通知阿里巴巴，这时钱才真正到达卖家的账户中。而阿里巴巴是一家正规的大公司，在信用方面还是信得过的。

案例：支付宝的收款佣金

如今，支付宝的业务范围早已突破了阿里系的平台。对于其他商家来说，在非阿里系的平台上开店也可以使用支付宝收款，但是要向支付宝缴纳一定的佣金。根据平台的不同，佣金也会有所不同。例如，在电脑网站上使用支付宝收款，需缴纳 0.6% 的佣金；而在手机网站、手机应用及线下扫码的支付场景中，则需要根据不同的行业，缴纳 0.6%~1.2% 不等的佣金。如图 7-28 所示，一旦成功支付，摩拜单车就需要按比例分一部分钱给支付宝。

图 7-28　在手机应用中使用支付宝付款

案例：iOS 的支付手续费

除此之外，一些具有垄断性质的平台也看重了这块肥肉，利用其垄断地位，往往可以收取更加高额的佣金。例如，在 iOS 平台上，有一个"平台内购买"的概念，苹果公司要求在 iOS 平台上运行的一些应用必须接入苹果的支付渠道，而当用户使用该渠道付费的时候，苹果公司会抽取高达 32%的手续费。由于同样的服务在 Android 平台上没有相应的手续费，所以就造成了一个很尴尬的现象：作为一个服务收款方，理论上不知道自己最终能够收到多少钱，因为不知道付费用户中 iOS 用户的占比。如图 7-29 所示的是作者在知乎上做过的一次"知乎 Live"分享的收入明细表，其中有"苹果支付手续费"一项，被扣除的费用是 502.87 元。

面对这样的现状，不同的产品采用了不同的应对和解释策略。在腾讯课堂发布收费课程的流程中，有一个"iOS 渠道"选项，如图 7-30 所示。在这个选项中，说明了苹果公司会收取 30%的分成，并由课程发布者决定是否要在 iOS 平台的应用上发布。如果选择"不上架"，则只有 Android 用户可以看到该课程（H5 等承载方式不受影响）。

第 7 章　纵向拓展：互联网产品盈利模式浅析

图 7-29　明细中含有"苹果支付手续费"一项

图 7-30　腾讯课堂的 iOS 渠道课程上架选项

7.3.3　开放平台

在 SNS（Social Networking Service，社交网络服务）这种产品形态在国内盛行的那几年，人人网和开心网可谓风光无限。虽然现在这两个网站都已经衰落了，但是观察它们的历史会发现，开心网比人人网更早衰落。作者认为有两个主要原因：**第一，人人网从校园起家，其用户群体位于开心网的上游**。大多数用户只会从学生变成白领，不会变回去。所以他们在学生时代使用人人网，建立了相对有黏性的关系链，工作之后有很大概率就会留在这个网站上继续社交，没必要换到一个功能差不多的其他产品上，相当于人人网从上游截取了开心网的用户。**第二，人人网比开心网更早推出了完善的开放平台**。由于开放平台的存在，使得在人人网上可以玩的应用和游戏数量远远多于开心网，成功留住了很多用户。

245

案例：人人网开放平台

对于在开放平台上运行的应用和游戏来说，其主要盈利模式应该是增值服务；而对于开放平台自身来说，其主要盈利模式则是付费分成，再具体一些，是以"游戏联合运营"为主的付费分成模式。如图 7-31 所示的是当年人人网等平台上流行的"开心农场"游戏。如果用户在游戏中付费购买道具，那么这笔费用会有一部分分给平台方（如：人人网），另一部分分给游戏的开发商（如：开心农场的开发商"五分钟"）。另外，人人网自身没有支付渠道，所以如果接入支付宝或者其他支付渠道的话，还需要同步向支付渠道分成。

图 7-31 风靡全国的"开心农场"游戏（来自网络）

由此可见，开放平台自身虽然会抽取游戏的支付分成，但同时可能也会被其他渠道抽取分成。据相关报道，在人人游戏鼎盛的时期，其推出了"跨屏游戏"的概念，将同一款游戏产品同时在网页端和移动端（特别是 iOS 平台）上线运营，使用统一的服务器。然后通过各种方式吸引用户在网页端付费，这样就可以在一定程度上规避上文中提到的苹果公司高昂的支付渠道分成，挤出相当可观的利润。

案例：游戏联运

在移动互联网时代，游戏联合运营分成也是一种很常见的盈利模式。 很多做移动应用分发的产品与游戏的开发者之间都是采用这样的模式合作的，实际上分发平台充当了渠道商的角色。如图 7-32 所示的是同一款游戏在腾讯应用宝和百度手机助手两个应用商店中的主页。

第 7 章　纵向拓展：互联网产品盈利模式浅析

图 7-32　同一款游戏在不同的应用商店上架

我们注意到，在左侧的腾讯应用宝中，该游戏图标的右下角有"腾讯游戏"的标志；而在右侧的百度手机助手中，该游戏图标的右下角则有百度标志。这表明在不同的应用商店中，该游戏是与不同的平台联合运营的。一般情况下，游戏开发商会将给到不同渠道的安装包打上不同的渠道号，以便于区分来源。一般从 A 渠道下载并安装的游戏，在玩游戏的过程中如果用户产生了付费行为，这笔费用除付给游戏开发商之外，还需要同步给 A 渠道商分成。

另外，仔细观察图 7-32 中的两个截图会发现一个细节，就是这款游戏在不同的平台上大小不同：一个是 92.8MB，另一个是 94.2MB。这是因为，在与平台联合运营的时候，为了确保平台利益，一般平台会要求在游戏中嵌入自己的支付 SDK，有的还会嵌入其他一些小模块，所以最终因为嵌入了不同的内容，导致安装包的大小不一样。

分别下载并安装这两款游戏，然后分别尝试购买道具。如图 7-33 所示，从腾讯应用宝渠道下载的版本，弹出的支付渠道是微信支付、Q 币及 QQ 钱包支付；而从百度手机助手渠道下载的版本，虽然提供了包括支付宝、微信支付在内的多种支付方式，但从 UI 下方的百度标志来看，其嵌入的是百度的 SDK。或许因为百度自身的支付渠道百度钱包的用户量不多，所以为了能将钱收回来，只能与用户基础更牢固的其他渠道合作，代价是要同步向相应的支付渠道分成。

247

图 7-33　不同的支付渠道

7.3.4　O2O 类

佣金与分成模式的另一种常见的产品形态就是各类 O2O（Online To Offline，线上到线下）平台。

对于一个商家来说，如何给产品定价是一门学问。如果定价较高，则售出单位数量的产品盈利就会较大，但可能总销量不会太高；而如果定价较低，则销量可能会提高，但每一份产品的利润空间会降低。所以，价格与销量这两个变量共同影响着盈利，或许它们可以组成一个函数，理论上应该能够找到一个点，使得价格×销量的值最大，以至于达到盈利的最大化。

但以上只是数学意义上的讨论，在真实的市场营销过程中，真正能让利润最大化的方法是，将同样的产品，以较高的价格卖给对价格不敏感的人；同时以较低的价格卖给对价格敏感的人。这种策略叫作**"价格歧视"**。

团购网站或许是在国内第一个大获成功的 O2O 类产品，它的基础原理就是构建价格歧视。对价格越敏感的用户，越会勤于寻找团购和优惠；而对价格不敏感的用户，则会直接到店消费。这样除在客观上帮助商家促销之外，还帮助商家将同样的产品以不同的价格卖给不同的人，增大了利润率。而团购网站的典型盈利模式，就是从每一单的销售中分成。

在团购之后，越来越多的 O2O 类产品问世，虽然它们所做的领域各不相同，但盈利模式基本一致。

案例：易到用车

如图 7-34 所示的是与易到用车的司机端客服对话截图，对于在易到平台上应招的司机来说，收入的 21%需要分给平台。

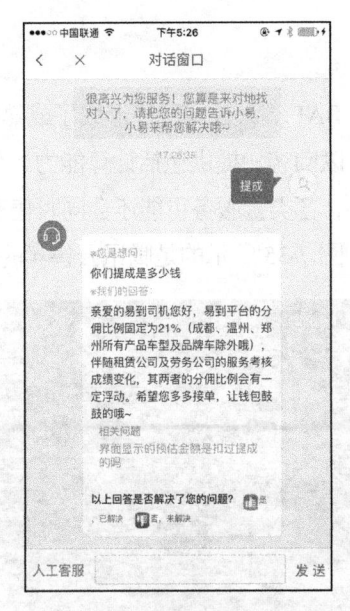

图 7-34 易到用车的分成比例

7.4 收费服务及售卖变现

虽然绝大多数互联网产品是可以免费使用的，但依然有一些产品、服务或内容是在网上直接售卖的，这种盈利模式与传统行业制造-售卖的模式本质上没有什么区别。另外，也有一些商家纯粹将互联网作为一种销售渠道，这种方式有时也会涉及互联网产品部分，但这类互联网产品是完全为销售服务的。

7.4.1 技术服务

在很久远的"个人站长"的年代，就曾经有一些机构以售卖域名、主机空间、数据库等方式来盈利。随着互联网的发展，越来越多的创业公司进入这个领域。他们要做互联网产品，就需要有相应的技术支持（这里主要指服务端硬件）。有的公司倾向于自己购买相应的硬件放进电信机房，由自己的工程师全权管理；而有的公司则专注于软件部分的开发，硬件和网络部分倾向于向其他服务商购买成熟的服务，配合自己的运维工程师来管理。而提供这类技术服务的公司，就是靠售卖这些硬件（的使用权）和技术服务本身来盈利的。

案例：云服务

如今，这类技术服务在 BAT 等大公司已经形成了成熟的体系，这就是"云服务"。阿里云、腾讯云等产品，可以向客户提供包括计算能力、存储、带宽、负载均衡等高质量的技术服务。除此之外，各类云服务可能还会同时售卖一些软件能力，例如人脸识别模块、企业邮箱等。如图 7-35 所示的是腾讯云售卖的相关技术服务产品。

图 7-35　腾讯云的产品矩阵

如图 7-36 所示的是阿里云的企业邮箱报价（部分），从页面上可以看到，并不提供免费版本。

第 7 章 纵向拓展：互联网产品盈利模式浅析

图 7-36 阿里云的企业邮箱服务

7.4.2 付费软件

有一些互联网产品并没有使用类似于"基础功能免费，高级功能收费"的增值服务模式，而是所有功能都要付费使用。这种盈利模式与互联网出现之前，传统 IT 软件的盈利模式是一致的。

案例：付费下载应用

如图 7-37 所示的是 App Store 中的付费榜单，要使用这些应用，必须先支付相应的费用，从 1 元到几百元不等。

图 7-37 付费应用排行榜

251

另外，我们也注意到，有一些应用（特别是游戏类）的付费按钮下面同步注明了"App 内购买"字样。这说明，该应用其实拥有不止一种盈利模式，除付费使用之外，其内部还会以道具等增值服务的形式继续盈利。

7.4.3 付费内容

对于以做内容为主的产品来说，除可以以增值服务的形式提供更高品质的内容之外，针对一些比较新、关注度比较高的内容，直接售卖也是常见的盈利模式。

案例：腾讯视频的付费内容

在各大视频应用中，有时会提供一些在院线热播的电影。这些电影在网络渠道上线的时间点一般都位于院线放映的末期，或者当院线下线之后才在网络渠道上线，而这些电影大多都是需要付费才能观看的（有的即便开通了 VIP 会员，也需另外付费）。如图 7-38 所示的是腾讯视频上的某部需付费购买观看的电影，普通会员需付费 12 元，VIP 会员需付费 6 元。

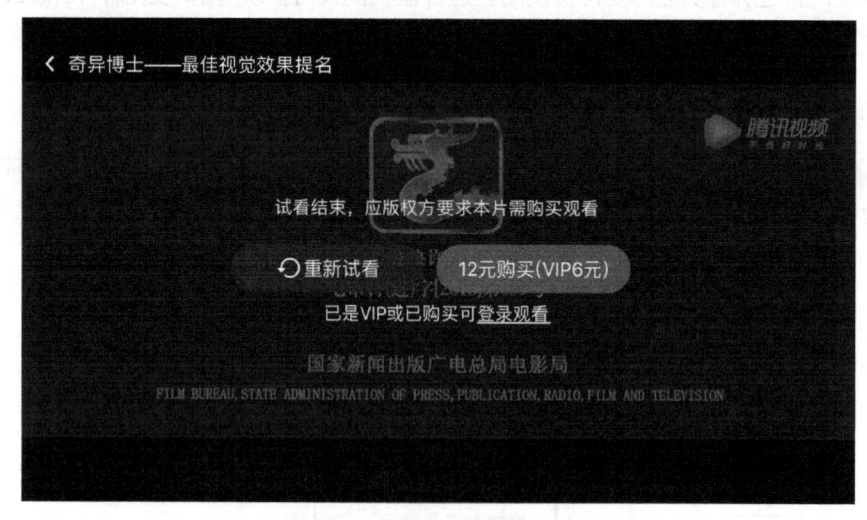

图 7-38 需付费观看的电影

案例：得到 App

在各种知识服务类的互联网平台上，其内容大多数也是需要付费的。如图 7-39 所示的是著名的脱口秀《罗辑思维》的发起人罗振宇创立的"得到"App，在该产品内部，除《罗辑思维》内容外，还有大量付费订阅的专栏内容，一些热门的专栏有十几万的订阅量。到了这里，又出现了一个分支，从得到 App 和用户之间的关系来看，前者的盈利模式是付费内容模式；而从得到 App 与内容产生者之间的关系来看，不论现在如何，未来顺理成章是以分成模式盈利的。

图 7-39 得到 App 中的专栏订阅内容

另外，这里针对得到 App 做一个延伸。从用户的角度来看，该应用的定位是做"知识服务"，但上面的内容又会有各自的倾向性。很多专栏订阅内容更加贴近纯粹的"知识"服务，即售卖知识本身，而老罗自身的脱口秀《罗辑思维》则不同：

- 从内容上看，《罗辑思维》越来越偏向于做"流量变现"——为平台上的其他内容导流。老罗在讲课的过程中，会不断地提到类似的"在得到 App 中×××专栏最近有这样一篇文章"，同时，他将《罗辑思维》由周播改为日播，并上线"罗胖精选"栏目，也侧面验证了这一点。
- 从整个得到 App 的角度来看，由于《罗辑思维》的订阅价格只需 1 元，基本上看作是免费的，结合其他的付费订阅专栏，则很像增值服务——使用"免费"的《罗辑思维》内容将用户导进来，产生黏性，然后引导他们付费订阅其他栏目。

综上所述，老罗是互联网运营方面的高手，在他的 App 中，几乎用到了这一章中所描述的全部盈利模式，并且结合得非常自然和高效。

7.4.4 网上渠道

收费服务及售卖变现的最后一类产品，就是仅仅将互联网作为销售渠道的产品。理论上，这类产品并不是纯粹的互联网产品，但是它以互联网为工具和载体运行，所以依然将其纳入了讨论范围中。

案例：小米商城

很多手机厂商都有自己的线上商城作为销售渠道，由于商城中售卖的商品大多数都是自己公司的产品，所以一般并不涉及佣金与分成，其存在的意义是为了销售本身。小米、华为等大型手机厂商均有类似的线上商城，如图 7-40 所示。

图 7-40 小米商城

案例：卖花的公众号

另外，很多中小型的线下店铺，如蛋糕店、花店等，它们都会在线上以微信公众号、网站等形式作为销售渠道。如图 7-41 所示的是某花店的公众号，用户可以在此公众号上直接选购鲜花，花店提供送货服务。

第 7 章　纵向拓展：互联网产品盈利模式浅析

图 7-41　某花店的公众号

案例：余额宝（基金销售）

类似于余额宝之类的互联网金融产品，其实也可以看作金融产品在网上的销售渠道。只是**结合第三方支付、平台垫资等手段**，使得这些金融产品的购买和赎回更加方便、高效，如图 7-42 所示。

图 7-42　余额宝开创了货币基金的新时代

255

7.5 其他类

除上述几种模式之外，还有一些盈利模式，它们难以归类到上述任何一种模式里面。作者统一将其归类为"其他类"。

7.5.1 付费开发

有很多小型互联网公司，它们并没有自己的产品，而是靠售卖开发能力为客户开发软件来盈利。在 PC 互联网时代，有很多做"企业建站"服务的公司，几百到几千元就可以为企业做一套展示型的网站；而到了移动互联网时代，这种盈利模式依然存在，只是开发的内容变成了手机应用和以 H5 网页承载的公众号。

7.5.2 金融增值

在传统的大型卖场中，有一种隐藏的盈利模式，就是靠"账期"来赚取金融增值部分的利润。账期的本质就是零售商（卖场）利用时间差对供应商资金的占用，在"占用"期间，这些钱是可以增值的（大量的资金，即便放在银行里几天，也有不少利息），而最终结算给供应商的钱数是不变的，所以增值部分就成为卖场的利润。

另外，很多会员卡充值体系，其实也是这个道理——只要有现金停留在商家的账户中，就有机会增值。理发店的各类服务人员总是不断地怂恿顾客办卡，本质上也是这个道理。

在互联网上，同样有一些产品利用从用户处收取的资金来做文章。用户使用服务之前所缴纳的押金、充值款等，都是进入互联网产品背后公司的现金流。而一般情况下，对于一个稳定运行的互联网产品来说，基本不会出现用户大规模提现的情况。这就意味着，这个庞大的资金池会相对稳定地停留在互联网公司的账户中，这就为金融增值模式提供了可能。在知乎的一个关于共享单车盈利模式的问题下面[1]，就有多个回答提到了这个资金池的问题。

---

[1] 扫描二维码，查看原文。

但是，这类资金的利用有时会是个灰色地带，当资金池足够大以后，政府可能会出面监管。

7.5.3 第三方付费

在"付费开发"模式中，有时会遇到一些比较强势的客户——它们自身不想付钱或者没有足够的支付能力，却又需要相应的软件或互联网产品。在医疗等领域中，这是一种常见情况，国内的大型公立医院一般无法支付几百上千万元的开发费用。在这种情况下，负责开发的技术公司与客户之间就存在另外一种盈利模式，作者将其称为"第三方付费"模式。如图 7-43 所示的是这种模式的示意图。

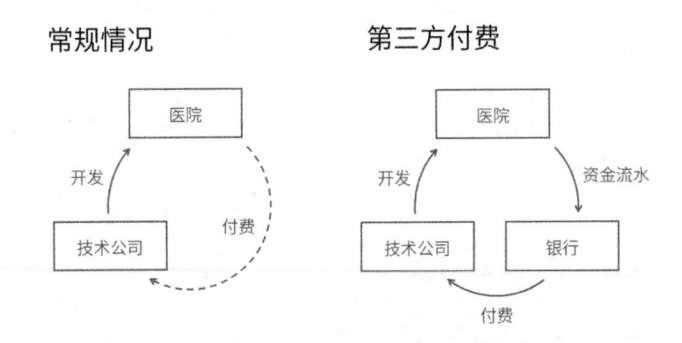

图 7-43 第三方付费模式示意图

在常规情况下，逻辑很简单，就是技术公司负责开发，客户（医院）付费。

但是现在医院无法支付足够的钱，这时，技术公司和医院双方就可以拉入一家第三方机构（一般是银行）进来。同样，技术公司负责开发，但相应的开发费用由银行支付。同时，医院会跟银行签署一定的协议，在该银行开户，承诺未来院内会使用该银行的渠道收款。这样：

- 技术公司完成了开发，赚到了钱。
- 医院没付钱，用上了软件和系统，同时对于医院来说，用哪家银行收款并没有什么差别。
- 银行付了开发费用，但同时，在未来漫长的岁月中，可以从医院处收取并保存大量的现金（可以通过贷款、拆借等金融手段生出更多的钱）。

三方都获得了利益，以至于整个商业逻辑实现了闭环。

第 2 篇　推广产品思维

第 8 章

以产品思维应聘产品经理职位

产品经理的思维方式本质上是一套**发现问题、拆解逻辑、分析场景、解决问题**的普适性方法论。它除了可以用在互联网产品的策划和设计过程中，还可以同步用在日常工作和生活的很多方面。在本章中，我们尝试将产品思维拓展出互联网产品策划的领域，以应聘要求 3 年及以下工作经验的产品经理相关职位为例，试图用它来解决日常工作和生活中的各类问题。

需要注意的一点是，下文所叙述的仅仅是思路和技巧。而成功应聘职位，最关键的因素依然是候选人自身的实力要足够强大。这一点如果不具备，任何思路和技巧都是做无用功。

8.1 找到用户：谁会负责简历筛选

在做具体的策划和设计之前，首先我们要搞清楚用户是谁，以及他们有什么特征。

8.1.1 两类筛选人

总体来说，负责筛选简历的角色可能有两种，一种是公司的 HR；另一种是产品线的负责人。我们先来分析他们有什么共同点，以及在这些共同点的作用下他们的行为风格。

1. 共同点

首先，**他们工作都很忙**。一般情况下，HR 的工作职责包括招聘、培训、绩效管理、薪酬与福利、员工关系等。相比之下，筛选简历只是"招聘"这项工作中的一小部分内容而已。而产品线负责人的工作往往更忙——我们都知道互联网公司加班并不是什么新鲜事。另外，他们的本职工作是做产品，并不是招聘，所以一般情况下能够用来筛选简历的时间会更少。

这决定了**他们往往会在所收到的海量简历池里面先做一轮初选，以很快的速度把明显不符合招聘需求的简历过滤掉**，这一轮被淘汰的简历可能在 90%以上。初选这一轮，他们浏览每一份简历的时间极短，一般不会超过 15 秒，快的甚至可能只有两三秒。

其次，他们对于招聘的核心需求和目标往往很清晰。例如：需要一个什么层次的人，要求候选人之前做过什么类型的项目，工作年限在什么范围，对学历、年龄、所在城市有什么要求等。

这些是他们在做第一轮初选过程中所参考的主要内容，同时也是其能够做到几秒钟时间就决定一份简历去留的基础。只要有一个核心因素不符合要求，简历的其他内容基本上就不需要看了。

最后，大多数时候，在他们的意识中，筛选简历是一种相对严肃、专业的事情。这意味着，如果简历内容"不严肃""不专业"，则往往会给他们留下不好的第一印象。除上述共同点之外，这两类人也会有很多各自独有的特征。

2. HR 独有的特征

首先，**HR 对具体的业务细节往往不太熟悉，对公司/部门方向的认知处于相对宏观的层面**。其工作性质决定了他们难以从产品、技术的专业角度来很好地判断一份简历的好坏。很多时候，HR 会从招聘的要求出发，根据其对公司、部门及行业的理解，以及多年"看人"的经验来判断一个候选人是否适合相应的职位。但是对于几个候选人之间谁更专业的比较，往往没有办法给出专业意见。

基于这个特征，作者的招聘经验是，如果不做事先沟通，HR 推过来的简历质量往往在产品线负责人看来不怎么样。因为 HR 对于专业能力的筛选，在很大程度上是以关键词匹配为主的。即：提取招聘需求中的关键词，例如用户场景、Axure、PHP 等，与候选人简历中的内容对比，而这种对比往往无法很好地判断其专业能力的好坏。

其次，由于 HR 对专业能力的判断力有限，所以**往往更加关注候选人专业之外的背景**。包括但不限于：学历、毕业院校、工作年限、名企工作经历等。

3. 产品线负责人独有的特征

首先，产品线负责人非常熟悉业务，对于公司/部门的业务方向除有相对宏观的认知之外，还会有很深入的细节思考。他们对于自己负责的产品的每一个细节都非常熟悉，对于类似的产品、技术、行业发展趋势等也非常了解。同时，对自己的团队状态及团队成员的状况非常了解。

其次，产品线负责人一般看人会以其专业能力作为主要的衡量标准，同时有经验的业务负责人会同步思考候选人的个性、背景、经历等与团队的匹配程度，包括与其自身的匹配程度。一般情况下，他们对候选人的学历、毕业院校等信息只会参考，不会在这些内容上过多地纠结。

8.1.2 简历筛选部分应对策略

不论是投给 HR 还是产品线负责人的简历，从上面分析的用户特征和行为出发，候选人可以参考如下策略。

（1）在写简历及投递前，一定要确定**自己的情况与招聘需求的吻合程度**，吻合程度越高越好，并且招聘需求中明确提及的匹配条件（如学历、工作年限等）一定要写在简历上。大多数时候，招聘的目标是"合适的人"，并不是所谓的"牛人"。

（2）简历的篇幅应尽量控制在 1、2 页纸之内，能缩减到 1 页最好。因为看简历的人都很忙，没有时间阅读长篇大论。

（3）一定要在简历上写清楚应聘的职位，最好与招聘需求中的职位名称一模一样。例如：招聘需求中写的是"互联网+医疗产品经理"，简历上最好也这样写，好过只写"产品经理"。这样不但可以给看简历的人"这个候选人的目标跟招聘职位很合适"的暗示，同时客观上也提升了筛选简历的效率，即提升了用户体验。

（4）简历上的内容应设计成易于扫描的条目形式，而非只能阅读的段落形式。同样，这是为了提升简历筛选者的阅读效率。如图 8-1 所示的是这两种形式的对比示意图。

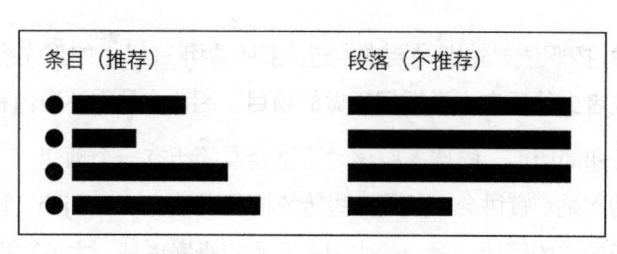

图 8-1 条目形式与段落形式

（5）简历上不要附带看起来不专业、不正式的照片，特别是不要附带生活照。如果不确定照片是否符合要求，同样也不要附带。

（6）电子版简历的命名，建议使用"职位名称-姓名"的形式，建议使用 PDF 或者 Word 格式。例如：互联网+医疗产品经理-刘涵宇.pdf，原则是当对方想找你的时候能够迅速找到。千万不要只写"个人简历"或者姓名。试想，如果你的简历跟另外 50 份简历第一轮初选通过了，被保存到一个文件夹中，但是你的简历文件名叫：个人简历.pdf，下次对方就不得不打开它才知道这是什么。

（7）如果是发邮件申请，则建议邮件主题写明事由、职位和姓名，也可以简单描述关键信息。例如：应聘互联网+医疗产品经理职位-刘涵宇-3 年工作经验。目的与上述各项一致——提升对方的筛选效率。

（8）自己的邮件地址前缀需相对正式。名字全拼是最好的，简拼、英文名或者加一些生日类的数字也可以，但不要使用类似于 lovexxx、woshichaoren123、foreverxxx 之类的前缀，因为会显得很不专业。如果是社招投递简历，最好不要在前缀中带大学名称，例如：liuhanyu_pku。同样也不建议使用纯数字的前缀，因为回邮件的时候可能输错（你的简历最终不一定是通过这封邮件送到初试面试官手中的，所以很有可能他邀请你面试的时候要手动输入邮箱地址给你发通知）。

（9）邮件正文除称呼、简单客套话、落款之外，可以简单描述一下自己的核心优势，2、3 句话即可，不要长篇大论。例如：

> HR 您好，
>
> 我具有 3 年腾讯产品经理工作经历，参与过 3 款用户量过亿的产品的策划，尤其熟悉流量分发类产品。现申请×××职位，期待与您交流。
>
> 刘涵宇

（10）对于社招职位，特别是要求候选人拥有两年或以上的工作经验时，**在简历中尽量不体现或者少体现在大学期间所做的项目，因为会显得不自信和冗余。**

另外，在投递简历前，候选人应该对于谁会看简历有一个预期。一般情况下，通过公司官方招聘网站、宣讲会，以及一些传统招聘网站（如：51job、智联招聘、中华英才网）等渠道投递的简历，第一轮由 HR 筛选的概率更高，大多数猎头推荐也是与 HR 接口的；而通过各大行业网站上的招聘帖子，或者一些垂直招聘网站（如：拉勾网、BOSS 直聘等）投递的简历，则第一轮可能由产品线负责人筛选。这个渠道划分并不绝对，只能做简单参考。

对于投给 HR 的简历，可以同步考虑以下注意事项。

（1）对照职位要求中提到的关键词，将自己简历中相应的关键词高亮显示，以便于 HR 可以更加容易地发现它们。例如，假设有如下职位要求：

- 负责×××产品移动端的产品策划工作；
- 对数据敏感，拥有优秀的数据分析能力。

假设候选人的简历中正好有一段内容可以与其匹配，则可以将相应的关键词高亮显示。例如：

2014 年 10 月—2017 年 6 月 ×××公司 产品经理

- 负责公司×××、×××两款产品**移动端**的策划工作，包括 iOS 平台和 Android 平台；
- 负责以上产品的日常运营工作，使用漏斗模型等方法**分析**运营**数据**，提升**数据**表现×××。

（2）在符合基本背景要求的前提下，如果具体的背景信息竞争力一般，则考虑将其弱化，放在简历最后。例如，假设毕业院校很一般，但符合"本科学历"的要求，则可以在简历最后只写一行字：

教育背景

2006—2010 年 ×××大学 ×××专业本科学历。

这样，如果简历前面部分很精彩，符合 HR 的预期，那么看到这里他往往也不会太纠结，甚至会感到庆幸：终于遇到一个看起来靠谱的人，幸好他的学历符合要求，赶快推给产品线负责人！

而对于投给产品线负责人的简历，则可以考虑多写一些专业性内容。例如：

- 以提升转化率为目标，采用漏斗模型分析、竞品调研、用户访谈等手段持续发现优化点并做改进；
- 半年时间提升产品总 UV 133%，提升最终转化率 98%，同时降低用户投诉 12%；
- 为公司创造 2000 万以上的收入增长。

这些专业性内容往往更能够引起他们的兴趣。

8.2 明确需求：读懂职位描述

对于求职这个场景中的"用户"来说，我们难以使用狭义的用户研究的方式来了解其个性化需求，这时读懂职位描述（Job Description，很多猎头和 HR 将其简称为 JD）就显得尤为重要。因为大多数时候，我们面临的"用户"与做一般 2C 产品的用户不太一样——他们会清晰、明确地了解自己"要什么"，而这些信息就隐藏在职位描述中。包括求职者的简历，除上述通用部分之外，具体的专业性内容也应该按照不同的职位描述而有所调整。这就像做产品时，面对需求不同的用户，要给出不同的功能和体验一样。

职位要求一般应由产品线负责人来制定，因为他们是真正的用人方，最了解自己的业务，以及要招什么样的人，但最后也可能经过 HR 润色。职位要求一般包括两部分：工作职责和工作要求，前者用来描述这个职位具体是做什么的；后者用来描述要达到哪些要求才可以胜任这个职位。也有的职位描述不会严格遵守这种结构，而是使用相对随意的语言来描述需求。我们来看几个具体的案例。

案例：应用宝产品策划经理

应用宝产品策划经理

工作职责：

- 负责应用宝对外合作、拓展的相关产品策划工作，通过整合内外部的资源，

> 策划和公司内外部合作方的合作方案，并落地；
> - 结合用户需求和合作方需求，挖掘内外部场景，结合行业市场分析、竞争对手产品分析，主导合作方案的规划与实施，与内容、设计、开发、测试、商业化等团队紧密合作，驱动项目达成产品目标。
>
> 工作要求：
>
> 1. 本科及以上学历，3年以上产品经理相关工作经验；
> 2. 具备较强的需求分析、产品规划、项目推动能力，熟悉产品开发全部流程；
> 3. 有强烈的责任心和执行力，拥有优秀的沟通能力；
> 4. 具备较强的逻辑思维，富有创新精神，有较强的项目管理能力；
> 5. 有渠道、应用市场相关经验，或负责过大型App相关工作经验者优先。

仔细阅读这份职位描述，我们发现它包含下述信息。

（1）基础信息

- 候选人将要负责的是"应用宝"这个产品的相关工作。这意味着，如果其拥有移动应用分发相关的背景，或者移动端产品的策划经验，则可能被认为与职位需求更契合。同时，在面试之前，候选人应该深入体验一下应用宝这个产品，最好能够结合职位要求后面的各类细节，给出自己的思考、分析和建议。
- 硬性要求是本科及以上学历，3年以上产品经理相关工作经验。这意味着，该职位的招聘目标是具有一定的工作经验和相对熟练的相关技能，可以直接上手工作的人。应届毕业生或者工作只有1年的应聘者可能会被直接忽略掉，同样，如果工作经验很丰富，例如在10年以上，也可能引起对方的怀疑（有这么丰富的工作经验，甘愿来做一名普通员工？或许是能力不行，要不就是有某种其他缺陷），并不一定适合应聘这个职位。

（2）扩展信息

- 在"应用宝"体系下，具体负责的是"对外合作、拓展"相关方向的产品策划工作。结合"应用商店"这类产品的特点，可以推断出这个职位很有可能与厂商预装、渠道预装、合作渠道推广等有关。由此，如果应聘者拥有手机厂商、卖场、渠道等相关工作经验，或者对此有深入思考，则可能是加分项。如果没有相关工作经验，那么至少在面试之前应该去网上找一些这类的文章了解一下。
- "结合用户需求和合作方需求"这个表述透漏出，不但用户会有需求，"合作方"也是会有"需求"的。即具体的"对外合作、拓展"可能是相对平等的商业合作，而并非应用宝作为甲方，付钱并指挥合作方做事的方式。另外，这句话还隐含着另一个含义，即：要求候选人同时具备 2C（用户）和 2B（合作方）两方面的产品策划经验。

（3）具体需求
- 常规的需求分析、产品规划能力；优秀的表达能力和沟通能力。
- 特别提到"项目推动能力""较强的项目管理能力"，结合上述"对外合作、拓展"这些关键词，推断出在具体工作中，很可能需要在一定程度上充当与合作方商务沟通的角色。所以如有商务、销售、合作等相关经验和案例，在简历及面试中可以考虑适当提及。

案例：互联网+医疗产品经理

再看一个写得比较"随意"的案例——作者曾在网上发布的一则招聘。

互联网+医疗产品经理

1. 负责互联网+医疗方向的产品策划工作
- 需要你有优秀的互联网产品策划能力和系统的方法论。能够有效提炼用户（包括 C 端用户和 B 端用户）场景，找到用户的需求，并提出解决方案。
- 熟悉国内的公立医疗体系，特别是医疗信息化方面。熟悉公立医院及相关商业公司、政府机构等的一般思维方式。

2. 参与对外沟通，构建合作
- 需要你逻辑清晰、思维敏捷，拥有优秀的表达能力。能够在用户体验、商业价值、社会价值之间找到最佳平衡点。
- 希望你是一个有趣并且严谨的人，有大局观，对互联网和公立医疗两个行业均有较深入的理解。

3. 探索各种可能性，帮助决策
- 希望你有开阔的眼界，热爱思考。能够探索并发现新的需求和机会点。

- 希望你有各种各样的想法，并且有能力提出具体、合理、完善的方案，把想法落地。

4. 其他

- 本科及以上学历，3 年以上工作经验。
- 在符合上述所有条件的基础上，有医学或医院工作背景者优先。

同样，这份职位描述中也包含了几层信息。

(1) 基础信息

- 产品方向是互联网+医疗，但并没有说明具体做什么。这意味着，如果有与医疗相关的互联网产品策划经验，则可能是加分项。
- 本科及以上学历和 3 年以上工作经验是硬性要求。同样，这意味着需要的是马上能够上手工作的人，几乎不会考虑应届毕业生。

(2) 具体需求（关键核心）

- 第 1 条中的第 1 项提到"优秀的互联网产品策划能力"。这意味着，虽然与"医疗"相关，但这个职位本身依然是互联网产品经理，所以产品策划能力是底层的重点要求。从作者收到的简历来看，有不少做医疗行业相关外包开发，或者有医院信息科相关背景的朋友投简历，但是多数都无法达到腾讯所要求的"优秀"策划能力。所以即便有很深厚的医疗背景，事实证明也无法通过面试。
- 之后的一项提到"熟悉国内的公立医疗体系"，由此推断出，这个职位所负责的产品是跟公立医疗相关的。同样，有很多朋友投来的简历里面阐述了不少的私立医院或者某种细分领域（如：基因检测、慢病、体检机构、中医等）的相关经验。这些朋友一般也是不符合要求的。
- 第 2 条中的第 1 项提到"用户体验、商业价值和社会价值之间的平衡"，在书写简历和面试过程中这也是一个重要信息。这个职位经常需要产品经理在这三者之间做平衡，所以依照作者的经验，如果之前的工作是有关纯 2C 产品，或者纯粹为"客户"服务的外包类产品的，其思维方式大多集中在两个极端，那么大多数人是通不过面试的。
- 之后的一项提到必须对行业有一定的了解，有大局观。这意味着，候选人应该能够基于对这两个行业的理解，将两个行业的需求和痛点打通，从更加宏观的层面来思考产品方案。这才是真正的"互联网+"。所以，面试的时候肯定会被问到一些关于医疗行业某现象你怎么看之类的问题，如果思考较少，那么在这类问题上往往无法达到面试官的预期。
- 此外，在第 3 条的第 2 项中特意强调了"落地"。这意味着，该职位要求应聘者能够从实际出发，给出真正靠谱可行的方案。在作者担任面试官的过程中，听到过不少应聘者对未来的"畅想"，很多人习惯于说："我认为政府应该怎样""我认为医院应该怎样"，但这并不是一个产品经理应该给出的方案。

（3）其他

在第 4 条的第 2 项中提到了"有医学或医院工作背景者优先"。但是这个"优先"前面有明确的限制条件——"在符合上述所有条件的基础上"。并且这句话排列在其他所有要求之后，这意味着仅仅是医学出身或者有医院背景是完全不符合条件的。事实上，作者也曾收到不少医生、护士投来的简历，他们虽然有公立医院的工作经验和相关医学知识，但是绝大多数人完全没有互联网经验。所以基本上在 3 秒以内就可以决定放弃，因为并不是本次招聘的目标用户。

8.3 设计 UI：写简历

在应聘这个场景中，双方的第一次沟通是通过简历完成的，所以简历就像产品的 UI。在了解了用户特征和他们的需求之后，紧接着就要着手写简历了。

8.3.1 简历框架

很多朋友都曾问过作者："有没有好的简历模板给我一份？"每次遇到此类问题，作者都不知道该如何回答。因为**对于一份简历来说，最重要的是应聘者的背景、技能与招聘目标的匹配程度，而并不是什么模板**。事实上，并不存在某种万能的"模板"，只要像填表格一样把条条框框填进去，就可以形成一份完美的简历。

但简历的框架的确也会影响到最终的筛选结果，但是**此处的原则很简单，两个字——清晰**。结合上面章节中对于看简历的"用户"的特征分析即可明白：大家都很忙，作为应聘者，必须帮助简历筛选者高效地发现其核心竞争力。

案例：简历模板的反面案例

在本节的最开始，先来看两个作者在网上收集的"简历模板"的反面案例，如图 8-2 所示。

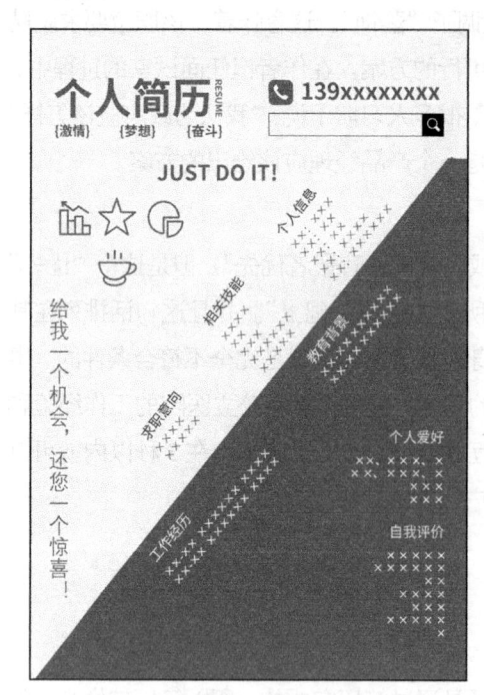

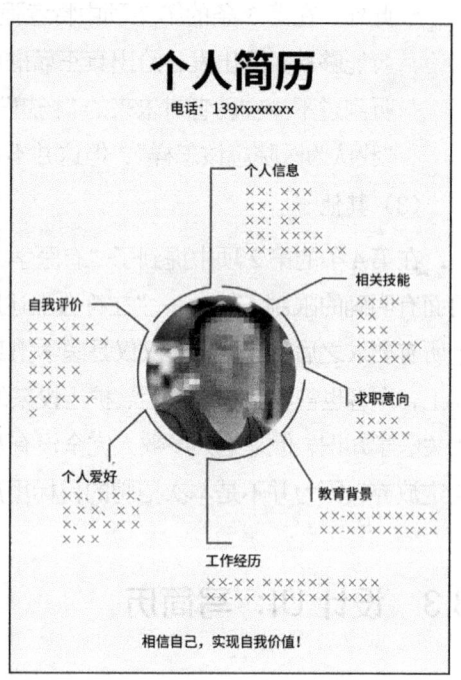

图 8-2 网上常见的简历模板"反面案例"

这类简历模板很像 Less is More 中所描述的"过度装饰"——不论是斜向 45°的排版、看似有激情的口号，还是围绕应聘者照片转圈的内容。这些装饰在写简历的场景中不但没有什么意义，相反，它会对简历筛选者的阅读造成障碍。**在处理海量简历的场景下，使用此类模板的简历很可能会被直接删除。**

案例：适合投给互联网公司的简历框架

一切产品、UI 设计都应该是为需求和场景服务的。**展现在简历筛选者面前的，应该是条理清晰、排版整洁，易于阅读的简历。**如图 8-3 所示的就是这样的简历框架。

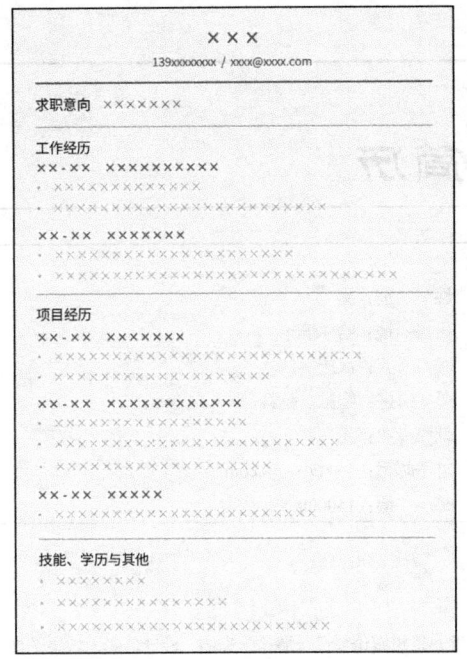

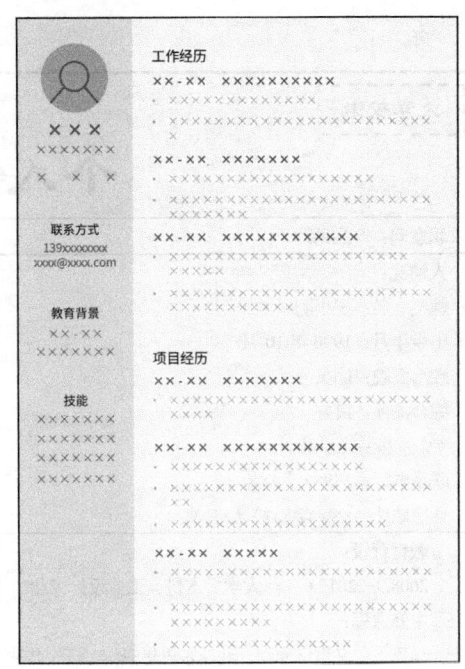

图 8-3　更适合投给互联网公司的简历框架

从图 8-3 中可以看出，这类框架对内容的排布特别整齐和清晰。使用字号、加粗、分隔线等方式明确地传递出了内容之间的逻辑关系，并且整个页面上几乎没有无意义的装饰性元素，也同样没有无意义的内容（如：像喊口号一样的"给我一个机会，还您一个惊喜！"之类的）。

8.3.2　简历内容

搞清楚应该用什么样的"模板"之后，紧接着我们就要开始设计简历的具体内容了。这是写简历这一节的重中之重，我们用两个具体的案例来阐述本节的内容。

案例：应届毕业生简历

首先，让我们来看一份应届毕业生的简历，这是一个真实的案例（除姓名外）。几年前，一位学弟在投递了很多简历都没有收到回复后找到作者，希望帮他"看看简历"。作者打开他发来的附件，发现这是一份典型的按照学校发放的模板填充内容的简历，在 Word 中一共有两页。

第一页：

[大学校徽]

个人简历

求职意向：产品助理

个人情况：

姓　　名：王小明		性　　别：男	
出生年月：1990 年 10 月		生 源 地：哈尔滨市	
政治面貌：团员		民　　族：汉族	
综合测评：良好		爱　　好：唱歌、跳舞	
专　　业：工业设计		辅修专业：无	
联系电话：139×××××××		电子邮箱：×××@××××.com	
通信地址：××大学××校区×公寓		邮　　编：150000	

教育背景：

2008.9—2012.6　××大学　本科　工业设计专业

主修课程：

马克思主义哲学原理、毛泽东思想概论、三个代表重要思想概论、设计概论、素描、设计色彩、效果图技法、装饰设计基础、工业设计史、中外美术史、设计图学、设计心理学、工程力学（理工类）、设计材料与工艺、工业设计概论、模型设计与制作、计算机辅助设计、产品摄影、制图、界面设计、概念设计、产品设计及模型制作、设计程序及分析

实践与实习：

社会实践：

2009.03—2010.06 工业设计系系刊《点滴》美术设计师

2010.06—2011.10 ××卖场空调促销员

2009.06—2009.08 设计并制作工业设计系官方网站

2009.09—2009.10 设计并制作××大学官方网站

2010.01—2010.06 地铁查询 App《城市通》产品经理

2009.03 至今　创立并运营《××大学学生空间》网站

2010.11—2011.02 设计并制作联合国××组织官方网站

工作经历：

2012.01—2012.06 哈尔滨市×××公司　产品经理（兼职）

获奖情况：

大一获得校二等奖学金、大二获得校三等奖学金、大三获得校三等奖学金、校网页大赛一等奖、寝室卫生评比优秀奖、《新时代、新青年》征文大赛三等奖、《中国设计年鉴》作品入编

外语水平：

CET-4

计算机水平：

通过全国计算机等级考试二级《VFP 数据库程序设计》认证

第二页：

自我评价：
  本人学习刻苦努力，团结同学，积极参加院系、学校组织的各种活动。热爱祖国，助人为乐。成绩优秀，为人随和。工作态度严谨，做事一丝不苟，兴趣爱好广泛，曾在学校组织的各种活动中获奖。大学期间积极参与了学校各部门的网站建设工作，成果受到了各位领导、老师和同学们的一致肯定。
本人签字：
  年 月 日

院系评价：

辅导员签字：
院系盖章：
  年 月 日

学校毕业生就业主管部门意见：

签字盖章：
  年 月 日

  这份简历堪称应届毕业生的简历反面典范，因为几乎所有常见的问题在这份简历中都出现了。我们来一一分析。
  前文提到，简历并不应该是一成不变的，而应针对不同的职位有所调整。首先，作者找到了这位同学要应聘的职位要求：

> **助理产品经理**
> - 正规高校本科及以上学历，熟悉并热爱互联网，拥有基本的互联网产品策划能力；
> - 具备一定的需求分析、场景归纳、产品规划、项目推动能力，熟悉产品开发全部流程；
> - 了解交互设计和 UI 设计，对以人为本的设计思想及用户体验有一定的理解；
> - 具备优秀的沟通能力，可以跟各种背景各环节的同事通力合作，可能承受较强的工作压力；
> - 熟练使用 Axure RP、MS Office、Photoshop 等常用软件；
> - 有项目经验者优先，了解网页前端技术（如 CSS 和 HTML）者优先。

1. 匹配职位描述

对照职位描述，作者与该同学深入地聊了一下其实际情况。发现整体上，他的背景、经验与职位需求还是比较吻合的，只是在简历中几乎完全没有表现出来。具体如下：

（1）学历符合要求；"熟悉并热爱互联网""基本产品策划能力"等，都可以通过他做过的几个项目来证明。

（2）他曾在某互联网公司做兼职的产品经理。这是当地的一家小公司，事实上公司里面只有他一位产品经理，之前的产品策划工作都是由开发工程师完成的。在《城市通》这个项目中，他相当于主导了全部产品策划工作，并且与设计师、工程师有过紧密合作，最终产品已经在多个应用商店上线。所以非常符合第二条的要求。

（3）在"联合国××组织官方网站"这个项目中，由于是从网上找到的兼职，他与需求方使用电话和互联网沟通，并且涉及了一些与国外需求方的简单沟通。最终设计并上线了这个网站，这个情况正好符合第四条关于沟通能力的要求。

（4）在软件方面，他都可以相对熟练地使用。

（5）由于在大学期间做过一些兼职外包工作，对于 UI 设计、前端技术，甚至一些后台的简单编程，他都有过接触。即，基本符合第三条的要求，以及最后一条提到的两个加分项。

但是同时，他也有一些劣势，其中最明显的就是：虽说就读的是"正规高校"，但学校知名度很低，除在当地外，并没有多少人听说过。而他要应聘的这个职位在北京，他将面临诸多北京优秀高校毕业生的竞争。他需要在简历中尽量规避这个劣势。

2．删除一切与职位无关的内容

首先，作者建议这位同学重新审视他的简历，对照职位要求，删除所有与职位无关的内容。目的是：降低简历筛选者的阅读压力，提升其阅读效率。具体来说：

（1）把第一页左上角的学校标志删除。因为学校知名度太低，在简历一开始放一个硕大的学校标志，不但起不到任何提升第一印象的作用，相反会成为减分项。特别是应聘北京的职位，可能会有很多北京名校的候选人也将学校标志放在简历的左上角，对于一个不太知名学校的毕业生来说，这个行为明显是在凸显自己的劣势。

（2）把"个人简历"4个字删除。简历第一页前1/3的空间是一份简历最黄金的区域，很多时候会决定其第一印象。而在这份简历中，这个区域被"个人简历"这个硕大的标题及无关痛痒的个人信息所占据。即便把标题删除，相信看到的人也会知道这张纸上面写的内容是"个人简历"。

（3）个人信息部分，保留姓名、手机号码、邮箱、学校名称和专业名称，其他的全部删除，以便于为黄金区域腾出更多的空间。具体来说：

- 有时候，年龄的确是要作为"资历"来参考的。但是这位同学是一名应届毕业生，用人单位的招聘目标也是"助理"级别，相信不会太在意年龄（但是年龄太大的可能会有问题）。
- 政治面貌、民族、生源地等信息，对于投递一般的互联网公司来说，几乎完全没有参考价值。简历上的项目只是延续了学校作为一个公立机构的习惯而已，这个习惯与市场需求是不符的。或者换句话说，如果用人单位有一些倾向性，也一般会在HR面试过程中直接询问，或者在职位需求中直接说明。
- 理论上，"综合测评"这一项可以表现出这位同学在整个年级的排位情况，有点儿GPA（平均成绩点数计算）的意思。但是，如果不是考研或申请留学的话，这个数据在用人单位看来，是个可有可无的参考项。因为它只能说明候选人的学习成绩，无法证明其工作能力。
- 至于"爱好""通信地址"等，则几乎完全是干扰信息。第一，唱歌、跳舞这两个爱好本身与产品经理职位完全无关，何况只是"爱好"，并不一定唱得好。第二，既然投递的是互联网公司，肯定应该是通过互联网或者电话来沟通的。Offer 的发放多数也是通过电子邮件，基本用不到通信地址。即便在入职过程中需要邮寄一些材料，也应该入职时再确认地址，现在只是筛选简历，八字没一撇，不用这么急。

（4）主修课程全部删除。具体来说：

- 简历上罗列的主修课程，顺序混乱，毫无逻辑，关键是很多课程与"产品经理"职位完全不相关。例如，并不会有哪家公司因为一个候选人学过"马克思主义哲学"而将其录用为产品经理。
- 所谓的课程，仅仅能够起到一个声明"我学过这些课程"的作用，并不能够表达出候选人对这些知识和技能的掌握程度。所以与其这样罗列，不如将这些课程背后的知识与技能融入到"项目经验"和"技能"栏目里面做具体说明。

（5）在获奖情况中，保留奖学金和《中国设计年鉴》这两项，其他的全部删除。同样，很难有哪家互联网公司会因为候选人获得过《寝室卫生评比优秀奖》而将其录用为产品经理。另外，网页设计大赛虽然跟互联网相关，但校级比赛水平有限，说服力不够。在候选人有多个面向市场的兼职作品的前提下，没必要提及。

（6）外语水平删除，在职位描述中并没有提到相应的要求，可以不写。在计算机水平中将原内容删除，作为一个互联网产品经理，应该将这一项扩充成更加细致的描述。并且不应该出现《全国计算机等级考试》这类内容，因为对于互联网公司来说，这个认证内容陈旧，几乎完全没有参考价值。况且，考试的成绩并不能代表实际能力。很多同学刚刚走出校门，习惯沿用学校里面的评价方式，但很多时候这并不被市场所认可。

（7）第二页的内容，完全没用，全部删除。

3. 要写"做过什么"，但更重要的是"做得怎么样"

这位同学在校期间进行过一些社会实践，做过一些兼职工作，但是在其简历中大多只是简单提及了项目名称，并没有展开说明。这样的话，用人单位很难了解该同学在项目中发挥的具体作用，从而无法一窥其工作能力。所以对于应届毕业生和工作经验有限的候选人来说，在写工作经验和项目经验的时候，不但要写清楚自己做过什么，同时要简单说明自己负责哪个部分以及过程和结果，如果有相关数据最好。具体来说：

（1）城市通这个项目，主要用来说明他的产品策划能力。应该简单描述一下这个应用的具体情况和一些亮点，如果有相应的下载量、DAU 等数据更好。

（2）联合国××组织官方网站这个项目，主要用来讲沟通。所以具体功能逻辑不必多说，但应该着重描述一下在沟通过程中遇到的问题，以及解决方式。

（3）其他几个与互联网、设计相关的项目，不需要展开写，可以简单合并成一项。用来表达除两个主要项目之外，该同学其实还做过"很多"其他项目，有丰富的经验这一层意思。同时也与职位描述中需要"了解"的交互和 UI 部分形成呼应。

（4）在软件方面可以单列一项。可以写某个软件已经用了几年，或者一些具体的技术细节用法，而不是仅仅简单罗列。

4．避免假大空

除上述内容外，简历的行文风格应避免假大空，尽量叙述客观事实和可追溯的数据，不要写过多的"主观感受"。类似于"相信自己，实现自己的价值""给我一个机会，还您一个惊喜！"之类的口号类内容一定不要出现。冗长的自我评价内容也不需要出现。

5．理清逻辑，准备讲故事

最终，该同学修改后的简历如下：

王小明

139××××××× / ×××@××××.com

求职意向：助理产品经理

任职情况及社会实践

2010.01 – 2010.06 哈尔滨市×××公司 产品经理（兼职）

- 独立负责地铁查询 App "城市通"的**产品策划**工作。
- **协调**设计、开发等资源，推动项目进度，在多个应用商店上线。

项目经验

2010.01—2010.06 城市通（北京地铁）iOS、Android 客户端

- 深入调研用户**需求**，梳理主要用户**场景**，并发现了"1 号线高峰期运营压力极大"和"换乘要考虑末班车时间"两个问题。
- 完成路线规划、换乘建议、车站信息等**功能策划**，并提供了极具北京特色的"避开 1 号线"功能；同时对于晚上出行的用户给出"末班车风险提示"，构建出行闭环。
- 完成全套**交互设计**，并**推动** UI 设计师、开发工程师进行视觉设计和开发工作。
- 目前该应用在多个应用商店上线，累计下载量达 **5 万**，日活跃用户在过去 3 个月内由最初的不到 100 人增加到 2000 人以上。

2010.11—2011.02 联合国××组织官方网站

- 与北京、纽约两地的客户**深入沟通**，从两地客户的共同目标出发，提出符合**双方诉求**的解决方案。在 **4 天**之内设计全套 UI 风格，共 8 个栏目 29 个页面，一次通过验收。
- 使用 DIV+CSS 布局技术配合 HTML 开发全套静态网页，兼容国外使用较多的 Firefox、Chrome 等非 IE 浏览器。

2009 年起，至今其他项目

- 主导过学校、院系官方网站等其他多个项目的**策划**和 UI **设计**，拥有丰富的实战经验。

相关技能

设计专业出身

- 熟练使用 Axure RP、MS Office、Photoshop 等常用软件。
- 拥有超过 4 年的使用 Photoshop 进行 UI 设计的经验；写过多篇关于 Axure 的小技巧文章，并且被人人都是产品经理等平台转载推荐。

懂技术，与工程师沟通无障碍

- 熟练使用 DIV+CSS 重构网页。
- 了解后端技术，如 PHP、MYSQL 等。

教育背景及获奖

- 3 次获得校级奖学金
- 作品入编《中国设计年鉴》第×卷
- 2008.09—2012.06　××大学　本科　工业设计专业

这份新版本的简历除上述提到的修改点之外，还隐含了一些其他细节。

（1）将职位描述中提到的关键词加粗显示，即便是 HR 筛选，也可以起到不断暗示对方"很合适"的目的。

（2）在"城市通"项目中，特地提到了"末班车风险提示"功能。即：在规划路线的过程中，如果发现用户下一段换乘可能赶不上末班车，则给出提示（当时百度地图等应用尚无此功能）。在后续的面试过程中，针对这个案例可以讲一个比较完整的从现象到场景，再到思考和设计解决方案的故事。

（3）在"联合国××组织官方网站"项目中，提到了从两地客户的"共同目标"出发，暗示了其实两地客户的意见并不完全统一。同样，在面试过程中可以以此来讲述一个关于沟通、协调、推动的故事。

（4）在项目经验和相关技能中，均提到了用于获得加分的 CSS 和 HTML 等关键词。

（5）在相关技能部分，并没有干巴巴地列出软件名称，而是做了分类。在"设计专业出身"中，关于软件的使用经验，用了"4 年"和"被平台推荐"两个相对客观的描述来进行表达，比单纯的"熟练""精通"更有说服力；在"懂技术"中，除表达出对相关技术的了解之外，还用"与工程师沟通无障碍"这个表述绕回到产品经理必备的技能——沟通上面。

（6）由于毕业院校知名度低，所以放在了最后，只写了一句话，仅仅用来表述"我的学历符合要求"这一层意思。

最后，这名同学通过该简历，收到了包括：百度、腾讯、阿里、去哪儿网、人人网、搜狐在内的多家互联网公司的面试邀请，并最终收到其中两家公司的录用通知。

案例：社会招聘简历

同样是写简历，如果是社会招聘，则要注意的细节往往会更多一些。下面我们来一起分析几个典型的简历片段，看看它们有什么问题。注：这一节所有的简历片段均为虚构，但其原型均来源于作者看过的真实简历内容。

1. 更加注意职位匹配程度

对于应届毕业生来说，用人单位可以将其看作一张白纸。在这种条件下，用人单位重点考察的可能是其"综合素质",如果能够有相关的项目经验,则往往是加分项,一般不会太在意具体项目与招聘目标的匹配程度。

但对于社会招聘来说,由于候选人已经有一定的工作经验,所以**之前的背景与招聘目标是否足够匹配就成为了非常重要的筛选条件**。举例来说,作者曾收到一份简历,内含下述片段:

> ××公司 运营总监
> - 带领5人团队,负责某App的线上运营和线下推广工作。
> - 利用社交网络每天进行病毒式的40倍速度自传播,实现一个月新增163万粉丝的产品运营业绩。
> - 2年时间,拓展208个合作渠道,为公司付费产品带来2000万元的销售增量。

仅从描述上看,明确表述了工作职责,有故事,有数据,有很不错的内容。但是,当时作者招聘的是一名互联网+医疗方向的产品策划,并不是运营。所以该简历完全不符合需求。

2. 润色有度,不要虚假

很多候选人会在简历中从各个方面来突出自己的"优秀",这没有问题,但是要注意一个度。另外,要**尽量使用一些相对客观、可追溯、逻辑合理的表述**,而不仅仅是类似于"获得了领导的高度评价"之类虚无缥缈的描述。我们来看以下片段:

> 成功案例
> - 帮助×××公司解决了一个技术难题,该难题经手几任有BAT背景的技术总监,均未能完美解决。我仅仅通过×××等方式给出了两个方案,就获得了公司高层的高度认可。目前方案已经实施。
> - 帮助×××公司做了战略咨询,并产出报告,得到三位创始人的高度认可。其中两位创始人均为原快消行业年薪百万以上的高管,认为我的思维和看问题的高度、视角远远要比其高很高一个level。
> - 预言过×××的一个发展趋势,我在2009年已经跟朋友详细阐述过这一模式及其发展趋势,后来在2013年,×××公司果然去做了我当初预言的事情。

从上述片段来看,该候选人做过很多高端大气的咨询类工作。但是即便内容都是真的,这样的表述方式也会显得很假,并且第二项的最后一句还存在着明显的语病。另外,很多人都知晓一个道理,就是"点子"并不值钱,关键是执行力,是在对的时间做对的事情。所以该片段中的第三项内容可能会严重拉低简历筛选者对该候选人的预期。这样的案例如果在面试过程中简单阐述,并提供关键的思考点,则往往是加分项,如果能够顺便分析一下当时"自己的想法"与 2013 年某公司的具体做法的异同(包括市场形势、用户情况等)就更好了。但是把"预言"直接写在简历中并没有任何说服力。

3. 突出重点,拒绝平庸

对于有多年工作经验的候选人来说,往往同时积攒了很多的项目经历。但是,在简历中体现的项目并不是越多越好,而是应该从职位描述、产品特征、自身优势等方面综合考虑,挑选最有代表性、最吻合的几个重点项目来阐述。如图 8-4 所示的是作者曾收到的一份简历的缩略图。

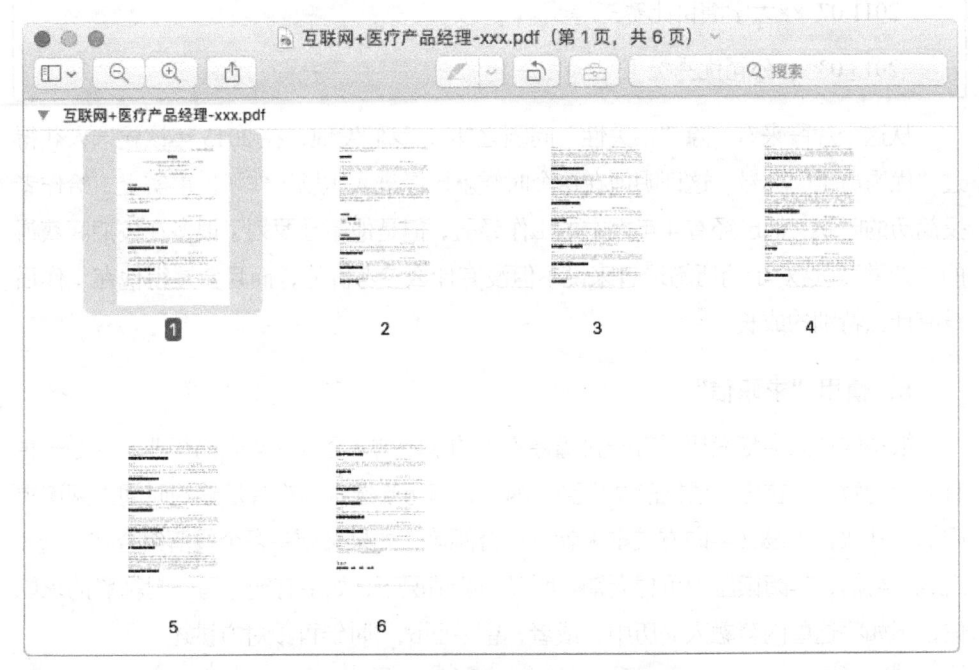

图 8-4　作者曾收到的一份简历的缩略图

从图 8-4 中可以看出,这份简历长达 6 页,每一页都是密密麻麻的文字。事实上,该候选人在简历中罗列了 7 家公司，共 30 个项目的相关描述。但是其中没有一个与作者的招聘目标——互联网+医疗产品经理相关，甚至很多项目与"互联网"都并不相关。

4. 不要过于留恋学校中的故事

很多有一定工作经验的候选人，在简历中依然罗列了很多在校期间的相关内容，包括学生会任职、与导师一起做的科研项目等。一般情况下，既然已经有了一定的工作经验，那么简历中具体的内容应更加倾向于以工作过程中的成绩为主。我们来看以下片段：

个人荣誉

2010.06 优秀共青团员（市级）

2010.06 优秀学生干部

2011.07 ××大学演讲比赛三等奖

2013.03 ××公司优秀员工

从这个片段来看，除"相关性"问题之外，我们发现，在 2013 年该候选人获得过"优秀员工"称号，这证明他在这个时候就已经进入职场工作了。事实上，给作者投简历的时候，他已经有 4 年左右的工作经验，但是他还是罗列了很多在校期间获得的"荣誉"。这对于简历筛选者来说不但没有什么参考价值，而且会显得他在工作后没有什么特别的成长。

5. 慎用"求职信"

很多候选人会随简历附带一封篇幅不短的求职信。至少在互联网行业，这是一种有风险的做法。首先，根据前文提到的内容，简历筛选者很难有足够的时间去阅读求职信。其次，大段文字的方式本来就不适合阅读，如果又要将多个段落组合在一起，组成一封信，其阅读压力可想而知。所以一般情况下，如果有能力写一封精彩的求职信，不如将这些内容融入简历中，或者，留着面试的时候再跟对方讲述。

6. 写能力，写经历，别写感受

公司与员工之间的底层逻辑是劳动合同关系，即：员工为公司实现价值；公司付给相应的报酬。简历中的内容应该以与职位描述相匹配的能力和经历为主，因为这两者是得到用人单位录用的核心因素。除此之外的"主观感受"不应过多地出现在简历中。我们来看以下片段：

> **2014年6月至今 ×××公司**
> - 现在工作所做的，大多数为用户体验测试，工作内容简单，形式单一，加之外包没有归属感，希望找到更多的学习新知识的机会。

"没有归属感""形式单一""寻找新机会"，这些可能的确是该候选人求职的出发点，但这些并不是一家公司录用员工的理由。这类内容在简历中完全没有必要出现，如果该候选人已经通过了层层筛选，最后与HR聊"离职原因"的时候，可以适当阐述。

8.4 厘清逻辑：与面试官相谈甚欢的套路

简历筛选通过后，就要进入面试的环节了。一般的互联网公司可能会有专业面试、交叉面试、HR面试等流程。在这一节，我们来重点说说最重要、最核心的部分——专业面试。

所谓专业面试，是指针对招聘职位的专业领域，考察候选人的基础能力、专业能力、工作经验、行业理解程度等的面试过程。对于互联网产品经理来说，专业面试可能会涉及以下内容。

- 候选人基本情况（如：任职的公司、做过的职位等）。
- 基础综合能力（如：逻辑性、表达能力、沟通能力等）。
- 基础产品策划能力（如：用户场景、需求分析、功能设计、产品规划等）。
- 策划产品过程中的相关能力（如：交互设计、用户体验、对技术的理解等）。
- 行业认知（如：竞品分析、行业趋势、技术趋势等）。
- 其他。

对于不同的公司、团队，以及不同的面试官来说，可能问问题的倾向性和风格会完全不同，但是下面几个维度的经验可以参考（注：特地保留了很多口语化的表达方式）。

8.4.1 自我介绍

很多面试都会以候选人的自我介绍作为开场。当面试官与候选人就座后，面试官往往会说："请先做一下自我介绍。"在这个过程中，双方将进行第一轮沟通，面试官会对候选人建立一个初步的印象，也有一些情况面试官会利用这几分钟的时间再详细阅读一遍简历。

在面试场景中，**自我介绍的内容应该以职业经历为主，个人特点为辅，与职位无关的内容可以不做表述**。一般情况下，自我介绍建议控制在 3 分钟以内，不宜过长。另外，面试官的第一轮问题很可能会来自于自我介绍中的内容，所以如果有一些自认为很精彩的故事希望展开讲述，不妨在自我介绍过程中简单提及。我们用几个案例来做具体说明。

反面案例

> HR 您好，我叫×××，今年 23 岁，是××大学计算机系的一名应届毕业生，今天来面试的是产品助理职位。我出生于××省××市，父母都是国企的工人，勤劳善良，我的性格也跟他们一样，一直以来脚踏实地，努力学习和工作。我的家乡是著名的旅游城市，有×××、×××等著名的风景名胜，我从小就在这样的环境下长大，性格中也会或多或少地有×××的影子。我平时爱好比较广泛，最喜欢的是旅行和阅读，我去过 20 多个城市，坐过长途硬座火车，睡过飞机场，但现在回头看，这些经历都是宝贵的财富。我读过很多科幻类的作品，最喜欢的是刘慈欣写的《三体》这本书。我毕业以后希望去往北京工作和发展，所以很希望有机会进入贵公司。

分析：这位同学真的把面试中的自我介绍环节当成了对自己个人情况的介绍，但是在面试场景中，这些内容中有很多都是无用信息。

首先，坐在对面的面试官不一定是 HR，开场称呼可以改成"面试官您好"。

其次，对于家乡、父母、爱好等，如有与公司、职位相关的故事，则可几句话带过。但是在该同学的叙述中，这些内容与公司和职位完全不相关。

第三，逻辑关系比较混乱，国企工人勤劳善良，与"我"脚踏实地并无明显的因果关系。如果希望表达"脚踏实地"，不如讲一个具体的案例。

第四，对于与该职位相关的知识、技能、经验、社会实践等，完全没有提及。

正面案例 1

> 面试官您好。我叫×××，来自××大学工业设计系，是 2017 年的应届毕业生，今天来面试产品助理职位。我在读大学期间一直对互联网非常感兴趣，后来了解到互联网公司的一些职能分工，发现自己对产品经理这个职位是最有兴趣的。在大学期间，我也在一些互联网公司做过几份与产品有关的兼职。例如，在其中一家公司做了"城市通"这个 App，是一个地铁查询类应用，由于我兼职的公司没有产品经理，所以我负责这个产品的全部策划工作，目前累计用户已经有 5 万多。并且我从用户场景角度做了很多分析和调研，在这个应用中提供了一些比较新颖的功能，比如换乘过程中的末班车提醒，一会我们可以具体聊一下。我毕业之后希望去往北京工作发展，并且打算在北京定居，除因为北京拥有很好的互联网氛围之外，还有一个原因，就是我女朋友已经在北京工作，我们希望留在同一个城市。以上是我的基本情况。

分析：这位同学已经理解了面试场景中自我介绍环节的具体功能。

首先，他重点介绍了自己是如何走上"做产品"这条道路的，从对整个"互联网"感兴趣，到具体去了解互联网公司的分工，最后再到锁定了产品经理的方向。其表达的信息除字面意思本身之外，也暗示了他是一个**有一定研究分析能力，并且有决策能力的人**。而这些是产品经理的必备素质。

其次，他重点叙述了对于应届毕业生来说可以获得加分的兼职经历和项目经验，提到了 5 万多用户这个关键数据，并且提及了一个在具体场景下的创新功能"换乘末班车提醒"，**相当于在引导面试官问相关的问题，以便于讲一个完整的故事。**

最后，他提到女朋友已经在北京工作，他们希望留在同一个城市。这一点虽然与具体职位需求无关，但是会让面试官认为，候选人入职后的"稳定性"有较好的保障。在一个城市有稳定的男女朋友或者家庭的候选人，往往会一心一意地留在这个城市、这家公司工作。所以这相当于给面试官吃了定心丸，也是加分项。

正面案例 2

> Hi，二位面试官你们好，我是×××。我毕业后首先是在一家做外贸电商的小公司工作，最初是做 UI 设计师。当时公司里面并没有一个正式的产品经理角色存在，

285

> 所以很多需求层面的事情其实也是我在负责。后来，结合我自身的特点、兴趣以及职业发展的考虑，我决定转产品经理。我用了半年时间进行准备，在公司内部更多地承担起产品的角色，然后在我工作 1 年半的时候，跳槽到了百度，开始参与百度云这个产品的相关策划工作。至今我在百度已工作 4 年，做过的产品有百度云网盘、手机 ROM、手机输入法等。我认为未来几年国内互联网的增量大部分会来源于移动互联网，并且移动互联网会创造比传统互联网更大的商业价值——如果一会您有兴趣，我可以详细阐述一下我的看法。基于此，我今天来面试的职位是移动互联网产品经理。

分析：这是一段不错的社会招聘面试时的自我介绍。

首先，该候选人开门见山，介绍了自己是谁之后，直接开始介绍职业生涯。他讲述了从 UI 设计师跨公司转岗到产品经理的故事。并且特别提到，基于几方面的思考，做了半年的准备，从而达成了这个目标。**这其实是在暗示自己是一个有一定分析决策能力，并且执行力很强的人。**

其次，他用不大的篇幅介绍了自己在百度参与过的几款产品，因为都是相对有一定知名度的产品，这样更加可以提升印象分。

最后，他作为拥有 5 年多工作经验的候选人，肯定要对行业、未来趋势等有一定的思考和把握，而不仅仅是讨论功能和体验。所以他特别提到了一个观点，并且**引导面试官之后就这个观点进行讨论。同时也成功地把求职方向跟这个观点联系在一起，**其潜台词是："我并不是随便投了一个简历，我是看好了机会和发展，有备而来的"。

这位候选人以此向面试官构建了一个执行力强、有想法、有经验的专业形象，印象分想必不会低。

8.4.2 讲故事、讲逻辑，而不仅仅是回答问题

在做过自我介绍之后，就要开始应对面试官的各种问题了。但是作者认为，最和谐的面试过程应该是一种双方交流的过程，而不是一对一的问答。所以对于候选人来说，要做的不仅仅是回答问题，而是**要从问题入手，详细地向对方展现自己的切入方式、思考过程，以及相应的方案和观点，这些才是面试官真正想了解的内容。**特别是在互联网行业，**很多问题其实并没有标准答案，甚至没有对错之分，讲究的就是逻辑**

和过程。

同样，我们用几个案例来说明。请注意，不要陷入对问题本身答案的纠结中，而是要思考有效交流的方式——因为这并不是标准化考试，你永远都"押不中"考题。

问题 1：请你在这个项目中挑选一个最具代表性的功能点，说一下你当时是如何思考并决定这样做的。

> **不及格的答案**
>
> 我说一下"末班车提醒"这个功能吧。当时就是突然之间想到了，也有一些用户反馈，用户在换乘的时候可能赶不上末班车。然后跟老大商量了一下，就有了这样一个功能，用户评价挺不错的。

> **60 分的答案**
>
> 最具代表性的功能，我认为是"末班车提醒"功能。这个功能就是说，如果用户在时间比较晚的时候使用我们的查询工具，并且规划的路线需要他换乘，那么我们就会同步计算一下换乘的下一个区间的末班车时间。因为有这样一种可能：换乘逻辑是对的，但是他在第一个区间下车之后，实际上下一个区间的末班车已经开走了，或者是刚下车，马上末班车就要发出，有可能赶不上。所以就做了这样一个功能，我们的基础数据里面有所有车站末班车的数据，在规划路线的时候涉及换乘就会做一个时间上的比对，如果发现第一个区间的下车时间跟第二个区间的末班车时间相差在 10 分钟之内，就会给出用户提醒。

> **90 分的答案**
>
> 好的，我来讲一下"末班车提醒"功能。传统的各种地图和路线规划软件都在不停地优化路径算法，但是算法给出的往往只是一个相对靠谱的逻辑，而这个逻辑在现实场景中却不一定走得通。
>
> 比如说有一次跟用户交流，就有用户反馈了这样一个场景：夜间很晚的时候出行，软件告诉他要在某个车站换乘 10 号线。到了该车站，按着换乘通道走过去，但是走到 10 号线站厅的时候听到广播说去往某某方向的末班车马上要开出，于是他跑向站台方向，但还是没能赶上末班车。这个问题就在于，传统的路线规划都只

> 是给出了逻辑上走得通的路径，但并没有将线下实际的其他影响因素考虑进去，以至于有时候用户还是走不通流程，影响体验。
>
> 基于这样的场景，我们就想，末班车时间我们改变不了，但是这些数据都是现成的，完全可以做一些提示。所以我们做了这么几个具体的逻辑：
>
> - 换乘两段之间后一段遇到末班车，时间间隔在10分钟之内，会给出提示"末班车将于×分钟之后发车，请快速换乘"。
> - 如果到达后，下一段末班车已经发车，在给出线路规划的时候会提示"您将赶不上下一段的末班车"。同时会自动规划公交路线，如果有，会补充类似于"可从C出口出站，乘坐×路公交车继续前往××地"之类的提示。
>
> 但是说实话，这个逻辑也会有一些问题，主要集中在第二项，就是公交车的运行时刻表并不是那么准确的。好在现在很多大城市的公交车都安装了GPS，我们下一步打算与公交公司合作，拿到GPS数据，这样可以更加准确地为用户推荐路线。

分析：纵观上述几个答案，我们可以很清楚地发现其中的差距。第一个不及格的答案，只是生硬地回答了面试官的问题，并没有展开叙述和解释，这样的回答，面试官完全没有办法去判断候选人的能力和思路。

第二个60分的答案稍好，但是他也只是展开讲述了功能逻辑本身，显得在思考上面还是有些单薄。另外，其实也并没有很好地回答"如何思考并决定这样做"这个问题。

第三个90分的答案则逻辑更加清晰，内容更加丰富，并且句句击中要害。首先，他抛出了一个结论，即大多数软件都只做到了逻辑合理，而具体场景不一定走得通，这为之后展开叙述做了铺垫，成功引导了面试官的注意力集中在"为什么走不通"这个问题上面。然后，他从用户反馈出发，构建了一个生动的用户场景，引导对方产生了同理心和共鸣。在用词方面特地提到了"10号线"，更加显得真实，由此表达出，"赶不上末班车"的确是现实中存在的问题。紧接着，他给出方案，成功地在软件力所能及的范围内缓解了类似问题。最后还补充了一句之后的规划方向，承认方案并不完美，但是作为产品经理，他一直在努力完善，并且已经有了更加完善的方案。

综上所述，第三个答案不仅仅回答了面试官的"是什么"的问题，而且详细解答了更重要的"为什么"的问题，并且旁敲侧击构建了一个专业的产品经理形象。

问题 2：谈谈你对用户场景的理解。

不及格的答案

用户场景，就是用户在什么时候会使用这个产品。我觉得对于产品经理来说，分析用户场景是非常重要的，如果用户场景不清晰，我们就做不出好的功能，没办法为用户提供好的体验。

60 分的答案

用户场景是一种工具，它甚至可以被表述成特定的句式，就是：谁，在什么情况下，有什么需求，他会用什么方法来满足这个需求。作为产品经理，我们可以从用户场景入手来做一些需求层面的分析。很多时候，我们自己脑中会闪现一些需求或者功能点，而且自认为想法还很不错，但真正做出来，用户不一定喜欢。如果使用用户场景的方式去思考，把用户代入进去，则往往可能会发现问题，所以它可以更好地帮助我们思考需求。

90 分的答案

首先，我曾经通过各种各样的方式去查询"用户场景"这个词的专业解释，后来发现其实并没有一个特别权威的版本。

一般情况下，我们认为用户场景是一种工具，它通过分析用户的具体行为：谁，在什么情况下，有什么需求，从而引导产品经理去思考其能够做一个什么样的功能来满足用户的需求。另外，用户场景也可以作为沟通工具，很多时候不同角色的思维方式是不同的，我们跟设计师、开发人员去争论一些功能点的时候，经常因为出发点不同，以至于吵了半天都没有结论。但是用户场景可以提供一种结构化的用户视角，争论的时候，如果我们从用户的视角去分析具体的需求和功能，就能够避免很多无谓的争吵。

但是另一方面，我认为用户场景更多的是一种融入产品经理脑中的思维方式，它在潜移默化地影响着我们做产品的方式。其实与"场景思维"对应的就是"功能思维"，这在很多传统行业中很常见。因为在传统行业中，大多数时候用户使用一个产品，是建立在先购买它的前提下的。这种模式意味着，传统行业的思路很多是

> 在比拼功能和销售渠道——卖出去才是王道。对于用户体验，用户具体如何使用产品，有时候并不是特别关注。所以我们看传统行业的一些产品，比如电视的遥控器，往往功能很丰富，但是很难用，或者很多功能根本都用不上。
>
> 但互联网正好相反，因为大多数互联网产品的基础部分是免费使用的。很多时候，用户是先用了我们的产品，觉得不错，然后才会通过某种方式转换为付费用户的，为我们创造商业价值。所以互联网讲究的是，在对的时候，给用户有用的功能。要想做到这一点，就必须抛弃传统的功能思维或者技术思维，而场景思维正是适合互联网的思维方式。

分析：这是一个典型的没有确定答案的问题，因为用户场景这个概念本身就很模糊。可能不同的候选人，在不同的团队中，做不同方向的产品，都会有不同的理解。所以回答这类问题讲故事和逻辑是关键，并且这是一个将话题拓展出问题本身，展现自己思考深度的好机会。

第一个不及格的答案，基本上只是在背概念，并且对概念本身的表述并不完整、准确。而且这位候选人还在后面补了一段口号式的内容，更加是减分项。

第二个 60 分的答案，则相对完整、清晰地表述了用户场景的概念，并且从一个具体现象出发，即很多时候产品经理想到的功能不一定是用户想要的，从而来解释用户场景作为一个工具的用途。

第三个 90 分的答案，该候选人首先陈述了一些现状，就是"用户场景"这个概念并没有一个标准化的定义，这为其之后进行大段拓展埋下了伏笔。然后他详细叙述了在一般定义下用户场景的含义，以及辅助思考和辅助沟通这两个最常见的功能。

紧接着，他用很长的篇幅扩展了这个定义，从功能层面提升到了思维方式层面。他使用"场景思维"和"功能思维"对比了互联网行业和传统行业做产品的差别。最终落到在互联网行业，做产品应该用怎样的方式去思考这样一个层次更加高的结论上面。有理有据，不但升华了答案本身，同时也侧面表达出他对于整个行业的玩法是有一定的思考深度的。观点也比前面两位更加新颖及合理。

问题 3：你认为怎样才算"用户体验好"？可以举例说明。

不及格的答案

我觉得用户体验好就是要易用、好用，最好是用户完全不需要学习，直接就能上手使用。我们做互联网产品，不像传统行业可以给用户配个说明书——其实很多时候我买冰箱、洗衣机等，是不看说明书的。互联网产品没有说明书，所以更需要足够的简单。

60 分的答案

我觉得好的用户体验最重要的就是要做好易用性。在传统行业，用户买了一个产品，更换的代价会比较大，所以不论好坏，常常就会凑合着用。但是在互联网行业，用户更换一个产品的门槛极低，并且大多数用户是不耐烦的，所以对于互联网产品来说，用户体验显得尤为重要。对于易用性这个具体的点来说，2C 产品因为面向的是普通用户，所以在功能逻辑、交互、视觉表达等方面都应该尽量降低用户使用过程中的操作负担。举例来说，美图秀秀在这方面做得不错。我作为用户，并不需要懂得任何摄影或者图像处理的知识，只要选一张照片，然后使用各种滤镜，就可以把照片处理成很漂亮的效果。

90 分的答案

首先，用户体验的定义是"用户在使用产品的过程中所形成的主观感受"。这里面有三个关键词，分别是：用户、过程中和主观感受。如果要评价怎样才算用户体验好，可以从这三个关键词入手。

第一个：用户。它意味着，对于不同的用户来说，"体验好"的定义是不同的。一般我们认为，做一个产品应该尽量易用，最好是用户完全不需要学习就可以"自然地"使用。这对于大多数 2C 产品的用户来说，可能是对的，但是对于另外一些用户，就不一定了。比如：美图秀秀和 Photoshop 都可以处理图像，但是它们……（此处省略，详细内容请参考第 1 章）

第二个：过程中。它意味着，在不同的环境和场景下，要提供好的体验，可能需要不同的方案。比如，现在很多阅读类软件都有夜间模式这个功能……（此处省

291

> 略，详细内容请参考第 1 章）
>
> 　　第三个："主观感受"。它提示我们，用户体验只是一种"主观感受"而已，我们作为产品经理，更重要的是要挖掘主观感受背后的真实需求。体验建立在需求之上，只有很好地满足了需求，才谈得上体验。比如，福特有一句名言……（此处省略，详细内容请参考第 1 章）
>
> 　　所以综上所述，评价用户体验的好坏是一件多维度的事情，我们作为产品经理，作为设计师，也应该根据具体的情况来给出方案。

　　分析：这是一个相对比较"大"的问题。事实上，面试官或许是担心问题太大，特意补充了一句"可以举例说明"。但不要被这句话所迷惑，如果只是列举几个闲散的例子，很可能只能得到 60 分。很大的问题往往可以考察候选人的两个能力，一个是眼光的高度，能否把这个很大的问题里面涉及的主要因素都考虑齐全；另一个是思考的深度，能否在某一个或某几个维度上做深入、合理的分析。

　　第一个不及格的答案，只讲出了"易用"这一个维度，并且中间插入的说明书的内容显得很生硬。另外，没有举具体的案例（说明书不算）。

　　第二个 60 分的答案，重点说的还是"易用性"，但是该候选人从传统行业与互联网行业的差别切入，引出在互联网产品中用户体验和易用的重要性。然后举了一个易用性做得好的案例，简单说明了其比较易用部分的具体体验。

　　第三个 90 分的答案，该候选人首先拆解了用户体验的概念。对于这种大而泛的问题，从概念入手是一个不错的选择。然后，他通过对概念中关键词的提取定了一个基调，即：用户体验并不是在某个单一维度上面的讨论，而是一套复杂完整的体系。随后，他逐一解释了三个关键词，每一段解释都是先给出结论，然后再逐一展开。整体上，这样的回答既显得自己思考比较周全，又在每一个细分的因素上面有一定的深度。

8.4.3　不知道的问题如何应对

　　在面试过程中，难免会被问到一些自己确实不懂，以至于不知道该如何回答的问题。对于这样的问题，核心的处理方式就是：**保持真诚，实事求是，可以顺带用点儿小技巧，但千万不要乱说一通**。下面是几个案例供参考。

1. 以相似问题替代

> 问：你认为结合 A 应用商店的具体情况，应该如何优化下载转化率？
>
> 答：是这样的，由于我之前并没有做过与应用商店相关的产品工作，所以对于这个具体问题我可能没办法直接提出方案。但是所有的流量分发类产品都是相通的，要提升转化率，可以从漏斗模型下手。我之前做过与搜索相关的产品，在搜索中，典型的漏斗模型是……（此处省略）

点评：如果面试官的问题本身无法回答，但在候选人自身的经验中，可以找到类似问题的答案，不妨把话题转移过去。但是要注意，一定要真的"类似"，不要去讲离题太远的内容。

2. 简单解释原因

> 问：你认为做 2C 产品和 2B 产品有什么不同？
>
> 答：很抱歉，我之前几年做的一直是 2C 产品，所以对于 2B 产品并没有很深的体会。但是我觉得可以从用户、场景和功能三个方面来思考它们的不同……（此处省略）

点评：遇到自己确实没做过的事情，首先要真诚地承认，然后可以简单解释一下原因。例如上面这位候选人提到的，是因为过往的职业经历决定了自己对 2B 产品体会不深，并不是自身的问题。然后可以试图从相对宏观、普世的角度来试图做一个对比。只要思路靠谱，答案本身往往并不重要。

3. 表达学习意愿

> 问：香港用户是我们用户中的重要组成部分，与他们沟通需要懂粤语。你粤语怎么样？
>
> 答：抱歉，我从小在北京长大，粤语就只能听懂一些电影里面的常见词汇，几乎不会说。但是来面试之前我也了解到了这个问题，所以特地去打听了一下在深圳这方面的培训班。如果能够成功入职，我打算第一时间去报一个培训班学习。根据我的一个朋友的经验，学习粤语并不难，我相信 1、2 个月之后就可以跟用户交流了。

点评：对于一些边缘性的问题，如果自己在相关技能方面有缺失，则可以适当表达一下学习意愿。

8.5 快速迭代："等通知"期间可以做什么

面试结束后，面试官往往并不会直接告知结果，而是会请候选人回去等通知。一般情况下，如果面试通过，1、2天之后就会有第二轮面试的通知（当然，也有一些小概率事件，比如因为主管出差之类的原因一周后才通知），而如果面试没有通过，则一般就不会有通知了。在这短短的1、2天的时间里，如果有必要，候选人还是可以做一些事情来优化面试结果的，就像产品迭代一样。但是请注意：**优化的意思是"变得更好"，如果面试表现很差，这些优化往往没什么意义。**

1. 提供更加深入的思考和答案

如果在面试过程中自觉一些问题回答得不太好，则可以在面试结束后做做功课，再深入地思考、梳理一遍，然后给出更加优质的答案。对于产品经理来说，快速收集信息，在信息不对称的环境下快速做出相对正确的决策，同样是其必备的能力。

举例：

> harry你好，在刚刚的面试过程中，你提到一个问题，就是"什么是好产品"。我在面试过程中讲了需求和盈利这两个点，回去之后我上网搜索了很多类似问题的答案，我发现大家的回答也是五花八门，但是在阅读了几十篇回答之后，我认为还应该加上"技术"这个点。因为……（此处省略）

2. 补救没答出的问题

在对大多数问题回答自觉满意的前提下，如果有一些问题在面试现场没答出来，也可以回去之后收集资料，做一个补救。在这种情况下，因为面试官也知道候选人其实是回去查了资料，请教了别人，所以答案本身已经不重要了，可以多陈述一些自己的思考过程。这样，既能体现思维方式，又侧面表达了自己是一个善于学习的人。但是要注意，给出的补救内容必须是自己原创的，并且真的经过了细致思考。如果不诚实，面试官很容易从语言、逻辑、措辞等方面发现问题。

举例：

> 面试官，您好。我是昨天面试产品经理职位的×××，在面试过程中，您提到了一个问题"×××"，当时我由于缺乏这方面的经验，并没有给出一个合理的答案。昨天晚上我请教了一些朋友，结合我自身对于这个问题的理解，再结合昨天您问这个问题的具体场景，简单做了一个 2 页的 PPT，如果您有时间，可以参考一下。谢谢！

3. 感谢信

如果候选人对这个职位非常重视，自觉发挥得也不错，但是较长时间没有收到回复，则可以试图写一封简单的感谢信给面试官，顺便侧面了解一下情况。感谢信的功能除了"感谢"和询问本身，还可以与面试官建立起一个弱联系，即便这次没能通过面试，也不妨以后再试试。而对于面试官来说，如果对某候选人印象不错，但是本次面试由于某些问题没能给予通过，那么下次再招人的时候，往往也能优先想到该候选人。这时如果在其微信或者邮箱中能找到候选人的联系方式，则很可能会直接把新的面试邀请送上门来。

再者，如果有必要，也可以向面试官请教一下没有通过的原因，以便于后续改进。

最后还是要注意，感谢信一定要简短，不要长篇大论，谁都没时间看那么长的内容。

举例：

> harry，您好。
>
> 我是上周三面试移动互联网产品经理的×××，感谢您给我这个面试机会。在具体的交流过程中，您提到了×××、×××等内容，面试结束后，我也针对它们思考了很多，觉得有很大的收获。
>
> 现在一周过去了，依然没有收到复试的通知，或许这次面试已经失败了，但我还是鼓起勇气想要向您请教一下我有哪些不足的方面。您的建议对于我来说非常宝贵，如果您有时间，希望指点一二。
>
> 谢谢！

8.6　毕业生与转岗：没经验怎么办

在知乎上，作者经常收到私信询问类似这样的问题：

- 应届毕业生，很多可能是非计算机相关专业的，想进入互联网行业做与产品相关的工作，但毫无经验，该怎么办？
- 已经有几年工作经验的设计师、开发工程师、测试工程师，想转产品经理，但从来没正式做过产品，面试屡屡碰壁，该如何转？

作者是一个比较能折腾的人，毕业后做过前端开发，后来跨公司转岗到百度，成为一名交互设计师，再后来在腾讯成功内部转岗，成为了一名产品经理。在这一节，作者将以自己的亲身经历为基础，来谈谈"没经验怎么办"的问题。

8.6.1　先反思：为什么没有经验

你可能会觉得莫名其妙，作为应届毕业生，从来没正式工作过，当然没有工作经验啊；作为其他职位的从业者，本来做的就不是产品，怎么可能有产品方面的经验呢？其实并不是这样的，因为，"经验"这东西，不一定要通过"正式的工作"获得。

案例：作者在大学期间的积累

作者大学读的是广告专业，在入学的时候曾为自己设定了一个模糊的目标：毕业以后要去北京工作。在大二的时候，作者开始将核心关注点放在了互联网行业——因为广告行业对于设计师的需求已经相对饱和，并且在这个行业的整个价值链条上，设计师并不是一个很重要的环节。所以从大二下学期到毕业，作者一共做了这么几件事情。

（1）熟悉市场需求

众所周知，很多大学里面的专业所学习的知识，与市场需求是严重脱节的，特别是在飞速发展的互联网行业。所以作者做的第一件事情是，花了大量的时间去浏览招聘网站，搜索到各种各样互联网公司的招聘信息，然后认真阅读分析，看看他们需要的究竟是什么样的人。在这个过程中，作者获得了以下认知。

- 基本搞清楚了，在一个典型的互联网公司里面主要的职位有哪些。并且通过对比发现，"设计师"和"工程师"这两个职位是可以按照不同粒度细分的。在大公司，设计师可能分为"交互设计师"和"视觉设计师"；而在小公司，则一般叫"UI设计师"或者"网页美工"。同样，在大公司，开发工程师分类很细，有"前端工程师"和"后台工程师"，后者可能还会根据其使用的不同编程语言，再细分为"PHP工程师""Java工程师"等；而在小公司，可能就只是叫"程序员"。

- 基本搞清楚了作者关注的，每一种职位的一般性要求。例如：要会用什么软件，要懂什么技术，要有怎样的经历和作品等。
- 基于以上认知，作者推断出了一个新的认知，即：不同公司对具体从业者的要求是不一样的。按大小来分，大公司一般要求从业者"专注地做好一件事情"；而小公司很多则希望招到一个"万能工"。按性质来分，有自己产品的公司，往往对产品细节、用户体验等比较注重；而给"客户"做外包的公司，往往对质量要求不高，但是对效率和交付要求较高。

这时，作者遇到了第一个问题，既然要求不一样，那么从现在开始，就要选定一个方向。作者当时选了"大中型公司"方向，即：相对专注地最好一个领域的事情。这个选择，为作者下一步的积累奠定了理论基础。

（2）学习与实践

既然已经明确了方向，下一步就要进行具体执行了。作者按照大中型公司的职位招聘要求，购买了一些相关的软件、技术类的书籍，开始了学习和练习的过程。这个过程其实很简单，只要逼自己沉下心，把相关知识啃完，总有收获。因为作者在高中的时候就接触过一些网页制作之类的简单技术，所以对于很多相关的软件和技术的学习并没有太大的障碍。

当已经懂得一些相关技术的时候，就可以尝试实践了。作者首先尝试加入了一些校内的组织，比如负责学校网站建设的部门，在这些组织中尝试承担一些具体的工作。事实上，对于一个有明确目标的人来说，通过学习加实践进步速度是很快的。过了半年，作者就接到了一个"大生意"——学校官方网站的改版设计。

到了这里，又有一个分支，就是，**做这个项目的核心目标是什么？**对于很多学校中的同学们来说，可能是"让领导满意"，因为，只有领导满意了，才可能会为你评优、加分，甚至发奖学金。但对于当时的作者来说，目标很明确，绝不是这个，而是对照之前从招聘需求、行业论坛，以及学长学姐们那里所得到的信息，做出一个"让市场满意"的作品。作者的需求是下一步用这个作品去社会上积累更多的项目经历，以至于毕业以后能去北京工作。相比之下，"优秀学生干部"这事儿简直弱爆了。

于是作者按照自己的思路，进行了很多梳理和思考，最终拿出了一个以"市场的眼光"看来，在视觉、用户体验、栏目设置、品牌等方面都不错的作品。在前端代码方面，坚持使用了当时刚刚流行起来的 DIV+CSS 布局技术（当时主流的网页布局方式依然是表格），并且调试了当时在学校几乎没人用的 Firefox 浏览器的兼容性。由于对技术不熟练，也导致了开发时间大幅度拉长。但是作者清楚，所有这一切都是为了符合"市场的需求"，而并非只是为了做这个项目。

之后，作者千方百计地说服了校领导使用这个方案，甚至威胁说如果不同意，就不干了。最终网站上线，并且稀里糊涂地连续两年获得了"优秀学生干部"称号（但作者觉得这东西太虚，最后根本没往简历里面写）。

(3) 积累项目经验

渐渐的，作者在学校有了一点点名气，开始有一些部门的老师主动找过来希望做网站。而作者开出的条件只有一个，就是不准干涉设计。使用这样的方式，作者在学校内部又积累了几个案例。

到这里，作者已经从一个一穷二白的学生变成了一个有一定经验和项目经历的"网页设计师"。于是紧接着，作者开始到当地的招聘网站上发简历，试图承接一些商业项目。事实上，"某大学官方网站总设计师"的身份，以及之前设定的"符合市场需求"的设计原则在此时发挥了重大作用——为了证明，作者将名字写在了学校网站的源代码注释里面。在之后一年左右的时间里，作者与当地某小型互联网公司合作，设计并制作了多个商业网站。同时，在各大行业论坛（如：蓝色理想，这是当年网页设计师的天堂，大概相当于现在知乎的地位）上积极参与讨论，不但使设计和技术能力不断提高，也结交了最初的一批同行。到了大四需要找工作的时候，作者手中已经有数十个所谓的"成功案例"，作者挑出了其中有代表性、能讲故事的几个，写进了简历中。在大多数同学还在为获得一次面试机会庆祝的时候，作者已经在北京开始挑 Offer 了。

总结一下，如果你是一个应届毕业生，没有任何工作经验，**首先你应该反思，为什么到了现在想找工作，才发现自己没有经验，为什么在之前漫长的大学生活中没有**

去积累经验。反思之后，最好的方式就是**快速学习，快速把事情推动起来。**即便距离大规模校招只剩半年的时间，也足够积累很多知识。在经验方面，如果实在没有面向市场的项目，也不妨从自己实际生活中遇到的问题出发，自己设想一个产品方案，然后不断完善。如果认识计算机系的同学，则不妨开发出来，哪怕是一个 DEMO，也很有说服力。这一套逻辑同样适用于身在其他行业，平时做着与互联网无关的工作，但是对互联网产品感兴趣的朋友们。

8.6.2 主动承担，主动学习，抓住机会

对于已经在互联网公司工作的朋友们，"获得经验"的渠道往往更多。对于交互设计师、开发工程师以及测试工程师来说，由于其本身的工作就是要与产品经理密切协作，所以这几个职位对于所支持的产品的需求、逻辑往往都很清楚。甚至很多时候，工程师对于逻辑的理解比产品经理还要深，因为产品经理所思考的多数只是业务逻辑，而工程师需要在理解业务逻辑的前提下，构建出代码逻辑。有这样便利的条件，不妨**在工作过程中多从产品和用户的角度思考问题，在设计流程、写代码之前，除了思考如何做，同时也积极思考一下"为什么"的问题。**并且由于这些职位与产品经理日常接触很多，不妨将自己的一些想法与产品经理讨论，正式讨论或私下讨论都可以。如果想法合理，往往能够得到产品经理的认同，甚至推动执行；如果想法不合理，也往往能够获得产品经理的解释和建议。

而对于视觉设计师来说，难度可能要稍微大一些。因为大多数视觉设计师的工作在"逻辑性"方面没有交互及开发、测试那么重。很多视觉设计师有浓重的艺术家气质，有时候会有"重效果、轻用途"的倾向性。但是话说回来，作者认为，这并不是视觉设计师这个职位的问题，而是个体自身的问题。**对于"转岗"这件事情来说，相比于"能够用得上之前的工作经验"，更重要、更可贵的是：能够有勇气、有决心"忘掉之前的工作经验"。**这并不是说一切要从 0 开始，而是要摆脱原有思维和惯性的束缚。就像武侠小说中一切剑法的最高境界，即：无招胜有招。

最后，相比于应届毕业生来说，转岗的朋友虽然获得经验的渠道更多，但不要沾沾自喜，因为现实情况是，很多时候他们的处境还不及应届毕业生。因为对于用人的团队来说，应届毕业生是一张白纸，他们可以接受对方只是综合素质不错，但是经验缺乏。因为只要底子好，2、3 年时间的培养就可以成为骨干。但对于转岗的朋友来说，

用人的团队是不会将其当作白纸看待的，他们除了要考虑候选人的能力，也要同步考虑其他成本。所以，如果你已经想好，一定要转岗，那么往往应该抓紧时间执行。

案例：作者的转岗经历

作者的第一份工作是前端工程师，但是做了半年，就觉得对编程没有兴趣，于是开始策划转岗事宜。彼时正是"用户体验"概念在国内兴起之时，作者将转岗的目标锁定在"交互设计师"这个职位上。从开始准备到转岗成功，作者主要做了下述努力。

（1）积极承担 UI 方面的工作

在那个年代，大家的认知水平普遍还比较有限，用户体验的概念也更多地停留在 UI 层面。所以作者除购买、阅读了几本经典的书籍之外，第一件事情就是把部门的 UI 设计工作主动接了过来。当时的客观情况是，设计部在人人网是公共部门，作者作为前端工程师支持的是广告平台业务。后者本来就是一个不太注重 UI 设计的部门，同时，每次向作为公共部门的"设计部"提需求，往往都要受到排期以及设计师对逻辑理解不充分以至于方案有问题的困扰。而作者是学广告出身的，对于各类设计软件都能够熟练使用，恰恰彼时的人人网其 UI 部分几乎是完全模仿 Facebook 的，所以在这个视觉框架下做 UI 设计，对于当时的作者来说游刃有余。另外，作者又比设计部更加熟悉产品逻辑甚至代码逻辑。就这样，水到渠成，作者开始承担 UI 设计工作。

但是这样的水到渠成是有代价的，就是作者的工作量几乎变为了原来的 1.5 倍。既要设计 UI，又要写前端代码。在这个过程中，作者开始尝试更多地从"用户体验"的角度去做 UI 设计，结合从书上看到的知识，再结合网上的各类分析文章，在广告平台这个产品上做了不少体验方面的改进。作者通过这种方式，积累了不少实战经验，为下一步奠定了基础。

在这个过程中，作者也曾经尝试向其他公司投过有关 UI 和交互的简历，包括中国雅虎、搜狐畅游、新浪等，但都由于经验不足，或者给的工资太低未能成功入职。

（2）抓住合适的机会高效执行

大约半年后，作者在某设计师社区中看到了百度的招聘启事。交互设计师，3 年以下工作经验，广告平台相关业务，与作者的努力方向及背景高度重合，于是修改简历并投递，应聘该职位。很快，收到笔试邀请。笔试题目如下：

> 某银行现有一个大型的网上银行系统，开通网上银行功能的该银行的客户可以在线查看本人银行账户的余额和收支明细等资料。目前，客户有了新的需求，希望可以通过网上银行向第三方交付费用，比如向煤气公司交煤气费。具体功能要求如下：
>
> 一、收款人管理
>
> 1. 添加收款人，包括收款人名称和账号。可有多个收款人。
>
> 2. 删除收款人。
>
> 3. 更改收款人信息。
>
> 二、付款
>
> 1. 指定收款人、支付款项的账户、付款金额、付款日期和备注。
>
> 2. 可以设定重复付款。重复付款是指一定的金额，按每月、每季度或每年自动支付给收款人。
>
> 三、付款管理
>
> 1. 查看付款历史记录。
>
> 2. 取消已提交但未处理的付款要求。
>
> 以此，设计一套UI。

这是一个看起来很平常的题目，按照在人人网的习惯，作者直接依照具体需求动手开始设计UI。但是，做了一部分之后，发现不对劲。作者所应聘的是一个与"用户体验"相关的职位，并不是简单的UI设计师或者网页美工，所以，**理应更多地从"用户体验"的角度思考问题**。而题目本身，有一些需求从体验角度（或者说从用户场景的角度，但当时作者并不知道这个词的存在）来看是不合理的。举例来说，题目中提到"向煤气公司交煤气费"，但后面却又说可以"添加收款人，包括收款人名称和账号"，这两者是不搭的。关于公共事业缴费的情况，在用户侧的表现一般并不是以向特定账号转账的方式实现的，因为第一，太麻烦，万一输入错误，钱就不知道转到哪儿去了（或者转账失败）；第二，煤气公司收到钱，没办法判断是谁付的款，如果通过"留言"等形式注明其他信息，那么煤气公司需要人工核对，这个工作量巨大，难以承担，还不如不开通这个功能。

基于此，作者突然意识到，**如果只是按照题目中的要求给出设计稿，那作者就依然是一个"网页美工"，并不是基于用户体验的交互设计师**。所以，作者用了大约两倍的时间，做了两个方案。第一个方案叫作"标准版"，完全按照需求执行；而第二个方案叫作"专业版"，在这个方案中，作者以产品经理的视角重新审视了用户场景，提出了从用户体验角度更合理的方案。完成后，还同步写了一份基于"专业版"的产品需求文档。

后来，面试过程很顺利，作者成功跨公司、跨职位获得了百度的 Offer。

从上述案例可以看出，在求职与转岗时，选择一个合适的产品方向也很重要，要发挥自身的优势，规避劣势。具体逻辑，可以参考下述内容：

- 对于应届毕业生，优先选择**自己喜欢、熟悉或者与做过的项目相关的**产品方向。
- 对于转岗的情况，优先选择**自己原岗位所支持的产品**。理由很简单，对于这些产品的逻辑你比外来的应聘者更熟悉，所以更容易有一些靠谱的想法和方案。
- 如果没办法留在原有产品体系，则优先考虑**跟原产品相近的产品**。例如，假设之前在 QQ 做交互设计，那么要转岗的时候，依然优先找社交类产品，如微信、微博等。
- 如果还不行，则考虑**与原职位高度相关的业务**。例如，交互设计师转岗，可以优先考虑 2C 产品，因为相比 2B 产品，2C 产品往往更加注重细节和用户体验。同时，对于岗位需求中明确提到"用户体验""UI"等字眼的职位，也可以优先考虑。或者，重点关注一下相对比较小的团队，寻找那种需要产品、交互一起做的职位，往往通过率更高一些。对于工程师来说，可以考虑一些需要开发背景，或者需要懂得更多技术的产品线。例如搜索类、算法推荐类、云服务类等。
- 如果还是没能成功，也不要泄气，可能有两种情况。第一，沉淀还不够，继续学习与练习，并保持对外界职位的关注。第二，可能只是所应聘职位的招聘目标与你目前的情况不符，继续寻找更加合适的职位。

第 9 章

以产品思维沟通

沟通是产品经理日常工作过程中重要的组成部分，作为产品的第一负责人，产品经理往往需要跟各合作环节保持紧密的沟通和联系；同时，作为员工或 Leader，产品经理也要与各类老大和下属保持密切的沟通，协调所有可用资源将产品做好。在本章中，我们来聊一聊如何将产品思维用在日常沟通上。

9.1 与设计师沟通：我们一起改变世界

在研发流水线上，产品经理将需求梳理、分析清楚之后，第一个要合作的角色是设计师。在国内，互联网公司的设计师很多有工业设计、视觉传达，或者艺术、美术类相关专业背景，他们往往或多或少会带有一些艺术家气质。优秀的设计师常常会非常注重细节，并且他们之中很多都会有一点儿"用设计改变世界""用设计让生活更美好"之类的雄心壮志。跟这样的设计师沟通，一定要**从用户体验的角度切入，让设计师觉得，他的设计可以让用户在使用产品的过程中获得更好的感受。这样就会有一种"改变了世界"的感觉**，优秀的设计师会很在乎这种感觉。另外，也会存在一些相对平庸的设计师，他们往往有一种应付工作的心态，只关注表现层，甚至只是将草稿简单填充一下颜色。面对这样的设计师，则可以考虑**以产品经理的想法为核心，层层递进地去推动其优化设计稿**。

9.1.1 激发设计师的主动性

如果你很幸运，拥有几名想要改变世界的优秀设计师，与其沟通及合作最好的方法就是激发他们的主动性，为他们留出足够的发挥空间，把专业的事情交给专业的人去做。看下面案例。

案例：产品视觉风格的前期探索（视觉设计）

坏的沟通方式：

阿信啊，我们马上要有一个新产品立项，是一个基于白领的职场社交产品，就像 LinkedIn 一样。请你帮忙先做几种风格，我觉得颜色、排版之类的，抄 LinkedIn 就行，Facebook 也可以参考。多谢啦！下周二希望能看到设计。

好的沟通方式：

阿信啊，我们马上要有一个新产品立项，是一个基于白领的职场社交产品，就像 LinkedIn 一样。你能否帮忙做一下视觉风格的前期探索。下面是一些信息，你可以参考。

- 我们面向的是职场上有一定工作经历的白领人群，他们的主要需求有这么几个：第一，在行业内构建自身的影响力；第二，寻求一些业内的交流与合作机会；第三，跳槽换工作。
- 基于此，我总结了这么几个关键词，希望对你思考设计风格有帮助：专业、干练、成熟、稳重、高效。
- 另外，我也试用了不少类似的产品，我个人觉得 LinkedIn 的视觉风格不错，蓝色的主色调跟"专业、稳重"的感觉还是比较搭的，它整个的页面排版、图标的风格等也都很简约，适合职场场景。但是我觉得它的蓝色有点儿暗，当然，具体的设计要素我不太懂，这个只是参考，不要影响你的思路和发挥。
- 最后再补充一下，老板很不喜欢红色，你可以考虑不要用这个色系，并且我觉得红色也的确不适合职场社交这个场景。哈哈，仅供参考哦。如果能在下周二给到一个方向最好了，一些草图我现在发给你参考。

分析：在"坏的沟通方式"中，产品经理只说有一个新产品要立项，用于做职场社交，但是没有提供任何有价值的参考信息，这样的沟通方式往往会让设计师摸不着头脑。另外，产品经理提出可以直接抄 LinkedIn 的风格，这对于优秀的设计师来说是一种侮辱。

而在"好的沟通方式"中,产品经理的开场白并没有变,但首先在措辞上面,说的是"视觉风格的前期探索"。这句话定下了大的基调,即:要的是"风格"和"探索",并不需要把具体的 UI 细节做出来。同时,"探索"的方向可以不止一个。之后,产品经理详细地介绍了这个产品的用户场景,这些信息很关键,**它有助于引导设计师按照具体的目标用户、场景、用法等维度去思考设计。**

紧接着,产品经理表达了具体的需求,但是使用了"关键词"的形式,这是与设计师沟通这些相对抽象概念的常用方法。只要在同一语言环境下,关键词所代表的含义在双方的理解中是不会有太大差距的。然后,产品经理同样提出了可以参考 LinkedIn 的设计,并且说了几个理由,包括颜色与关键词的匹配程度、排版、图标等,但最后还是补充了一句,这只是参考,不要影响你的思路。**既表达了意思,又体现了对设计师工作的尊重。**

最后,或许是老板真的不喜欢红色,也或许是担心设计师过度发挥以至于方案完全没法用,他半开玩笑半认真地划定了一个底线,即不要使用红色。

总体上说,这一段表述恰到好处地说清楚了需求,同时又为设计师留下了极大的发挥空间。

9.1.2 提需求,不提方案

由于 UI 层面的所有细节都是外部可见的,所以有的时候产品经理在与设计师沟通的过程中,会不自觉地把自己倾向的具体方案提出来。对于优秀、专业的设计师来说,他会将产品经理提供的"方案"当作一种对需求的表述方式,然后可能会试图反问产品经理,你的需求是要一个×××吗?但如果是不太有经验的设计师,则往往会出现两种情况,一是被产品经理给出的方案框住,做出一个外观相像但不一定特别符合需求的设计;二是会认为产品经理干涉了他的发挥。

从产品经理的角度看,在沟通过程中,即便一些底层的功能逻辑,甚至交互都已经基本确定了,也应该**尽量表述需求,而尽量避免直接拿出方案给设计师"照着做"**。下面是这样一个案例。

案例：批量删除功能（交互设计）

坏的沟通方式

我们要做一个批量删除功能。首先，在这个 UI 的右上角放一个"模式切换"按钮，用来切换"浏览模式"和"编辑模式"，默认进来的时候是前者。用户按下这个按钮，切换到编辑模式，所有列表项前面出现复选框，同时标题栏除模式切换按钮之外的操作入口消失，并出现底部操作栏。点触列表项可以选中，选中后高亮显示，蓝色，可多选。选好后，点触底部操作栏中的"删除"按钮，弹出二次提示对话框，确认后删除。麻烦帮忙出一下交互稿。

好的沟通方式

我们要做一个批量删除功能，具体逻辑是这样的：

- 需要有一个模式切换入口，用来切换平时的"浏览模式"和需要批量操作时候的"编辑模式"。
- 进入编辑模式后，所有列表项应该变成可选择状态，需要设计某种表意来提醒用户这种变化，可以多选。
- 选好后，需要有一个"删除"入口，由于是危险操作，按下"删除"后建议给一个某种方式的二次确认，确认后删除。
- 因为涉及模式切换，以及列表项的变化，在操作过程中，如果有动画效果更好。

麻烦帮忙出一下交互稿。

分析：在"坏的沟通方式"中，产品经理已经把大多数交互方式都想好了，甚至入口按钮的位置、列表项的样式、二次确认的形式都已经有具体的方案。这样不但会束缚设计师的思路，还有可能引起设计师的反感。

而在"好的沟通方式"中，产品经理以提需求的方式，向设计师讲述了这个功能的核心逻辑和流程。但是具体的交互形式、UI 控件、操作方式等则交由设计师完成。在这样的需求背景下，设计师的发挥空间会很大。另外，设计师还可能会在此基础之上继续与产品经理先用口头的方式讨论一些思路，确保自己理解准确，以至于做出符合要求的方案。即，这样的方式成功构建起了双方流畅、清晰沟通的桥梁。举例来说，针对上述第 4 项，设计师和产品经理之间还有可能有如下沟通。

> 设计师：在动画方面，切换模式的时候，我们可以沿用 iOS 的标准，即，进入编辑模式后，所有列表项的"内容部分"有一个向右侧移动的动画，同时前方出现这种圆形复选框。
>
> 产品经理：向右侧移动的话，会不会有一些标题比较长的列表项，显示出的标题部分发生了变化，也就是后面的内容被挤掉了，以至于可能影响用户选择？
>
> 设计师：不会的，你看，在列表右侧默认有一个向右的箭头，这个代表该项能点进去。但是一旦进入编辑模式，肯定就不能再点进去，所以这个箭头不需要了，正好提供了放复选框的空间。即，列表项标题不会变化。

9.1.3 用场景，别用感觉，有数据更好

在与设计师的沟通过程中，免不了要对一些具体方案进行争论。**由于设计方案（特别是视觉设计）是一种相对感性、形象化的产出物，所以很多时候双方对于方案争论的理由可能也会比较感性**。例如：

- 我觉得这个 UI 太重了。/ 不重啊，我不觉得。
- 这个按钮放在这里感觉很奇怪啊。 / 其他应用也有在这里放按钮的啊，并不觉得奇怪。
- 这个字太小了，能放大一些吗？ / 我觉得不小，再大就显得傻了。
- 为什么这里会有这么大的间距？ / 这个间距是我们的设计标准里面的啊。 / 但这个间距两边的内容都很少，目前的间距看起来很割裂。标准是人设计的，并不应该一成不变。

这类争吵一般都不会有什么结果，因为双方都是凭借自己的"感觉"在交流。

同样，我们来看几个具体案例。

案例：字号过小

> **好的沟通方式**
>
> 产品经理：小 C，我刚才把你的设计稿放到手机上看了一下，感觉你设计的这个列表上面的字号有点儿小啊。

> 设计师：这个字号不小了，我用的就是 iOS 注释信息的默认字号。
>
> 产品经理：嗯，但是这个 UI 的使用场景绝大多数是在用户出行过程中，可能是在晃动的车厢中，可能是走路时偶尔掏出手机看一下。而这个提示信息，你知道，是非常重要的。所以这个字号在这样的具体使用场景下，很可能由于外界环境的干扰，看不清。
>
> 产品经理：另外，我让开发人员提取出数据，发现我们的用户中还是有 28% 的比例使用的是 320×480 的极低分辨率。你看，我从测试那边借了一部这样的手机，在这种分辨率下，这个字号真的看不清了。
>
> 设计师：哦。果然是这样，原来还有这么多人用这种分辨率的手机啊。那我想办法调整一下。

分析：iOS 和 Android 两个体系都有完善的设计标准，很多设计师习惯于遵循标准来给出方案。这时如果产品经理希望推动设计修改，那么只是说"我感觉怎样怎样"往往是无法打动设计师的。但是上面的产品经理发现字号过小这个问题的时候，去跟设计师沟通了用户使用产品的具体场景，将环境因素带入后，就让设计师产生了共鸣，从而推动了方案优化。

案例：带头像的列表

> **好的沟通方式**
>
> 产品经理：阿信，我看你在这个列表的每一项前面都加上了一个圆形的头像，从你的效果图上看，感觉还不错。
>
> 设计师：是啊，因为这个本来就是一个联系人列表嘛，加上了头像会更加生动，也更容易让用户快速找到相应的联系人。
>
> 产品经理：但是这个列表所承载的是所有的客户信息，而具体的内容都是客户来办业务的时候后台直接录入的，我们很难收集齐全每一个客户的头像。事实上，我让开发人员提取出数据，发现在整个数据库中，有头像的客户只占 0.35%。所以，你的这个设计真正上线之后，在绝大多数情况下看到的会是一堆默认头像。
>
> 设计师：呃…原来是这样。好吧，那我先把头像去掉试试。

分析：设计稿和实际使用的效果永远是有差距的。有一些设计师会过度沉迷于设计稿本身的整体效果，但设计稿上的元素都是设计师精心挑选的，往往效果一流；而实际情况是，UI 上承载的往往是用户自己产生的内容，具体元素并不像设计师挑选的那般完美。所以**很多时候设计方案的兼容性比效果图的视觉效果更重要**。在上面这个案例中，产品经理向设计师解释了 UI 上面信息的来源，并抛出了一个无法解决的问题——很难收集到用户的头像。最后，设计师做了让步，修改了方案。

9.1.4 与"美工型"的设计师沟通

如果合作的设计师是"美工型"的，即：只考虑主观层面的"美"，较少思考产品的具体用户和场景；或者连"美"都懒得考虑，只是把产品经理或者交互设计师给到的草图简单填几种颜色，那往往就需要产品经理多去想一想 UI 层面的方案了。

案例：图标的风格

> **好的沟通方式**
>
> 产品经理：小 C，我这边需要几个图标，分别代表"删除""分享"和"改名"，请帮忙设计一下。
>
> 设计师：好的。
>
> （一段时间后）
>
> 设计师：搞定了，你看看。
>
> 产品经理：嗯，我感觉有点儿问题，这三个图标有的以线型为主，有的以面型即大面积色块为主，风格不太一致啊。我们的产品中现在的图标大部分是线型的，你可以考虑下把它们统一成线型风格。具体关于线的粗细、圆角之类的，可以参考下目前产品中×××这个 UI 上的几个图标。
>
> 设计师：好的，我改一下。
>
> （一段时间后）
>
> 设计师：改完了，再看看。
>
> 产品经理：嗯，这回好多了。但是这个"分享"的图标，其表意跟"移动"有点儿混淆啊。你觉得呢？
>
> 设计师：这个"分享"的图标用的是 iOS 的默认图标，你看系统相册里面就是

> 这样的。
>
> 产品经理：是，没错。但是在我们的产品里面情况不一样，现在这个实在是跟"移动"太像了。要不你考虑下另外一种常见表意，就是三个圈，有两条线连接的那种。
>
> 设计师：行，我试试。
>
> （一段时间后）
>
> 设计师：这回呢？
>
> 产品经理：嗯，我觉得可以了。但是这两个圈代表的是被分享出去的副本的意思吧，我建议把它们的间距调整一下，拉大一点儿。因为我们的产品中的图标都是接近于正方形的，你这个看起来是细长的一条。
>
> 设计师：可以。

分析：这个案例中所描绘的设计师形象是典型的"美工型"。与这类设计师沟通，往往需要一步一步推进，并且在推进的过程中，往往需要产品经理给出相对明确的提示和建议，他才会动手干活。如果遇到这样的设计师，作为产品经理，不妨多想一想具体的设计方案。在这个案例中，最开始产品经理提的需求故意没有特别明确，只是说需要三个图标，以及它们具体的功能。因为产品经理知道，关于场景、表意、关键词之类的，说多了这类设计师也听不进去。设计师给出第一稿的时候，产品经理首先提出的是风格不统一，并且给出了明确建议——线型，甚至给出了具体要参考的 UI，并推动修改。第二稿则提出"分享"图标的表意有问题，得到的回答是，这是默认图标。此时产品经理意识到，这个设计师貌似并不想针对这个点做深入的思考，于是还是采用了直接给出建议方案的方式，推动第二次修改。到了第三稿的时候，基本上已经是一个 60 分的作品了，产品经理又提出了一个小细节的修改，最终定稿。

对于"美工型"的设计师来说，或许我们无法期待他给出让人惊艳的设计，但也有一个好处：既然其不会去做深入思考，那么不妨在效率上做文章。与这类设计师沟通的时候，可以有意识地压缩一下时间。采用高效执行、多次修改的方式，让最终的设计达到一个相对可用的程度。

9.2 与工程师沟通：我很靠谱，跟我干没错

作为产品经理，平时打交道最多的角色就是各式各样的工程师了。他们负责将产品需求从文字描述、原型图变成真正可用的软件程序，只是在"变"的过程中，经常会出现各种各样的问题。例如：双方对需求的理解不一致、程序出现 BUG、一些细节功能和效果无法实现等。与工程师的沟通，往往是产品经理在沟通这个环节的重中之重。

工程师的思维往往很严谨、理性，逻辑性极强，改变世界之类的豪言壮语可能对他们无效。所以**与工程师沟通的最核心要素，是要构建一个"靠谱"的形象，只有靠谱，工程师才会愿意跟你一起做事情**。对于产品经理来说，靠谱的表现有很多种，例如：思路清晰、需求合理、不乱改需求、尊重技术、对不懂的技术问题不发表意见、不认为"这个需求很简单"等。

9.2.1 工程师的分类与应对原则

作者以一个产品经理的视角，按照两个维度将工程师分为三类，如图 9-1 所示。

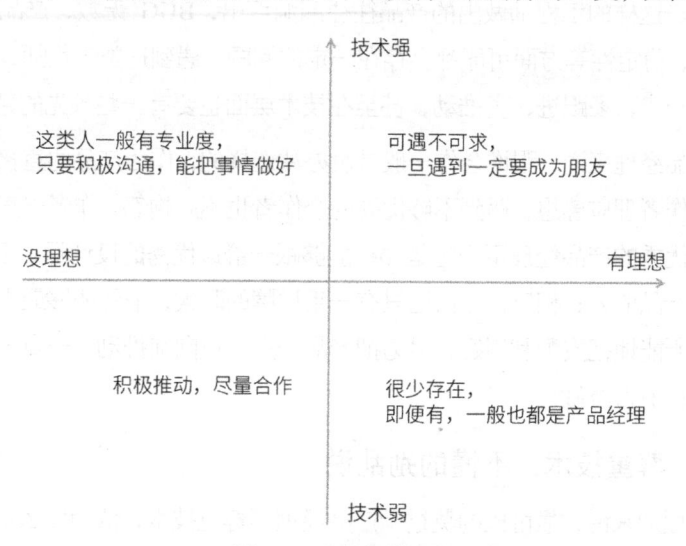

图 9-1 工程师的分类

第一类：有理想、技术强。这类工程师数量不多，如果有幸遇到，一定要倍加珍惜。他们不但拥有强大的技术实力，可以高效、高质量地完成开发工作，而且能够从

各种角度为产品提出很多有用靠谱的建议和方案。他们当中很多同样有着用技术改变世界，让世界变得更美好的雄心壮志。这类工程师往往在现实生活中也是非常靠谱的人，值得成为一生的朋友。

第二类：没理想、技术强。这类工程师所谓的"没理想"并不是一个绝对值。意思是，相对来讲，并不是特别关心产品做大做强之后能为用户、为公司带来什么，同时也对于所谓改变世界之类的没有太大的兴趣。但他们与第一类工程师一样，对技术的钻研很深，对自己职责范围内的工作游刃有余。一般只要是跟产品经理达成意向的需求，都可以高效、高质量地完成开发，只是可能对于提建议、思考产品的方向、主动优化（包括优化技术本身）等并不是很有兴趣。如果可以与这类工程师合作，也是产品经理的幸事，与其真诚沟通，认真合作，总能把事情做好。

第三类：没理想、技术弱。对于产品经理来说，如果遇到这类工程师，则会比较头疼。他们不但对"改变世界"没兴趣，很多时候对于工作本身也没什么兴趣，或者说缺乏责任感。对于产品需求，不论是否合理，不论是否对用户、公司有价值，他们的第一反应都是"怎么省事怎么做"。在技术架构、代码质量等方面一般也没有主动优化的动力。这样的工程师做出的产品往往漏洞百出，BUG 无数，产品在日后的扩展性、性能、稳定性等方面可能都会存在一定的问题。遇到这类工程师，产品经理只能尽量多想一步，多跟进，多推动，甚至在技术层面也要有一些预先的判断。

对于产品经理来说，跟谁合作一般是没办法选择的，作为产品的直接负责人，遇到优秀的合作者理应感恩，遇到不够优秀的合作者也不应抱怨。作者一直都有一个观点，就是，优秀的产品经理不一定是那种能够跟一群最优秀的设计师、工程师一起，做出优秀的产品的人；相反，当自己只有一手烂牌的时候，依然能够最大限度发挥其价值，竭尽所能地把资源利用好，尽力把产品一点一点向前推动，一点一点变好的产品经理，更加值得尊敬。

9.2.2　尊重技术，不懂的别乱说

对于工程师来说，最讨厌的莫过于产品经理不尊重技术，认为什么都很简单，漠视其劳动成果。所以在与工程师沟通的过程中，遇到类似于"能不能实现""要做多久"之类的问题时，**应本着尊重技术、尊重工程师劳动成果的原则，加上自己的判断去推动。**

第9章 以产品思维沟通

案例：能不能实现

坏的沟通方式

产品经理：我们下一期想做一个×××功能，需求文档大家先看一下。

（5分钟后）

工程师：这个功能实现不了啊。

产品经理：这个很简单啊，怎么可能实现不了？你看×××都实现了，差不多的效果。

（2分钟后）

工程师：×××也只是在客户端实现了而已，在 HTML 5 中并没有发现这个功能。

好的沟通方式

产品经理：我们下一期想做一个×××功能，需求文档大家先看一下。

（5分钟后）

工程师：这个功能实现不了啊。

产品经理：呃…是因为技术上根本做不到，还是因为我们的产品的其他条件限制？我印象中前几天看到×××有一个类似的功能，不知道跟咱们的情况是不是一样的？

（2分钟后）

工程师：我研究了一下×××，发现它也只是在客户端实现了而已，在 HTML 5 中并没有发现这个功能。限制于浏览器的能力，这个在技术上根本做不到。

分析：这两段对话最终的结果其实是一样的，都是工程师经过技术评估发现功能无法实现。但从沟通的角度，效果完全不同。在"坏的沟通方式"中，产品经理说"这个很简单"，相当于把"做不到"的责任推给了工程师，这会让工程师很反感。显然，在这个领域，工程师才是专家。而在"好的交流方式"中，产品经理的问法是"是技术做不到还是其他条件限制"，包括列举了一个有类似功能的应用，后面还接了一句"不知道跟咱们的情况是不是一样的？"。潜台词是，我作为产品经理，很多技术细节不懂，所以来请教你。工程师会很愿意解答。

另外，还需要注意的是，除在技术上根本做不到这种情况之外，工程师口中的"无法实现"还可能是另外两种常见情况。

第一种是**理论上技术可以实现，但是成本极高。**所有的工作都是要考虑投入产出比的，如果因为基础架构、硬件资源、平台原因等，造成为了实现某个功能，就要对大量已有的代码进行重构，工程师可能也会反馈"无法实现"。这时产品经理就要像做用户研究一样，追问深层次原因。如果发现是因为成本极高，就要综合各因素重新思考需求的实现方式和优先级。

第二种是**理论上技术可以实现，但是实现后的功能由于种种原因，可能会出现服务不稳定、运行效率低等现象。**这样的情况有时工程师也会反馈"无法实现"。举例来说，实现一个从特定数据库中搜索关键词的功能，如果数据量不大、并发量极低、没有复杂的分词功能等，理论上是不难的；但如果同样是实现搜索，要求在海量数据中、并发量极高、分词智能化，就需要下很大功夫了，不可能是产品经理随便写一个几百字的需求就能做好的。

案例：要做多久

> **坏的沟通方式**
>
> 产品经理：这个功能估计要多少人天的工作量？
>
> 工程师：预计要 50 人天。
>
> 产品经理：这么久？疯了，我看隔壁组前几天做了一个类似的功能，只用了 2 个人，3 天就搞定了啊。你们怎么会要做这么久？
>
> 工程师：开什么玩笑，这个功能不可能 6 人天就搞定的！

> **好的沟通方式**
>
> 产品经理：这个功能估计要多少人天的工作量？
>
> 工程师：预计要 50 人天。
>
> 产品经理：要这么久啊，能否简单跟我讲讲具体的分工和排期呢？是哪个部分耗时会比较久？

> 工程师：要实现这个功能，首先要确定×××，但我们的平台目前的情况是×××，那就需要×××，这里面会耗费×人天；然后由于……（此处省略）
>
> 产品经理：原来如此，但是这个功能老大要求比较急，我们能否想办法尽量压缩一下时间（心想：能加班不）？
>
> 工程师：难，即便×××，可能也需要 45 人天啊。
>
> 产品经理：那这样吧，刚才你提到在×××这个环节要耗费 15 人天，可否这里还是先沿用目前的方式，我们只做剩余的部分？
>
> 工程师：可以的，这样的话，预计 30 人天。这个上次例会也说了，的确比较急，我们也知道。我这边让兄弟们再加加班，投 3 个人，争取 9 天搞定吧，即一共 27 人天。
>
> 产品经理：太好了！感谢感谢！

分析：对于开发工作量的问题，如果工程师给出的预期比较长，最常用的方法就是**拆解各模块的逻辑，看看时间究竟耗费在了哪些事情上面，然后酌情砍掉或者绕过去**。但如果只是简单地质疑不需要做那么久，那么这轮沟通肯定是没有结果的。

9.3 与上级沟通：明确目标与给出方案

在产品经理的日常工作中，与上级沟通也是其重要的工作内容。对产品方向的把控、对重要的产品方案的讨论、汇报、申请资源等，都是常见的沟通场景。在大多数互联网公司，上级的工作往往更加繁忙，能够抽出的时间更少，所以**与他们沟通，要特别注意目标和效率**。

9.3.1 理解目标

很多初级产品经理常犯的一个错误是，上级交代了一个任务，他们就按照任务的描述去执行，但最终的结果往往不尽如人意，也不能够让上级满意。这种情况通常是因为其并未充分理解这个任务的目标，就盲目地按照自己的理解去"干活"而导致的结果。**很多时候，当我们接到一个任务的时候，应该多问一句"为什么"，从目标出发，可以更好地思考方案，完成任务。**

案例：汇报 PPT

> **坏的沟通方式**
>
> 上级：harry 啊，你的项目有一个月没跟老板汇报了，准备一下 PPT，明天做个汇报。
>
> 产品经理：好的，我这就去准备。
>
> （1 小时后）
>
> 产品经理：老大，PPT 我写完了，你帮忙看看。
>
> 上级：好。
>
> （2 分钟后）
>
> 上级：harry，你写的这个不行。你看，你用了整整 4 页的篇幅来描述这些体验的优化细节，老板哪有那么多时间听你讲这么细啊？还有，我记得上周整体数据不是有很大幅度的增长吗？这个怎么没写？

> **好的沟通方式**
>
> 上级：harry 啊，你的项目有一个月没跟老板汇报了，准备一下 PPT，明天做个汇报。
>
> 产品经理：好的，明天是跟总监汇报还是跟 GM（General Manager，总经理）汇报？（注：行政层级为 harry—harry 的上级—总监—GM。）
>
> 上级：这次是跟 GM 汇报。
>
> 产品经理：嗯，跟 GM 汇报的话，上次做的细节体验优化我就只简单提一下，最近一个月有代表性的进展包括数据的增长、新上线了几个城市，还有一些地推情况，我都简单说一下吧。
>
> 上级：可以。另外，我们现在开发资源很紧张，我打算会上向 GM 申请几个 headcount（招聘名额），所以你可以列一下目前的需求排期情况。
>
> 产品经理：好的。
>
> （1 小时后）

> 产品经理：老大，PPT 我写完了，你帮忙看看。
>
> 上级：好。
>
> （2 分钟后）
>
> 上级：差不多了，把数据那里再列详细一些。
>
> 产品经理：我们的目标是向老大汇报增量还是百分比？
>
> 上级：主要是百分比，因为我们的量本来就不大，谈增量没什么意义，关键是汇报一下增长趋势。
>
> 产品经理：好的。

分析：在"坏的沟通方式"中，产品经理接到上级指派的任务之后，没有追问任何细节，也没有理解向谁汇报，目标是什么，就直接开始闷头工作，从而导致写出的 PPT 并不符合要求。而在"好的沟通方式"中，产品经理首先追问的是向谁汇报，因为不同层级的管理者关注的点不同，在 PPT 上需要体现的内容也不同；然后又与其上级讨论敲定了几个关键点，之后才开始写 PPT；最后上级提出把数据列详细一些的时候，他依然追问了具体目标，然后根据这个目标做了具体的优化和改动。

案例：聚餐

> **坏的沟通方式**
>
> 上级：harry，你的项目终于上线了，明天中午找个地方，约开发团队的主要成员一起吃个饭，总结一下。
>
> 产品经理：好的。
>
> （第二天）
>
> 产品经理：老大，我订了×××餐厅的大厅，两张桌。拉了我们所有的开发同学一共 35 个人。
>
> 上级：晕，我不是说要总结一下吗？大厅那么吵，怎么聊天啊？而且 35 个人太多了，我本来准备了一个 PPT 要讲一下下半年的目标的，那么多人，吵都吵死了。

> **好的沟通方式**
>
> 上级：harry，你的项目终于上线了，明天中午找个地方，约开发团队的主要成员一起吃个饭，总结一下。
>
> 产品经理：好的。那我们这次聚餐的目的是什么？是感谢一下开发团队，还是跟他们分析一下上次线上 BUG 的原因？
>
> 上级：主要是感谢一下吧。另外，我还要讲一下下半年的目标。
>
> 产品经理：你需要放 PPT 吗？
>
> 上级：最好是要，因为内容还挺多的。
>
> 产品经理：好，那我找一个有白墙的包间，我们自带投影仪。
>
> （2 分钟后）
>
> 产品经理：老大，既然你说主要成员，重点是感谢，并且要讲下半年的目标，那我想就没必要把 35 个人都叫上了吧。一来，咱们附近很少有那么大的包间；二来，既然是讲下半年的目标，主要还是要几个关键的开发人员在场，这样大家也可以深入讨论一下；三来，有一些开发人员其实是最近 1 周才借调过来的，严格来讲，对项目其实也没什么贡献，不需要感谢。
>
> 上级：嘿，别那么小气。但是你的想法是对的，深入讨论很重要。所以叫上核心成员即可。
>
> 产品经理：我梳理了一下，包括前端、后台、运维、测试人员，再加上我们的核心人员，一共约 12 个人，可以去×××餐厅坐一个包间，找个大桌。
>
> 上级：可以。

分享：在"坏的沟通方式"中，产品经理同样是接到上级任务后，就想当然地去执行了，甚至没有理解到"主要成员"和"总结"两个关键词的含义。而在"好的沟通方式"中，与上一个案例一样，产品经理采用了目标导向的方法，先问清楚目标，然后才给出方案。

9.3.2　给方案，而不是抛问题

很多时候，产品经理发现了一些问题，或者有了一些新的想法，想要请教上级的

意见。这时应该同步给出可选的方案与上级讨论，而不仅仅是简单地抛出问题，让上级去帮忙思考。

案例：风险预知

> **坏的沟通方式**
>
> 产品经理：老大，我发现最近开发那边的 BUG 比较多，按这个趋势，很有可能 1.9 版本要延期上线了。
>
> 上级：哦，然后呢？
>
> 产品经理：然后……怎么办呢？我想征求一下你的建议。

> **好的沟通方式**
>
> 产品经理：老大，我发现最近开发那边的 BUG 比较多，按这个趋势，很有可能 1.9 版本要延期上线了。
>
> 产品经理：我有两个方案。①现在我牵头把所有的 BUG 跟开发同学过一遍，挑出优先级最高的 BUG，优先解决。对于一些偶现的 BUG 或者一些细节 UI 问题，可以考虑下个迭代再处理。②把这次功能列表中的×××这个需求先挂起，放到下个迭代中，确保开发同学全力完成其他功能开发，并顺利解决 BUG 上线。这个需求的优先级不高，所面向的用户和场景均是比较细分的，暂时不做整体上影响不大。老大你倾向于哪个方案？
>
> 上级：先跑第二个吧，我们还是应该尽量保证产品质量的。
>
> 产品经理：好的。

分析：在"坏的沟通方式"中，产品经理虽然敏锐地发现了问题，但仅仅是把问题抛给了上级。很多时候，上级对于具体执行层面的细节并不了解，他即便想给出方案，也很难。而在"好的沟通方式"中，产品经理在抛出问题的同时，给了两个方案让上级选择，这样就很快得到了答复，可以去具体执行了。

案例：做不做这个功能

坏的沟通方式

产品经理：老大，我们最近整理了一下用户反馈，梳理了一批用户希望实现的功能。具体包括×××、×××和×××，老大你帮忙看看，这些功能我们要做吗？

好的沟通方式

产品经理：老大，我们最近整理了一下用户反馈，梳理了一批用户希望实现的功能。具体如下：

- ×××功能，这是用户呼声比较高的功能，我认为可以排期做一下。因为结合×××的实际情况，我们需要×××，而目前的情况是×××，所以值得做。
- ×××功能，也有一些用户要求，但是我认为这个没意义。因为这其实是个很边缘的场景，我们还是应该引导用户尽量使用×××这种方式。另外，我们今年的运营目标是×××，更应该×××。
- ×××功能，这个我有点儿拿不准。基于×××的现状，我们其实可以考虑×××；但同时，又受限于×××，如果×××，那么就有×××的风险。

以上，想问问你的想法。

分析：在"坏的沟通方式"中，产品经理同样是仅仅把问题抛给了上级，自己或许并没有进行太多的思考，也没有提供具体的方案和建议。相当于完全需要上级帮他思考，直接给他具体方案。这样的方式对于上级来说，产品经理的价值也就不存在了，其所做的只是一个简单的执行工作。而在"好的沟通方式"中，产品经理除将用户的反馈知会给上级之外，还同步给出了自己的方案和解释，即便是他拿不准的第三个功能，也给出了利弊分析，这样的沟通方式往往更加有效。

第 10 章

"互联网+"产品思维初探

随着互联网的飞速发展，线上的用户场景被越来越完善地满足，与其相对应的，线上流量越来越难获取，机会越来越少。在这样的大背景下，很多互联网公司开始去探索线上与线下相结合的产品及商业模式，"互联网+"这个热门概念，就是在这样的大背景下诞生的。在百度百科中，它的解释是：通俗地说，"互联网+"就是"互联网+各个传统行业"，但这并不是简单的两者相加，而是利用信息通信技术以及互联网平台，让互联网与传统行业进行深度融合，创造新的发展生态。在这一章中，我们将以互联网公司和产品经理的视角来聊一聊"互联网+"。

10.1 "互联网+"的三个阶段

事实上，如果我们把时间线拉长观察，就会发现，所谓互联网与传统行业的结合，并不是最近几年才有的，而是由来已久。

10.1.1 阶段一：渠道、媒体与工具（从前）

最初，对于"传统行业"来说，互联网是一种**通信和宣传渠道**。在那个年代，一家公司，或者大学，或者政府机构，做一个网站的用途，就像是装一部电话一样。有了电话，就建立了与外界沟通的桥梁，客户就能够找到他们。同样，如果有一个网站，就可以把机构的介绍、产品信息、联系方式等内容放在上面，让全世界的人都有机会看到。

后来，在 Web 1.0 的鼎盛时期，大量的门户网站兴起，如图 10-1 所示，新浪网是那时的典型代表。在这个时期，传统行业中的很多人将互联网看作一个媒体，可以看新闻，可以在上面做广告——的确，那时的门户网站本质上与报纸、杂志、电视并没有太大的区别。

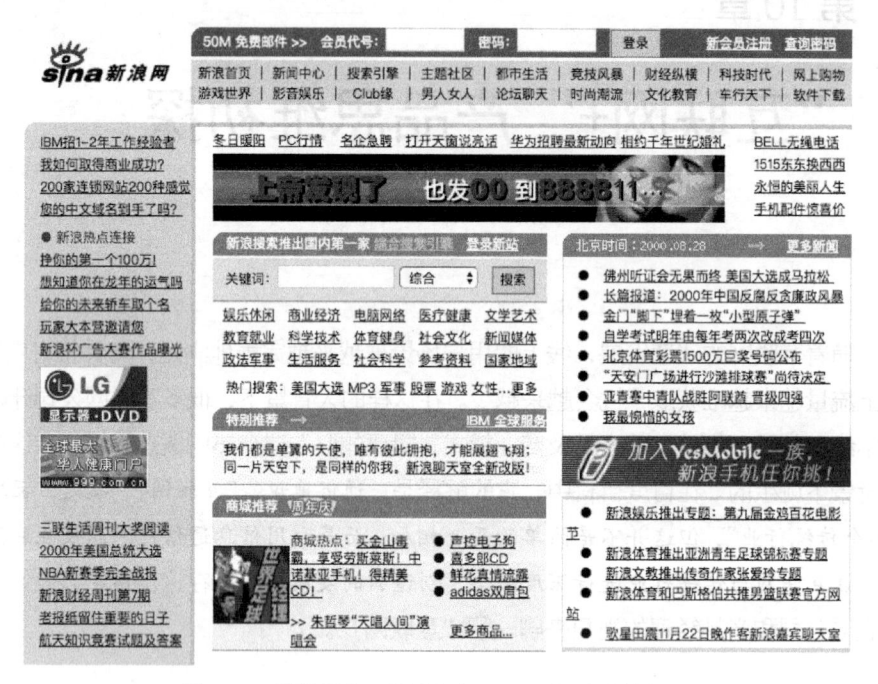

图 10-1 早期门户网站的代表，2000 年时的新浪网

总的来说，在这个时期并没有"互联网+"的概念。传统行业只是将互联网作为一个简单的新兴事物看待，需要的时候顺手用一下。本质上，跟他们使用电脑、购买机械设备、雇佣会计做账是差不多的感觉。

随着 Web 2.0 的兴起，互联网上由用户产生的内容越来越多，"平台"的概念开始突显。在这样的大背景下，催生了第一批与传统行业或者线下某些场景紧密连接的互联网产品。最典型的就是电商网站，亚马逊、ebay，包括中国的珠穆朗玛（8848.net）、易趣、阿里巴巴 B2B 等，都是那个时期的代表性产品。

对于电商网站来说，不论是 B2B、C2C 还是 B2C，其必须与传统行业的仓储、物流、支付等环节相结合，才能够完成流程、体验、商业上的闭环。在这个时期，在传统行业人的眼中，互联网是一种"高科技生产力"、一种"技术手段"、一种"辅助工具"，可以让传统行业原本的业务更加高效、快速、精准地运行，可以做到一些原来

第 10 章 "互联网+"产品思维初探

传统行业就一直"想做",但做不到的事情(例如,不用代理商把产品卖到世界各地)。如图 10-2 所示,阿里巴巴 B2B 正是在这样的环境下诞生的。

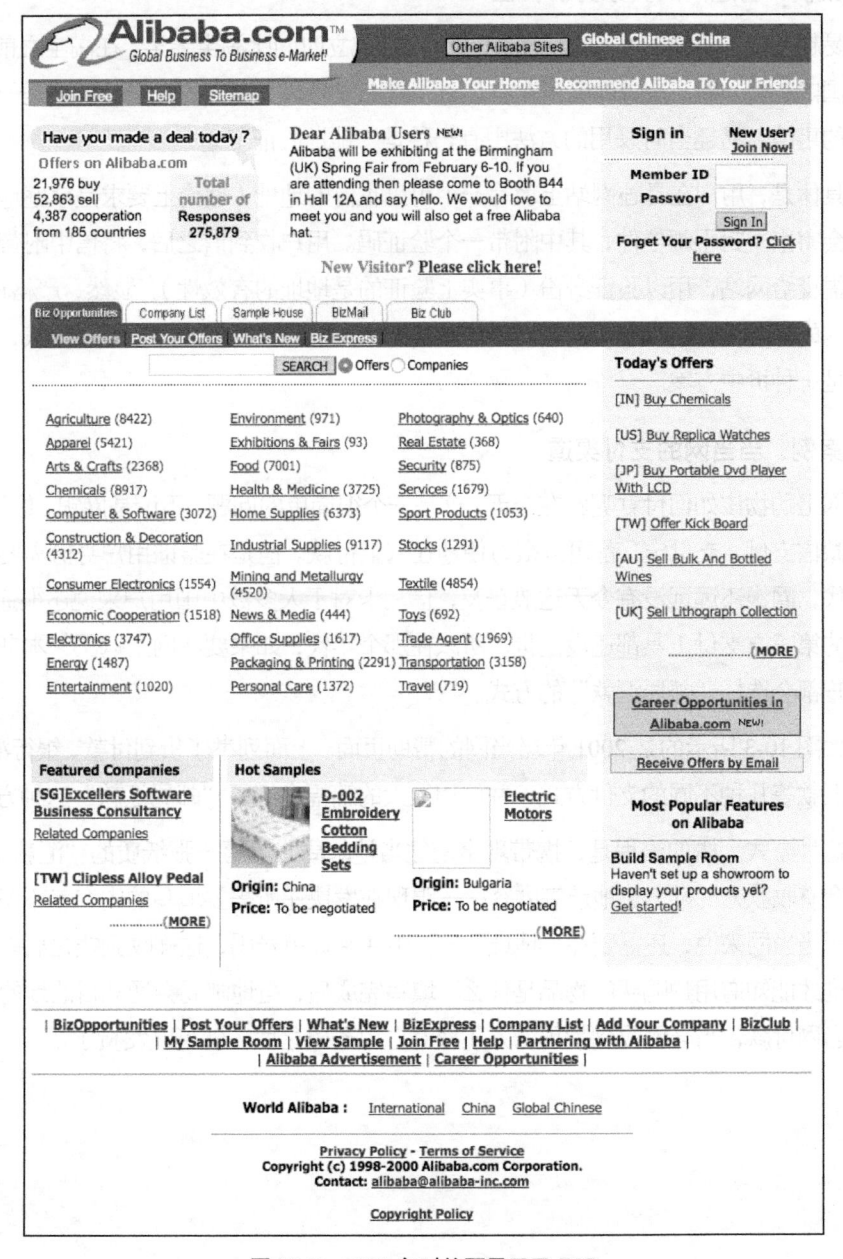

图 10-2 2000 年时的阿里巴巴 B2B

另外，在这个时期，互联网与传统行业的连接部分往往是很简陋的。

案例：易趣网的卖家身份验证

易趣是中国早期的 C2C 电子商务网站，其成立时间比淘宝要早，在淘宝之前，也曾在国内红极一时。在 2000 年左右，对于网上交易买卖双方的身份验证还是一件挺困难的事情。易趣当时采用的方法中有一种是"地址验证"。

具体是，用户在易趣网站上填写一个可以收信的地址（理论上要求是家庭地址），易趣会寄出一封平邮信件，其中附带一个验证码。用户收到信之后，将信中附带的验证码提交给网站，用以验证身份（事实上验证的是地址的有效性）。显然，严格地讲，在国内的环境下，这种方式根本没办法验证一个人的真实身份，但在那个年代，也未尝不是一种折中方案。

案例：当当网的支付渠道

网上购物该如何付款呢？在今天，这是一个很简单的问题，不论是网银、信用卡，还是微信支付、支付宝，都可以很方便地在网上付款。但是在验证用户身份需要寄信的年代，网银还远远没有今天这般普及，信用卡对于大多数中国用户来说还很遥远，现在的第三方支付工具都还没出世。所以在那个年代，如果要在网上购买一本书，很多用户都会选择"邮局汇款"的方式。

如图 10-3 所示的是 2001 年当当网的帮助页面。上面列举了货到付款、银行汇款、邮局汇款等几种不同的支付方式，并使用很大的篇幅介绍了"邮局汇款"这种方式。

这种方式大概的流程是，携带现金前往当地邮局，填写一张纸质的"汇款单"，上面会有收款方的姓名、地址等内容——跟现在发快递所需要填写的内容差不多。并且对于当当网来说，还需要在"地址"一栏中注明订单号码，这样收到钱之后去系统中查询才能知道用户购买的物品是什么。填写完成后，当地邮局会通知目的地的邮局向当当网付款，当当网收到款项，人工核对订单号码之后，就可以发货了。

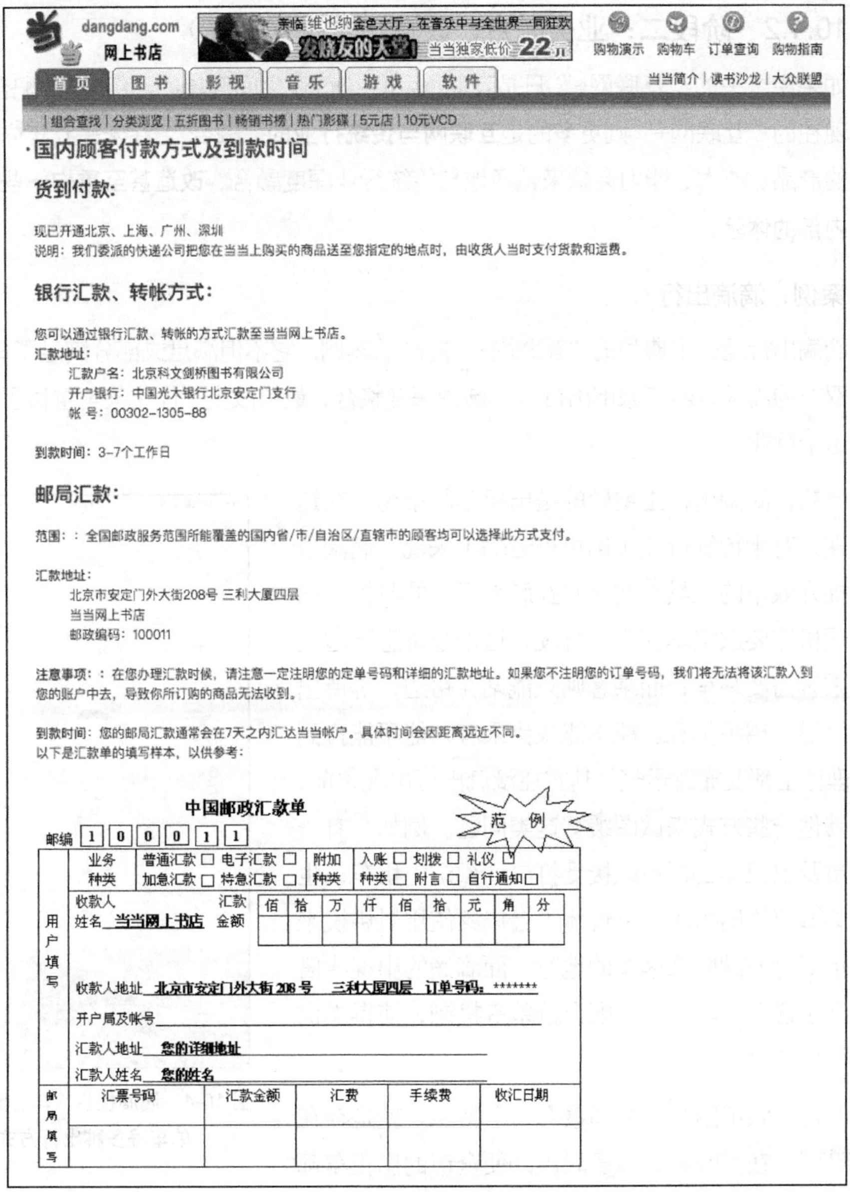
dangdang.com
网上书店
亲临维也纳金色大厅，在音乐中与全世界一同狂欢
爱情友的天堂 当当独家低价 22元
购物演示 购物车 订单查询 购物指南
首页 图书 影视 音乐 游戏 软件
当当简介 | 读书沙龙 | 大众联盟
| 组合查找 | 分类浏览 | 五折图书 | 畅销书榜 | 热门影碟 | 5元店 | 10元VCD

·国内顾客付款方式及到款时间

货到付款：

现已开通北京、上海、广州、深圳
说明：我们委派的快递公司把您在当当上购买的商品送至您指定的地点时，由收货人当时支付货款和运费。

银行汇款、转帐方式：

您可以通过银行汇款、转帐的方式汇款至当当网上书店。
汇款地址：
汇款户名：北京科文剑桥图书有限公司
开户银行：中国光大银行北京安定门支行
帐 号：00302-1305-88

到款时间：3-7个工作日

邮局汇款：

范围：：全国邮政服务范围所能覆盖的国内省/市/自治区/直辖市的顾客均可以选择此方式支付。

汇款地址：
北京市安定门外大街208号 三利大厦四层
当当网上书店
邮政编码：100011

注意事项：：在您办理汇款时候，请注意一定注明您的定单号码和详细的汇款地址。如果您不注明您的订单号码，我们将无法将该汇款入到您的账户中去，导致你所订购的商品无法收到。

到款时间：您的邮局汇款通常会在7天之内汇达当当帐户。具体时间会因距离远近不同。
以下是汇款单的填写样本，以供参考：

中国邮政汇款单
范 例
邮编 1 0 0 0 1 1
业务种类 普通汇款 □ 电子汇款 □ 加急汇款 □ 特急汇款 □
附加种类 入账 □ 划拨 □ 礼仪 □ 附言 □ 自行通知 □
用户填写
收款人姓名 当当网上书店
汇款金额 佰 拾 万 仟 佰 拾 元 角 分
收款人地址 北京市安定门外大街 208 号 三利大厦四层 订单号码：*******
开户局及帐号
汇款人地址 您的详细地址
汇款人姓名 您的姓名
邮局填写 汇票号码 汇款金额 汇费 手续费 收汇日期

图 10-3 2001 年时当当网的帮助页面

以上这些故事，在今天读起来往往觉得不可思议，但正是这些看起来很笨的方式，慢慢地推动着互联网与传统行业的融合。

10.1.2　阶段二：业务融合，改造与重构（现在）

如果说过去的"互联网+"只是互联网和传统行业之间简单的"组合""配合"，那么现在的"互联网+"则更多的是**互联网与传统行业的"融合"**。在未来几年内，互联网的产品、技术、能力会越来越多地与传统行业深度融合，**改造甚至重构一些行业及其内部的体验**。

案例：滴滴出行

滴滴出行是一个典型的"互联网+"的产品案例。它不但满足或部分满足了司机、乘客双方的需求，还与城市出行这个场景深度整合，最终改变、优化甚至重构了城市客运这个行业。

最初，滴滴出行主要做的是出租车的市场，在这个时期，对于传统行业（出租车运输）来说，滴滴是一个提升效率的工具。在没有互联网工具的时候，出租车司机需要放空车在路上行驶，边走边留意路边是否有乘客需要乘车；而乘客则只能站在路边，等待出租车经过并招手示意。能不能找到乘客，能不能打到车，理论上都要靠碰运气。其实在滴滴出行出现之前，也有其他一些方式来试图缓解这类问题。例如：有一些城市及出租车公司可以接受打电话预定出租车；也有一些城市的出租车司机群体中会广泛使用对讲机来互相指引对方驶向乘客多的地方。而滴滴的出现成倍地提升了这个效率，并且配合抢单等机制，使得类似场景得到优化。

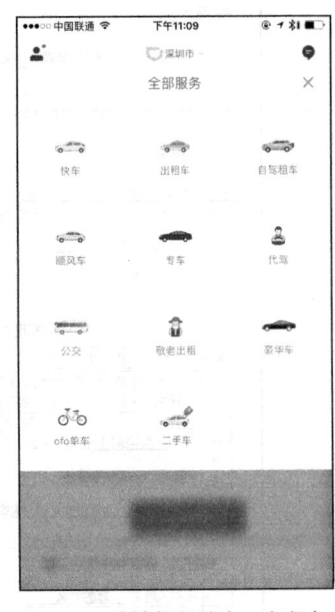

图 10-4　滴滴提供快车、出租车、单车等多种出行方式

但是，城市出行这个场景有一个特点，就是存在"高峰期"。在高峰期，很多时候即便全市的出租车都处于载客状态，也依然会有很多乘客打不到车。**到了这个时期，对于传统行业来说，就不再是一个"提升效率"的问题，而是资源短缺**，或者说资源不平衡的问题。而在商业场景中，资源不平衡是一个复杂的、难以解决的问题。举例来说，出租车公司和政府当然可以购买并运营更多的出租车，以更好地满足高峰期的出行需求。但是这种

方案在非高峰期就会造成严重的资源浪费，甚至造成企业和个人经济上的亏损。在这个阶段，滴滴推出了"快车"服务。事实上，快车才是互联网与传统行业真正的"融合"，它相当于用互联网的手段扩大了传统行业中的资源池。快车司机不一定是专职司机，他们可以仅仅在高峰期需要车的时候才充当资源池中的"资源"，其他时间还可以从事原有的职业。这样，**事实上是对城市客运这个行业的资源产生了"动态调节"的作用**，以此"改造"了这个行业。

紧接着，滴滴除上线一些类似于"专车"之类的用户差异化功能之外，又与 ofo 小黄车进行了深度合作，将"单车"整合到滴滴出行整体的生态中（如图 10-4 所示）。这对于城市客运这个行业中的"客户"——乘客来说，不仅仅是一个简单的出行方式的组合，更是**创造了一种全新的出行方式**。即：可以选择乘坐汽车完成较远距离的出行，然后对于"最后一公里"的问题，单车可以接上。特别是在路面拥堵、校园、景区等场景下更加实用。在滴滴和 ofo 出现之前，这样的组合是做不到的——因为一般地面交通工具并不能够携带单车乘坐。这也可以看作是对传统行业的改造。

案例："互联网+医疗"

"互联网+医疗"是"互联网+"概念下的重要方向之一，互联网与医疗行业的深度融合，也在慢慢地改造甚至重构医疗这个古老的行业。

在国内，很多人都能够或客观或带有偏见地讲出几条公立医疗机构的问题。例如：

- 挂号难
- 排队等待时间长
- 与医生交流时间短
- 过度开药
- 三甲医院门诊人满为患，环境不好

……

而在医疗行业内部，各类宏观的政策方向及科研需要，也为相应的机构和从业者提出了不少问题。例如：

- 药品 0 加成（医院的药房可能无法大规模盈利，但医院却要付出运营成本）
- 医生多点执业（医生可以在多个医院兼职，对原挂靠的医院产生不利影响）
- 分级诊疗（基层首诊，双向转诊，不要有点儿头疼脑热都去三甲医院扎堆）

- 慢病管理和家庭医生（政府重点关注和推行的医疗改革方向之一）
- 医生职称评定（职称往往与医生的收入和地位直接相关）

......

在上述大背景下，互联网正在与医疗行业深度融合，试图在诊疗的方方面面推动改变。或许过不了几年，下面描述的场景在国内就能体验到。

患者视角：王小明是一名在深圳工作的白领，他从昨天晚上开始觉得胃部不适，但是今天有一个重要的会议，他必须参加，所以没办法请假去医院。于是王小明在微信上找到了当地某医院消化内科的医生开设的咨询服务，他支付了 30 元咨询费，将目前的病情和症状描述给医生。

医生视角：陈医生刚刚在住院楼完成巡房工作，在回门诊准备接诊的路上，看到了患者的咨询内容。根据他的专业知识，怀疑是急性肠胃炎，他又试图问了患者几个问题。他同时在手机上翻看了患者在深圳市各医院的历史病历，担心有其他风险，于是他要求患者来医院做胃镜，并直接为患者开具了检查申请单。

患者视角：王小明收到医生开具的检查申请单，上面注明了做检查前的注意事项。于是他付款后，进入了预约流程。由于今天一天他都很忙，于是他选择了第二天早晨 8 点 10 分去做胃镜检查。

第二天，他按照检查单上的要求，起床后并未喝水及进食。到了医院，展示手机上的二维码，检验科分诊台的护士扫描后，告知还有 10 分钟才到约定时间，可以去 2 号房间门口等待叫号。大约 11 分钟后，王小明进入 2 号房间做胃镜。完成后，王小明就直接打车回公司上班了。

医生视角：又过了一天，陈医生的手机收到消息，提醒王小明的胃镜结果已出。于是他打开报告单，查看并确诊为急性肠胃炎。他在网上与患者沟通，并且为患者开了三种药物，嘱咐要按时服用，随诊。

患者视角：王小明同时也收到了胃镜结果，正愁看不懂的时候，收到了医生的消息，告知为急性肠胃炎，并且开了药注明了医嘱。王小明查看处方单，并选择"配送"的方式取药。他填好公司的地址和联系电话，付款后，又去忙工作了。大约 2 小时后，他接到快递公司的电话，下楼取药并服用。

第 10 章 "互联网+"产品思维初探

案例:"互联网+"还是"+互联网"

"+互联网"的概念是由传统行业提出的,在百度百科上,其解释为:传统行业借助互联网手段把线下的生意做到线上去,并将互联网技术融合到产品的生产、管理、销售、服务等环节中。"+互联网"强调顺势创新,是传统行业以既有业务为基础利用互联网技术和理念来提高为用户服务的效率和质量。

从这个解释来看,"+互联网"的概念很像前文所述的"互联网+"的"第一阶段"与"第二阶段"的中间状态,即:将互联网作为工具、技术手段、渠道来使用。虽然提到了"融合",但强调的是"技术融合",并且最后总结阶段又绕回了"效率和质量"上面。事实上,"互联网+"和"+互联网"这两个概念代表了互联网行业与传统行业两方各自的立场——他们都希望在互联网和传统行业融合的过程中,将自己作为主导的一方。

几年前,BAT 都曾做过基于 Android 的手机操作系统,希望能够做出更好的手机,并以此掌握更加底层的入口,这是个"互联网+"的思路。但面对牢牢掌控底层设备的手机制造商,无一例外他们都失败了——即便是现在还在研发的阿里 YunOS,也只是在与有限的几个厂商合作,或者是运行在自己的天猫魔盒中。原因很简单,一方面,这些公司所做的系统本身,也并不比 Android 原生及其他一些优质手机厂商所做出的系统好多少,有的甚至还不及后者;另一方面,手机厂商为了保住这里的利润和底层控制权,在自身有研发能力的基础上,是不会与 BAT 合作的,缺乏这样的合作,就意味着软件产品没有设备承载,当然就不会有太多的用户(刷机渠道可以贡献的量已经越来越小)。同时,BAT 又没有足够的动力去构建整条硬件供应链,做自己品牌的手机。

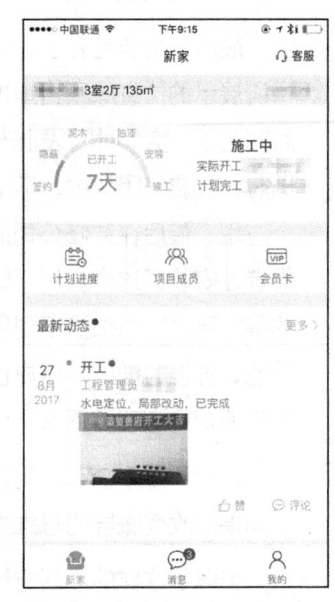

图 10-5 某装修公司官方手机应用

另外,很多传统行业企业将互联网简单理解成工具,但他们却用不好这个工具。如图 10-5 所示的是某装修公司依照"+互联网"的思路所做的一款手机应用。

329

这款应用主要的功能就是业主可以随时查看施工进度,而所谓的"施工进度",则是由工长及施工人员人工更新发布上去的。同时它自带了工程队的通讯录功能,并且可以在应用中实现简单的聊天功能。

事实上,这样的产品有很多可以讨论的地方。首先,能够随时查看施工进度,这个场景对于大城市中平时工作繁忙的白领业主来说,应该是有一定价值的。但它的生命周期会很短,绝大多数业主几年之内应该不会再做第二次装修,也不会经常去购买装修材料;或者即便再次装修,也不一定是找同一家公司。所以这样的产品在装修工期3个月结束后,永远不会再被打开的概率很大。

其次,可能在传统行业看来,微信能实现聊天功能,所以在装修公司的应用中也要实现一模一样的功能。这样关于装修的相关交流就会在这个应用中进行。事实上,这是典型的"功能思维"——并不是有了这个功能,用户就会去用。对于这一点,本书的读者应该很清楚了。

最后,功能是有了,但运营几乎是废掉的。例如,在作者的这个案例中,在应用中所展示的信息除项目地址之外,全都是错的。房子面积错了、开工时间和计划完成时间错了、整个时间线上唯一的一张图片是假的,并且整个"进度"也从来没更新过。同时,在装修团队中,不论是工长、设计师还是监理,都在不遗余力地向作者推广这个应用。最后在装修公司的员工打电话过来表示如果不安装会被"处分"的前提下,作者才安装了这个应用。显然,作为传统行业的装修公司并没有理解一个互联网产品的基本玩法。如果找不到用户的核心需求和场景,如果运营跟不上的话,不论再多的功能、再强的推广,用户也会流失掉。这个跟在商场门口发传单,总会有人进来并且产生消费的道理并不太一样。

虽然不排除在不远的将来,这个应用可以探索出新的用户场景,同时运营跟上来,但如果不改变底层的思维方式,那么从现在的情况看,怕是难以有大的发展。

类似于这样的不同立场之间的冲突,在未来几年内依然会持续。事实上,所有的融合或许都要经历这样的阶段。在一些行业中,两者融合的脚步可能会放缓,也不排除其中一方长时间维持绝对的强势。但是在更多的特别是与社会民生息息相关的行业中,**终有一天双方都会明白,互联网与传统行业谁都不可能完全颠覆**对方,**想做事,必须要深度合作**。到了那时,我们就将迎来"互联网+"的第三个阶段。

10.1.3　阶段三：思维方式融合（未来）

当今社会，互联网、金融、技术服务等行业由于发展迅速并且相对薪资较高，客观上吸引了最多的顶尖人才加入，他们对于推动社会的发展、技术的进步起到了重要的作用。**所谓"互联网思维"，在未来将不仅仅是指"适应互联网行业的思维方式"，也不仅仅是指所谓的快速迭代、试错、用户体验等，而是会继续升华为"以互联网等行业为代表的，社会上最先进的人才、机构所相对通用的思维和行为方式"**。所以，对于"互联网+"的未来，作者认为**这些最优秀的人才和思维方式会渗透到各行业中，与各行业的实际情况相结合，从底层去优化和重构传统行业**。这样的优化和重构很可能并不是"做互联网的人"或者"互联网公司"主导的，而是各行业中拥有"新互联网思维"的人主导的。

当下的中国正在进行第三次消费升级，以及一次前所未有的认知升级过程。这是中国长期以来保持相对高速的经济增长，以及以互联网为代表的信息渠道迅猛发展的必然结果。而"消费升级"并不是简单的涨价，或者花的钱更多，而是随着民众可支配的现金越来越多，有越来越多的人愿意花更高的价格，买更好的产品。

而"认知升级"是一个复杂的概念，在此，作者将其简化描述为：不同的人，对待同样的事物，会有不同的理解和态度。而这些"不同的理解和态度"是有高低、好坏之分的。所谓认知升级，就是有越来越多的人对于相对"好的"理解和态度会更加认同。举例来说，以前大家手头都不宽裕的时候，往往并没有很多人关注日常饮食过程中的"健康"问题。很多高糖、高盐、高油脂类的食物也会被无节制地摄入，甚至这种行为还可能被看作是"富裕"的象征。而现在，更多的人开始关注饮食健康，关注代谢类疾病（因为患病率实在是太高了），所以更多的人开始注重膳食平衡，开始理解和认同科学合理的饮食习惯是保持健康的重要因素。这就是一种认知升级。

认知升级与消费升级往往相辅相成，一边是大家越来越有钱了，另一边是大家由于升级了认知，所以希望获得更好的产品和服务。这样的现状为未来的"互联网+"构建了巨大的市场和发展空间。因为一边是社会上最先进的思维和行为方式；另一边是亟待提升的产品和服务品质。所以在未来，"新互联网思维"会与传统行业的思维融合，以至于做出品质更好的产品，将是一个顺应时代的巨大机会。在作者看来，当下的绝大多数传统行业，其产品与服务的品质是远远不够好的，特别是类似于物业管理、房地产、家装、月嫂、早教之类的服务业。这些行业与很多人的生活品质息息相关，却又只能提供很差的产品和服务。在这些领域中，任何一个产品或服务的品质能够大幅度提升，都可以卖出更高甚至"高得吓人"的价格。未来的 10 到 15 年，我们应该有机会看到这样的产品和服务在"新互联网思维"的作用下，变得越来越多。

到了那时，当今的关于"互联网+"还是"+互联网"的争论将不复存在，它们会真正地从实体到精神都融合在一起。到了那时，互联网将真正成为水和电，成为底层的基础设施，去真正改变世界。

10.2 如何策划"互联网+"产品

我们还是把目光拉回到当下。在互联网与传统行业深度融合的过程中，很多产品经理都会开始接触与"互联网+"相关的产品。作为一个"互联网+"产品经理，需要思考的维度往往更多。如图 10-6 所示，**互联网产品就像一座冰山，用户在前端可见的只是冰山浮于水面上的那部分**。其实在产品内部，还有很多复杂的逻辑用户是看不到的——前端的一个简单的提示，可能是经过了数层产品逻辑，以及后台大量程序代码运行后的结果。而"互联网+"产品则像一个更大的冰山，其隐藏于水下的、普通用户无法直接看到的逻辑更加复杂。

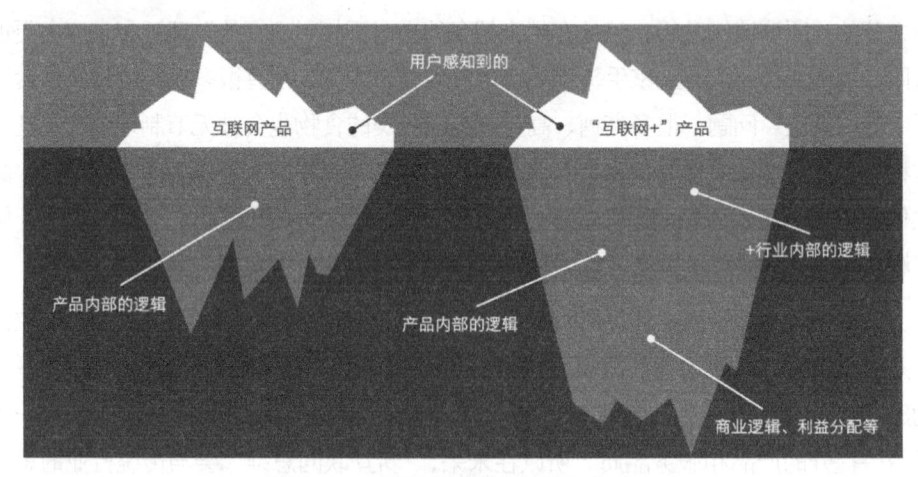

图 10-6 互联网产品与"互联网+"产品

本节，我们一起看一下"互联网+"的产品策划应该如何做。

10.2.1 "互联网+"研发链条中的角色

以互联网产品经理的视角来看,"互联网+"产品往往是既要 2B 又要 2C 的产品。除产品经理、设计师、开发工程师、运维工程师等角色之外,由于需要跟传统行业深度融合,所以在"互联网+"产品的策划和研发过程中,往往还要涉及其他一些角色。例如:

1. 传统行业人士

对于"互联网+"产品来说,传统行业人士不仅仅是产品的 B 端用户,很多时候还会与产品经理一起去完成产品的规划、策划、设计等工作。但由于传统行业众多,不同行业、公司,或者具体的从业者对于互联网的理解、看法也都是不一样的,所以传统行业人士在"互联网+"产品的策划过程中,可能会表现出多种完全不同的态度,相应的,或许也扮演着多种完全不同的角色。

举例来说,很多时候,传统行业人士会充当一个"顾问"的角色。他们对于自己行业内部的一般性方法论、流程、玩法、经验往往有深入的理解和观点。而作为"互联网+"产品经理,当遇到顾问类型的传统行业人士时,应积极学习和交流,在其指导下找到痛点,并结合互联网的方式来试图解决痛点。但**千万不要把"顾问"的建议完全不加思考地吸收**,因为任何行业都会有这个行业内固有的一些思维方式,这些方式有的是精华,也有的或许是糟粕。**只有与互联网的思维进行碰撞,进行融合和重构,才可能有更加蓬勃的创新出现。**

2. 合作方

融合过程总会存在缝隙,这些缝隙往往是互联网公司和传统行业机构都并不专业的部分,或者是基于某种原因,双方都不希望涉足的部分。这时,往往要引入一些合作方来完善这些连接部分。举例来说,或许在特定的场景下,某"互联网+"产品需要一台特定的设备来承载,可能需要读卡、识别身份证等。这时,"特定设备"的制造业部分往往是互联网公司和对应的传统行业都不擅长的,必须引入合作方来完成。

作为"互联网+"产品经理,应该尽量"用好"合作方。把专业的事情交给专业的机构去做,同时要对方向和质量进行严格把控。举个不太恰当的例子,对于"房屋装修"这个领域,相比于业主、装修公司来说,施工队往往相当于一个"合作方"的角色(很多施工人员并不是装修公司的正式雇员)。很多工人都很粗心大意,或者不仔细看施工图纸，或者由于沟通等原因几方理解不一致，也可能是由于自身懒惰等原因，以至于工程质量无法保证。在作者的朋友中，几乎所有人在装修过程中都遇到过类似的问题。甚至其中有一个朋友，其卫生间水龙头的位置连续改了三次都是错的。最后一次他把工人叫到现场，用粉笔在墙上画了一个位置，甚至贴上了一张纸，最终还是做错了。

在这个时候，"监理"的作用就非常重要了。事实上，"互联网+"产品经理不但要充当产品策划、运营的角色，同时也应深入地介入商务沟通和项目管理。

3. 社会机构

所有跨界融合的事物都是"新兴事物"，特别是在国内，面对"新兴事物"的发展，往往还要涉及一些社会机构的辅助或监管。

举例来说，没有《医疗机构职业许可证》的机构，显然是不能够给别人看病的。但是如果要做"互联网+医疗"就涉及一个问题：互联网公司没有许可证，而医院又不懂产品和技术。如果互联网公司仅仅是开发软件给医院用，那只是一个简单的外包开发，不是"互联网+"，要融合，往往需要在相关机构的监管下，做更加深入的整合。

当然，所有的创新都有风险，有时候也存在一些倒逼相关机构作出让步，或者参与管理运营的案例。例如滴滴出行中的"快车"服务，最初在很多城市其实都是一个灰色地带。一方面，快车的出现可能影响到一些既得利益者；另一方面，政府从监管、乘客安全等角度也会提出一些质疑。这时，**作为"互联网+"产品经理，对大环境的趋势一定要有足够的把握和理解，使用合法、合理的方式推动产品发展**。

10.2.2 "互联网+"产品的策划方法

"互联网+"产品一般涉及与传统行业的融合、与合作方的商业合作等环节，所以其研发流程往往比纯互联网产品更加复杂。

如图 10-7 所示，对于互联网产品来说，从相关分析开始，到上线结束，我们称之为一个"迭代"。但是对于"互联网+"产品来说，整个流程中包含两个小的迭代：首先是行业解构、商务逻辑和产品方案之间的迭代；然后才是研发迭代。对于前者，我们来展开看一下。

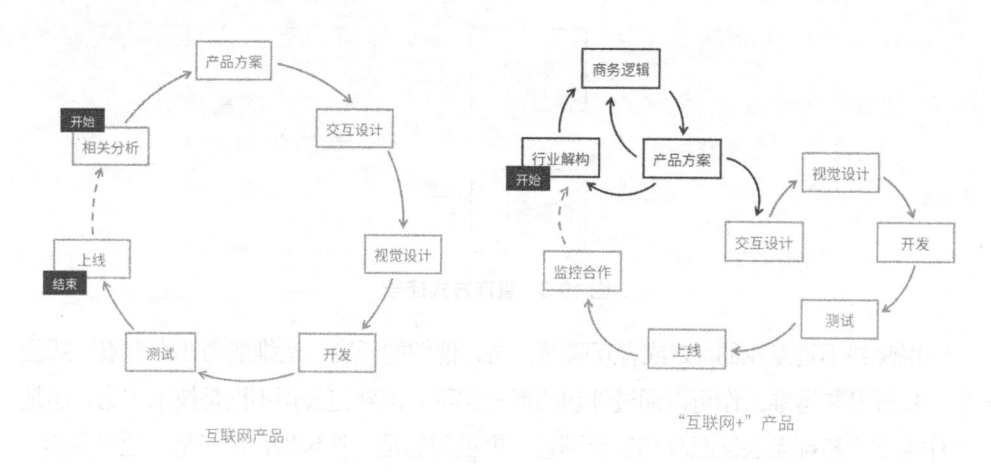

图 10-7 研发流程对比

1. 行业解构

"互联网+"中的行业解构与一般的行业调研、用户调研不一样，它要求更加深入，不仅仅要知道现象，还要知道原因。另外，研究的目标也不仅仅是"需求"，还包括实现方式、干系人（机构）关系、行业惯例、政策及法律限制等。

案例：公立医院网上挂号研究

依然以挂号平台这个小工具为例，在初期，作者曾走访过大量的医疗机构、相关企业。深入研究了基于公立医院体系，当时网上挂号平台的实现方式。

一种是"**直连方式**"。顾名思义，就是医院提供相应的数据接口，平台与医院通过接口直接连接。当有用户访问平台，需要挂号的时候，平台向医院的 HIS 系统[①]直接请求号源，如果医院有号源，就会帮用户完成挂号，如图 10-8 所示。

直连方式的业务模型很简单，也是理论上最靠谱的方式。但是在实际的医疗行业中，**它存在两个严重的问题，分别是：需要医院提供数据接口；需要医院的服务器撑得住外网访问。**

---

① HIS 系统，即 Hospital Information System，是医院中使用的一类管理软件的统称。在医院中挂号、分诊、排队、录入病历等工作，都是在 HIS 系统中进行的。

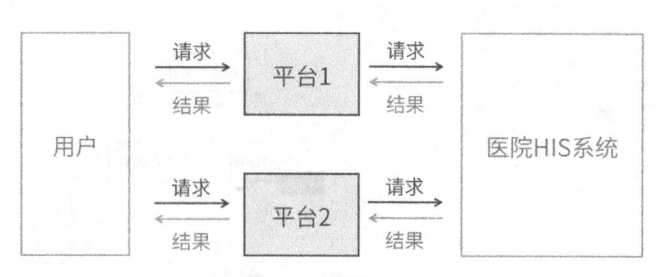

图 10-8　直连方式挂号

医院并不是专业的 IT 或者互联网公司，他们的开发、运维能力非常有限。即便有一些开发和运维工作可以通过外包的形式实现，但外包公司不论是技术实力，还是工作态度一般都无法让医院和患者满意。更重要的是，外包项目很多是一锤子买卖，缺乏后续修改和维护的机制。理论上，开发 HIS 系统的厂商也可以帮忙承担这些接口的开发以及服务的运维工作，但报价往往很高。而另一方面，对于大多数医院来说，实现网上挂号的需求并不强烈，有最好，没有的话，如果需要医院出钱做，则往往很难。

所以现实的情况是，能够支持直连方式挂号的医院，在当时是极少数。并且，很多这样的医院由于医院侧的技术能力问题，在挂号过程中往往速度很慢，或者服务不稳定。

基于这样的现状，以及考虑到医院想做但不强烈的需求，很多平台和医院之间就发明了另外一种方式，作者称之为**"号源池方式"**，如图 10-9 所示。

图 10-9　医院切割号源池

一家医院在特定时间内所有可以挂出去的号源放在一起，会形成一个像池子一样的聚合体，称为"号源池"。所谓"号源池方式"，就是医院将原号源池中的号源切割出一部分，这样，医院其实就拥有了多个号源池，最大的一个可能依然会用于门诊挂号。而被切割出的号源组成的若干个小的号源池，则可以分配给不同的网络平台使用，并且根据具体挂号情况，可以适当调整号源的分配。

在号源池方式下，网上挂号的实现方式就变成了如图 10-10 所示的异步方式。

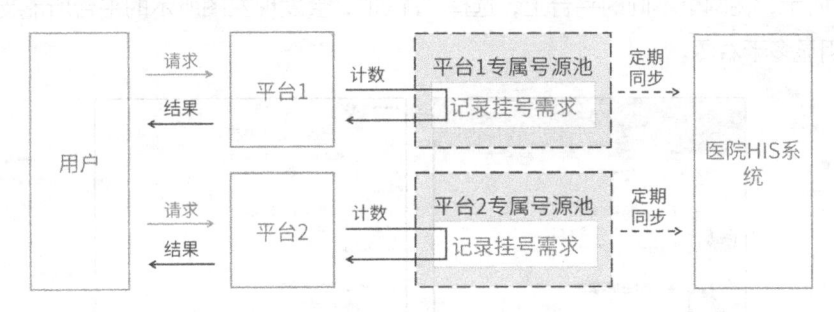

图 10-10　号源池方式挂号

即：用户只需要与互联网平台进行实时交互，互联网平台在自身被分配到的号源中进行简单的计数，同时记录用户的挂号需求，以及相应的个人信息。然后，将这些数据定期同步给医院的 HIS 系统。

而具体"定期同步"的方式，不同的医院可以有不同的方案。对于有能力提供接口，并且服务稳定的医院，可以保持为类似于"直连方式"的同步。对于可以提供接口，但服务器及运维能力有限，扛不住外界访问的医院，平台可以定期请求并同步，保证其并发量不会让医院服务器挂掉。而对于完全没有能力提供接口的医院，也有办法，例如：平台每天定时自动发送一封邮件到医院特定的邮箱，其中附带一份 Excel 表格，上面记载的是用户信息及挂号需求。医院侧则委托一个工作人员，每天人工录入。虽然这样做很原始，但是在国内医院信息化水平普遍不高的前提下，也不失为一个让患者、医院、平台都受益的方案。

2. 结合行业现状思考产品方案

根据上面提到的情况，作者认为，其中一部分问题暂时是无解的。例如，医院的信息化水平短期内不可能有质的飞跃。要求大多数医院提供稳定的接口不现实，试图推动公司去为医院开发更加不现实——不论是在产品层面、生态层面，还是商业层面，都没有意义。所以号源池方式被沿用的概率很大。

结合号源池方式的逻辑现状，以及对其他各类挂号平台的调研发现，不同的平台，由于号源池不同，难以为大众用户提供相对稳定、体验好的挂号服务。具体来讲，它们各自的"号源池"其实来源于其商务能力。不同公司的商务能力是不一样的，这造成了在不同平台上，号源池容量不同。第一个体现就是可挂号医院的数量不同。如图10-11所示，在两个不同的平台上，选择"深圳"，会发现左图所示的平台所能支持的医院明显多于右图。

图 10-11　不同平台上可挂号的医院不同

同样的情况，在"科室"和"医生"这两个层级上也有明显体现。

如图 10-12 所示，同一家医院的"呼吸内科"，左图所示的平台可以支持其中三位医生的挂号服务，而右图所示的平台只能支持一位医生。如图 10-13 所示，在同一个时间点，"龙医生"在左图所示的平台上无号，而在右图所示的平台上则可以预约挂号。

第 10 章 "互联网+"产品思维初探

图 10-12　不同平台上同一科室中可挂号的医生数量

图 10-13　不同平台上同一医生的号源情况

以上这些问题，对于平台来说，或许只是资源池大小的问题。但对于用户来说，问题会被放大。例如：一个城市中可能会有多个平台和网站都提供挂号服务，但是对

339

于用户来说，当他要挂某个具体的医院、科室、医生，甚至希望选择某个具体的时间点时，理论上他永远都不知道哪个平台上有资源——在最坏的情况下，他可能需要把所有平台都看一遍，才能挂到号。也可能某个平台上有号，但他其实并不知道这个平台的存在。

对于一个挂号平台来说，其最核心的**用户价值并不是丰富的功能、流畅的交互，或者漂亮的 UI，而是能挂到号**——或者说，比其他平台挂到号的概率更大。要想做到这一点，必须扩大号源池，而号源池是彼此隔离的，所以如果一家一家医院去谈合作的话，结果只能跟上述各平台一样。所以当时作者的团队给出的方案是：**做分发**。最终，方案如图 10-14 所示。

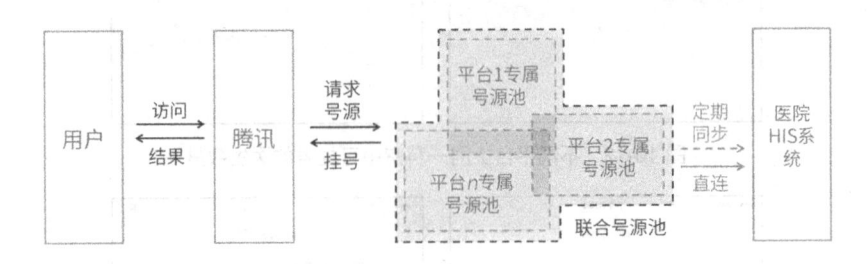

图 10-14 挂号平台（分发模式）示意图

我们并没有跟医院谈合作，而是跟每个地区排名前几位的挂号平台合作。这样，相当于把各个平台所拥有的号源池拼在一起，形成了一个"联合号源池"。对于用户来说，腾讯后台所连接的任何一个平台只要有号，就可以为其所用。

从产品上看，这是一个不错的方案。但紧接着的问题就是：在商务层面，如何合作？

3. 构建并迭代商务逻辑

对于一个"互联网+"产品经理来说，必须同步深入地思考商务逻辑。因为只有商务逻辑通了，其产品才有可能被推进。以上述故事为例，假设没有任何一家平台愿意跟作者合作，那么分发的方案就根本无法实现；假设只有很少一部分平台愿意跟作者合作，则这个分发挂号的产品体验依然不会好。

在思考商务逻辑的时候，往往需要从双方各自的资源、目标出发，思考对双方都有利的方案。事实上，对于合作方及传统行业自身盈利模式的研究，也是上面提到的

"行业解构"的一部分。

由于号源与酒店、机票等不同,号源是不能够加价售卖的。所以作为合作方的各类挂号平台,往往是通过广告、增值服务、导流等方式间接盈利的,有的也会以"接口费"的形式将号源开放给其他平台使用。另外,大多数挂号平台服务的提供商都或多或少地扮演着医院的外包开发商的角色。所以通过换量、合作方品牌曝光、为合作方带用户等方式,都可能把合作谈成。当然,如有必要,付钱也是可以考虑的。

基于这个思路,作者与不同的合作方构建了不同的商务合作逻辑。在作者离开挂号平台这个项目时,它已经可以支持国内几千家公立医院的挂号服务,并且能挂到号的概率,以及号源的选择范围的确要高于其他一些平台。

附录 A
产品经理常用资源

1. 本书作者公众号

扫描二维码关注作者公众号

扫描二维码，关注作者微信公众号，会定期推送对书中内容的补充、延展和勘误文章，也欢迎读者提出问题，作者会抽取有代表性的问题给予回答。另外，书中涉及的一些样例和文档，作者也进行了梳理，同步提供了电子版。在公众号中回复"资料"可获得下载链接，具体如下：

- 移动 UI 标准化组件（Axure RP 版本和 OmniGraffle 版本）
- "数据分析初步"一节中的 Excel 数据源文件
- 简历框架文档
- 每一章知识的思维导图

2. 纸、笔、白板

虽然计算机等设备正在变得越来越强大，但很多时候还是纸笔更灵活。作者建议在进行一项工作的最初阶段，尝试使用纸笔来构思、梳理和设计，效率往往高过使用软件。另外，白板往往面积较大，可以通过"更大的空间"提供更加全局的视角。

3. 软件工具

软件名称	用途	优点	缺点
XMind	绘制思维导图	自带模板漂亮	未付费版本导出时有诸多限制
Axure RP	绘制原型图	名气大，可以制作可交互的动态原型图	性能差，数据量大的时候操作卡顿，导出为图片时经常失败
OmniGraffle	绘制原型图	性能好，少有卡顿	仅支持 Mac 平台
奇妙清单	记录相对简单的想法，管理待办事项	收放自如。想用得轻一些，可以只作为简单的代办事项管理软件使用；想用得重一些，可以添加细节的描述，甚至图片、文件注释。并且可跨平台同步	同步速度不算快
Evernote	记录相对复杂的想法	复杂的内容处理、图文混排	功能越来越臃肿
Evernote：圈点	在图上做简单标注，方便讨论	简便快捷，功能够用	只有 Mac 和 iOS 版
系统日历+Exchange	管理日程	使用系统日历可以无缝地与操作系统的各项原生功能对接，如提醒等。使用 Exchange 服务便于跨平台同步，常用的免费 Exchange 服务有 outlook.com、QQ 邮箱等。如果电脑和移动设备都是 Apple 的产品，推荐使用 iCloud	Windows 7 及以下版本的操作系统没有默认的系统日历应用，只能选用第三方应用替代

续表

软件名称	用　　途	优　　点	缺　　点
1Password	管理账户和密码	本地存储，高级别加密，安全性有保证	收费
Microsoft Excel	数据分析	产品经理进行数据分析的最常用工具	商业软件，收费。另外，所有微软的软件在macOS下表现都很差，例如不定期卡死、崩溃等

4. 互联网服务

服务名称	二维码/网址	简　　介
百度指数	百度指数二维码 http://index.baidu.com	以百度搜索的数据为基础，显示一个关键词的搜索热度趋势。产品经理可以利用该工具分析、发现最新的热门关键词和话题
百度统计	百度统计二维码 https://tongji.baidu.com	流量分析平台，将一段代码嵌入网页中，或者将一个 SDK 嵌入所开发的应用中，即可自动统计相关数据（如 UV、地域、浏览器、屏幕分辨率等）
百度统计：流量研究院	http://tongji.baidu.com/data （无移动版网页）	以百度及其众多合作网站的数据为基础，呈现其全体用户核心数据（如浏览器、操作系统、屏幕分辨率等）的变化趋势。由于百度及其合作网站在国内用户众多，其数据在一定程度上可以代表国内的整体情况
微信指数	打开微信→发现→小程序，搜索"微信指数"添加	与"百度指数"的逻辑一样，只是数据是基于微信内部的搜索的

续表

服务名称	二维码/网址	简　介
官方设计规范	Apple 官方设计规范二维码 https://developer.apple.com/design Android 设计规范——Material Design https://material.io	更加快速、有效地绘制线框图，同时也有助于理解相应操作系统的底层设计逻辑
App Annie	iOS 客户端下载 Android 客户端下载 https://www.appannie.com/cn	查看各类 App 的榜单排名及相应趋势，并且可以从多个维度（如平台、国家、设备、日期等）进行筛选
人人都是产品经理社区	人人都是产品经理社区二维码 http://www.woshipm.com	各类互联网产品相关文章、活动

续表

服务名称	二维码/网址	简　介
腾讯问卷	腾讯问卷二维码 https://wj.qq.com	腾讯出品的问卷调查系统
草料二维码	草料二维码 https://cli.im	快速生成各类二维码

后记暨专家寄语

经过近半年的写作，这本书终于完成了。虽然实际交给编辑的书稿比原定多了 5 万字，但依然觉得有很多知识讲得不够细致和透彻，这可能是一种遗憾，但同时，也给未来留下了伏笔。

书中提到，产品经理最底层的能力之一叫作"自我认知迭代"，它需要我们综合多种因素去不断地发现自身的不足，从而去迭代和重构自身的认知体系。在本书前言中也曾提到过，这样的迭代和重构，需要你以更宽广的视野、更多维的角度、更细致的态度去看待世界。所以，作为本书的后记，作者邀请了几位在互联网行业中工作多年的朋友，他们每一位都是各自领域中的专家，请他们将多年的从业经验浓缩为一段话，讲给本书的读者听。他们的观点，你可以赞同，也可以反对，但兼听则明，希望对各位有所启发和参考。

任何产品的成功，都不是因为某一个突出的点，而是被各种因素影响着其事态变化，对于决策来说，要学会从更上层、更广阔的角度去看产品问题，考虑更多元、更复杂的问题，这样才能在日后做到更高阶的产品层次。

——晨风 / 敏捷战网产品总监，原华为武汉 UED 主管、百度高级交互设计师

PM 是一个特别可爱的职业，它有点小聪明，需要不断学习，偶尔迷失在大公司的光环中而沾沾自喜，甚至也要用资本来证明自己的实力。它最可爱的地方就是，它赶上了一个好时代。

——陈诗伦 / 摩尔金融高级总监，原新浪微博媒体产品总监

古人云：超以象外，得其环中。无论是做产品还是设计，要追求本质，思考人、事、场景、介质、势，通过人洞察需求，通过需求还原到某类人，不断打造核心价值及竞争力。

——蔡哲 / 同程旅游交通事业群用户体验部负责人

工作这些年，发现想转岗或已转岗做产品经理的人特别多，其中不乏程序员、销售人员、测试人员、相声演员、厨师等。PM 同事们也常戏说：本专业做不好的都半路出家来抢产品经理饭碗了。这个岗位的门槛低是业内的普遍印象，似乎需要什么都懂一点，但又无须如设计、开发般拥有独门绝技。也正因如此，要成为一名真正意义上的产品经理，甚至做到出类拔萃，要走的路其实更长。

——刘丞懿 / 正和岛高级产品经理，原 360 高级产品经理

开放的心态（不吝赞美旁人，好的就拿过来学）；发现问题并解决问题（有时候跳槽是为了逃避问题）；除了专业知识，人脉和融入公司的能力可能对人生更重要。

——李佳妮 / 海伯高斯管理咨询有限公司猎头顾问

由于公司、团队的资源和时间是有限的，而市场瞬息万变，作为产品经理如何做好选择就尤为重要。小到一个部件的位置，大到一个功能是不是优先去做，一个竞争对手的动作是不是跟进，以及产品的商业策略，都需要产品经理做好决策。思考清楚产品所处的市场位置、产品的目标，以及如何达成产品目标这三个核心问题，基于所拥有的资源，审时度势，为产品做好保驾护航。安卓坚定地选择开放策略，苹果坚持封闭的 iOS 生态系统，淘宝选择屏蔽百度的爬虫抓取，微信推出了语音聊天和摇一摇，都是极为重要且成功的选择。产品经理的工作就是一个不断做选择的过程。

——李永恒 / 百度资深产品经理

初入产品经理行业的你会意识到这不是大学中所传授的某一科目，且分散在行业中的知识和技能没有提纲挈领的梳理。作为一个日趋成熟的且对综合能力要求较高的岗位，有些点是新晋产品经理需要注意的。

1. 了解用户与关注同行并驾齐驱。重视用户反馈，通过客服、App 内反馈、应用

市场评论等渠道积极收集反馈，在新版本发布后、新功能上线后均需要周期性获得反馈内容，以应对线上问题，将反馈问题转化为需求。另外，关注同行动态，到各个应用商店，研究主要竞品的更新日志，看它们从最初版本到目前是怎样一步步迭代更新过来的。这样既能了解行业，也可用来参考自家产品规划节奏。

2. 降低沟通成本，加速推动产品落地。提供明确的需求和细节，主动了解各配合部门的工作性质和流程，适时沟通关注进度，合理安排节奏。多站在对方的角度想问题，用他们的语言进行沟通。产品经理为解决问题而存在，不要畏惧项目推进中的困难，每个原则的坚持与适度妥协都是修炼。

3. 对想当然 say no。从哲学角度看"经验"是感性认识的，且因为时空、人员、边界的不同导致复用性有限。以微信内唤起 App 为例，当时我发现有的 App 可以用微信直接唤起，请研发人员研究如何应用于我司的 App，最初研发人员认为通过合作方式才可以特殊放行，后经一再坚持并查看代码得知是由于 iOS 9 的 Universal Link 的使用，所以在日常工作中要打破固有思维定式，摆脱想当然。产品工作需要非常高的投入度，全时的思考并打磨你所负责的产品将是一种习惯。

——马一鸣 / 美柚柚子街产品负责人，
原唯品会高级产品经理、百度高级交互设计师

不要低估"喜欢"带来的坚持和勇气。与其为了安稳而违心做不喜欢的事情一辈子，不如发挥长项在你热爱的领域里冲刺。不然，多浪费这一生。

——王梦荻 / 编程猫产品经理，原腾讯 ISUX 用户研究工程师

产品主要分为策划、设计、实施三个阶段，做策划通常要求有较好的行业知识和经验，这样才具备把握用户动机，抓住需求痛点的能力。设计需要在产品结构上的逻辑思维能力、交互评判能力方面比较有经验，熟悉工具的使用，同时如果能结合数据有一些对应的设计会更好。在实施方面要求跟开发人员能够沟通好，对他们的思维或习惯有一定的认识，能够预测技术上的难点或工期上的风险，能够做到在工期要求内的较高质量。总的来说，我个人认为一个人不大可能同时把这三方面做好，能做好其中一两个方面，就已经是非常优秀的产品经理了。

——尹广磊 / Axure 中文社区创始人

思考力是产品经理最重要的能力。作为用户需求的代言人,作为市场、技术、运营、销售的协调方,架构满足需求的产品需要极强的思考能力。做到先在头脑中推演一遍,准确无误后再在现实中实现出来。这有点像军队中的军师,我觉得优秀的产品经理的确应起到团队大脑的作用。提高思考能力,多读多看是个好方法。

——周明轩 / 连续创业者,原腾讯高级产品经理